新型本科院校改革探索：理论与实践

曹子建 主编

西南交通大学出版社
·成都·

图书在版编目（CIP）数据

新型本科院校改革探索：理论与实践 / 曹子建主编.
—成都：西南交通大学出版社，2018.1
ISBN 978-7-5643-5909-6

Ⅰ. ①新… Ⅱ. ①曹… Ⅲ. ①高等学校－学校管理－体制改革－研究－中国 Ⅳ. ①G647.1

中国版本图书馆 CIP 数据核字（2017）第 289598 号

XINXING BENKE YUANXIAO
GAIGE TANSUO: LILUN YU SHIJIAN

新型本科院校
改革探索：理论与实践

曹子建　主编

责任编辑	梁　红
助理编辑	居碧娟
封面设计	严春艳
出版发行	西南交通大学出版社 （四川省成都市二环路北一段 111 号 西南交通大学创新大厦 21 楼）
发行部电话	028-87600564　028-87600533
邮政编码	610031
网　　址	http://www.xnjdcbs.com
印　　刷	四川森林印务有限责任公司
成品尺寸	170 mm × 230 mm
印　　张	13.5
字　　数	221 千
版　　次	2018 年 1 月第 1 版
印　　次	2018 年 1 月第 1 次
书　　号	ISBN 978-7-5643-5909-6
定　　价	68.00 元

前言

成都师范学院的前身是四川教育学院，2012 年经教育部批准，转制成为普通本科。转制之际，正值新升格本科院校发展的讨论空前热烈之时。在这次大讨论中，各派观点纷纷登场。一些早已成为共识的问题，如高等教育功能中的几个基本问题——人才培养、科学研究、社会服务又一次成为人们讨论的重点，这在很大程度上说明了新升格的本科院校在发展道路上的迷茫。

与众多新升格本科院校一样，成都师范学院转制之后，办学层次提高了，从专科层次提升到了本科层次。办学性质也发生了改变，从从事教师职后培训转变到面向普通本科生的培养。毫无疑问，剧烈的变化已经使原有的学校运行模式不能再适应新的发展要求，变革求新刻不容缓。然而，认识到应该推行变革仅仅是一个铺满荆棘的艰难历程的开端。学校的改革目标是什么？学校办学方向如何确定？应该采取哪些措施？如何借鉴传统老牌本科的经验？师范院校的发展与一般综合性或以理工见长的高校相比，其特殊性何在？发展过程中如何体现自身的特色，彰显自身的优势？如何在保持大学相对独立的同时，密切联系地方经济社会发展，为地方经济社会服务？这些看似简单的问题在实践中处理起来却是极其复杂的。

鉴于此，通过反复论证与思考，成都师范学院选择了建设应用型大学之路。分析国内外大学发展轨迹，借鉴老牌本科院校和部分职业院校的经验，但放弃完全模仿老牌本科发展的传统模式，摒弃职业院校的发展架构，创造性地提出开辟新升格本科院校发展的“第三条道路”，这不仅是当前高等教育多元化发展的需要，更是成都师范学院自身发展实际的要求。作为从教育学院转制而来的师范院校，成都师范学院坚持教师教育特色，促进教师教育一体化发展，将职前培养与职后培训有机结合。加强对教师教育的研究，以教师教育为突破口，引领整个学校的发展。

在建设应用型高校的过程中，马克思关于矛盾对立统一的精辟论述为我们提供了指导思想。我们认为，世界是多元统一的。在办学过程中始终注意把诸多看似矛盾的方面有机结合起来。拿人才培养来说，我们在师范生培养中坚持“成人、成才、成师”的基本理念。所谓“成人”，在我们看来，高等教育归根到底要让学生成为一个“人”，即纽曼眼中的“绅士”或赫钦斯坚持的“有责任感的公民”。因此，我们在师范生培养中把“育人”摆在首要的位置，坚持把全面发展作为师范生培养的基本要求。我们认为，为国家经济发展、社会进步培养各行业的人才，这是高等教育的应有之义。因此，我们注重师范生的专业能力和专业技能培养，面向基础教育一线培养高素质的实践所需的师资。这样，把师范生发展的个体需要与社会需要有机融合，进而把学生的个人成长、社会人才要求，最终统一到师范生综合素质的培养之中。

同时，我们注意把个体发展的永恒主题与当下现实需要结合起来，把个体发展的长远诉求与短期需要结合起来。学校把“爱、真、笃、为”的校训作为育人的基本指向。“爱”不仅意味着师范生要有“爱满天下”的博大情怀，在过多注重物质追求的时代，更要鼓励师范生坚持热爱教育事业、热爱学生的执着追求。“真”则鼓励学生追求真理，在诚信缺失的现实环境下，更要敢于讲真话，办真事。“笃”是强调学生应树立坚定的信念，把宏伟的理想、高远的精神追求与现实的实际行动有机结合起来，在浮躁的世风中，鼓励学生静下心来，脚踏实地地从每一件小事做起。“为”之蕴意则是要把理论与实践结合起来，在广泛涉猎理论知识的同时，当下更要注重学生创新能力与实践能力的培养。

尽管我们已经做了大量力所能及的探索，并取得了一些成果，已经初步确立了新转制的师范院校改革发展的基本范式。然而，我们清楚地看到，我们的探索才刚刚开始，还有大量更为复杂和艰巨的任务需要探究。这对我们的智慧和勇气无疑都是极大的考验。我们在此试图把一些微不足道的经验跟读者分享，为中国高等教育的发展作出些许力所能及的贡献。当然，我们所作的探索还远没有达到一个应有的高度和水准。但我们愿意分享我们的努力，希望读者能够通过本书的阅读，能够有所启发，我们就倍感欣慰了。

本书由曹子建任主编并统稿，具体的编写分工为：第一章，刘小强；第二章，何应森；第三章，侯中太、杨果任；第四章，任迎虹；第五章，钱国君、赖国毅；第六章，彭玉奎、李清树；第七章，陈国英、邓达；第八章，周鑫燚。由于本书编者水平有限，对于实践的认识不一定准确，对于现象的理性提炼还很不够，书中定会有不妥之处。希望能够听到国内外学者和实践工作者的批评，促进我们进一步思考和改进。

曹子建

2017 年 6 月

| 目录 |

下篇　新型本科院校改革的实践经验——成都师范学院的探索

上篇

新型本科院校的理论探索

第一章　新型本科院校发展概况与现实困境

20 世纪 90 年代以来，伴随着我国经济的快速发展和社会的持续稳定，人们对高等教育的需求也日渐增长。中央和省市政府审时度势，实施了依托地方大力发展普通高等教育的重大举措，积极推动地方组建或省市共建普通高校，极大地缓解了高等教育供不应求的突出矛盾。2000—2015 年的 16 年时间里，我国新增本科院校（含独立学院）共 678 所，占全国普通本科院校的 55.6%，占据了本科院校的“半壁江山”。[1]然而，这些新型本科院校在发展过程中还面临诸多困境，还需在理论上作更为深入的分析，在实践中进行更全面的探究。

第一节　我国新型本科院校发展概况

在描述新型本科院校发展概况之前，需要对新型本科院校的概念进行解读。新型本科院校这一概念虽然在较早前已经有学者在使用，但至今仍有很多含混之处，其内涵还需要进一步厘清。

一、新型本科院校的内涵

在我国高等教育界，新建本科是大家熟知的一个概念。较早使用“新建本科院校”一词的是盐城工学院的姜采英，该词特指那些经由专科学院合并升格而来的本科院校。[2]此后，新建本科院校这一概念被普遍接受并广泛使用。不过，目前对新建本科院校的划分尚不明确，我国在改革开放以后以及市场经济确立的 20 世纪 90 年代初期高等教育都得到了迅速扩张。故有人把 1978

[1] 教育部．中国高等教育质量报告[R]．2016-04-07．

[2] 王玉丰．常规与转型跃迁——新型本科院校转型发展的自组织分析[D]．武汉：华中科技大学，2008：8．

以后组建的本科院校通称为新建本科院校，也有人把 1990 年以后批准设置的本科院校称为新建本科院校。但多数学者认为，1999 年是我国高等教育扩招和管理体制改革承前启后的关键性一年，所以应将 1999 年作为划分我国新建本科院校“新建”的划分点。新建本科是一个约定俗成的概念，具体来说，主要指的是 1999 年以来，为顺应高等教育大众化，由地方政府和高等教育行政管理部门主导，由相关高校参与，通过升格、合并等方式组建的一批本科院校。[1]这些本科院校大多位于非中心、非省会城市的地级市。

但是，一所新建本科院校不可能长期处于“新建”状态，一所新建本科院校的“新建期”应该是多久？到目前为止仍然没有达成共识。一些学者认为，“经过一轮教育部本科教学工作水平评估合格后，就不再被视为‘新建’本科院校”。[2]另有研究者认为，新建本科院校应该有一个相对稳定的“新建期”界限，如果以时间来界分，大致为 15 ~ 20 年。其一，这个年限可经历大约 3 个教育评估周期，为新建本科院校在硬件建设和软件建设上提供了稳固的积淀期，为新建本科院校达到办学标准并形成初步的办学特色，以及发现问题、化解矛盾提供相对充裕的时间；其二，对几乎所有的新建本科院校来说，“合格性”和“特色性”是发展的两个必经阶段，3 个左右的教育评估周期基本能满足两个不同发展阶段的时间及层次要求；其三，从学校属性和人才培养类型来说，新建本科院校属于典型的“教学型、应用型”范畴，也就是说，这类院校要找到与重点大学以及一般高职院校不同的发展战略，并稳步提升办学层次。

一些学者则认为，新建本科院校经过 10 年左右的建设，已经逐渐走向了“成熟本科院校”。这是在一定的发展基础上，向建设现代大学迈进的过程中的一个阶段，既与新建本科院校不同，又与现代大学有差距，是不断建设、不断发展、不断完善，能够自觉遵循高等教育发展规律，较好地履行高校职能的本科院校。这一时期的本科院校应具有如下基本内涵：在前期积淀完成之后，办学重心从规模扩张转向内涵发展，提升自身质量，凝练办学特色。具体说来，其内涵包括以下六个方面：一是能够自觉遵循高等教育发展规律，能够较好地履行大学职能。坚持以人才培养为根本任务，以教学工作为中心

[1] 丁么明．中国新建本科院校：办学特色及其培育策略研究[M]．北京：中国社会科学出版社，2012．15-16．

[2] 王前新，刘欣．新建本科院校运行机制研究[M]．北京：科学出版社，2007．

工作，以教育质量为生命线，以知识创新和社会服务为自身使命。二是建立起完善的条件保障机制，能够顺利实现学校向更高层次持续发展。三是能够以完备的规章制度规范办学行为，教授治学、民主管理成为学校上下的行为准则。四是更加注重校园文化建设，师生员工崇尚大学精神。校园要有浓厚的文化气息，注重文化品位，体现人文关怀。教师和管理人员具有知识分子应有的人格魅力和学识魅力，尊重学者、崇尚学术、求真务实、以校为荣、为校争光应成为师生员工共同的精神风貌。五是学校具有较高的社会知名度和良好的社会美誉度，是自信自立的大学。六是具有把握发展机遇、不断实现新突破的能力。[1]

因此，用“新建”往往容易理解为按传统模式建立新校，因而存在发展上的误区，不利于实现举办这批新学校的目标。而且“新建”让人感觉不自信、不解放，导向上不利于鼓励实现超越，精神劲头不足，不适应我国作为新兴大国对创新创业人才的要求，对推动激励这批大学办成新兴大学，成为国家、地方、社会转型崛起的力量引导上不够。[2]如果用“成熟本科院校”指代 1999 年以来的这些新建本科院校，似乎也不是太合适，毕竟这些院校至今在办学定位、办学水平、办学条件等诸多方面都还面临太多的困难，还谈不上达到了一种成熟状态。

由此，一些学者使用“新型本科院校”代指“新建本科院校”。如蒋承勇在 2004 年《地级城市新型本科院校教育改革浅谈》一文中指出：“处在非中心城市的地方性新型本科院校从其所处的地理位置和所拥有的办学资源办学能力的角度看，所承担的主要是大众化的教育任务，主要培养的应该是江泽民同志在十六大报告中指出的数以千万计专门人才，而且应该是实用型的专业技术人才。[3]显然，这里的“新型本科”就是“新建本科”，但作者没有对“新型本科”进行概念上的解读。

2013 年 11 月，张大良在全国新建本科院校联席会议暨第十三次工作研讨

---

[1] 丁么明．关于新建本科院校向成熟本科院校转型的若干思考[J]．教育研究，2011（6）：70-72．

[2] 陈小虎，雍海龙，黄洋．新兴大学与转型发展[J]．高等工程教育研究，2016（2）：136-142．

[3] 蒋承勇．地级城市新型本科院校教育改革浅谈[J]．教育发展研究，2004(1)：88-90．

会上提出，“要科学把握从‘新建’到‘新型’的改革与发展大势，在服务与促进地方经济社会发展中，去实现全国新建本科院校由‘新建’到‘新型’的跨越发展”。把从时间维度界定的新建本科院校办成从发展模式维度界定的新型本科院校，使“新建本科院校”不受学校新建时间的影响，重在学校发展模式的创新。2014 年 10 月，在济南召开的“新建本科转型学术研讨会”上，一些学者认为从“新建”走向“新型”的地方本科院校，是经历外延式转型发展之后的更高层次转型发展。它的发展定位更准、发展动力更强、发展空间更广、发展质量更高。[1]

从以上分析可以看出，“新建本科院校”主要从时间维度界定，而新型本科主要从办学形态上进行界定。从时间来看，从 1999 年到现在已经经历了 18 个年头，这些本科院校已经经历了较长时间的摸索和发展。因此，使用“新型本科院校”比“新建本科院校”更为合适。因为这样可以使“新建”本科院校不为办学时间较短这一客观存在所困，从而敢于轻装上阵，解放思想，充分体现创新性，即敢于用新理念、新思路、新定位、新模式、新方法等，开创性地建设一类新型应用型本科院校。[2]

鉴于此，本书使用“新型本科院校”这一概念，其主要指 1999 年以来由专科院校通过升格、合并等方式组建的本科院校，重点指公办的新建本科院校。在强调高等教育多样化、个性化发展的背景下，这类院校应该坚守高等教育发展的基本内涵，明确自身的办学定位，不断加强自身内涵建设，提高办学水平，凸显办学特色，形成一种有别于其他高校的独特样态，在高等教育的激烈竞争中占据自己独特的“生态位”，满足社会对高等教育的多样化需求。

二、新型本科院校的兴起背景

我国新型本科院校的兴起有着深刻的历史与现实原因，它们的出现是多种因素综合作用的结果，是我国高等教育发展到一定阶段必然要盛开的一朵奇葩。从一定意义上讲，它们的兴起是同我国整个社会政治、经济、教育的

[1] 新建本科院校“转型”，这是中国经济新常态下产业转型升级的紧迫要求[N]．中国教育报，2014-11-03．

[2] 陈小虎，杨祥．新型应用型本科院校发展的 14 个基本问题[J]．中国大学教学，2013（1）：17-22．

改革与发展密切相关的。

（一）高等教育大众化发展的需要

高等教育从精英向大众化转变，是社会发展、人类自身的发展以及知识经济发展的必然选择。在高等教育大众化的进程中，不仅高等教育的规模和结构发生了变化，高等教育的理念和价值取向也发生了巨大变化。高等教育大众化打破了传统的精英化的高等教育模式。1999 年以前，我国高等教育一直处于精英教育阶段，高等教育毛入学率始终未能超过 10%。[1]精英型的高等教育长期无法填补经济快速发展所带来的人力资源，尤其是人力资源的巨大缺口。鉴于此，我国提出了“科教兴国”战略，以期提高劳动者整体素质，满足经济发展对人才的新要求。其中，高等教育体系结构的改善与发展成为改革的重点之一。从国际环境来看，第二次世界大战后，主要发达国家的高等教育普遍进入了大众化甚至普及化的阶段，发达国家寻求的是将精英化高等教育之外的第二种高等教育大众化，美国的社区学院、英国的多科技术学院、法国的短期技术学院、德国的专科学校等短期高教机构在大众化进程中发挥了至关重要的作用。

为化解高等教育的精英化与大众化的矛盾，我国制定了扩大高等教育规模、积极推动高等教育发展的战略，提出了高等教育要向地市延伸。1999 年 6 月 13 日，中共中央国务院颁布《关于深化教育改革全面推进素质教育的决定》明确要求，通过多种形式积极发展高等教育，到 2010 年，使我国同龄人口的高等教育入学率提高到 15%。于是，一批专科学校通过合并升格形成了本科院校，这批新型本科院校在我国的本科院校中占到了三分之一，是我国高等教育大众化的主力军。可以说，是高等教育的大众化促使这批新型本科院校如雨后春笋般涌现。

（二）高等教育管理体制改革的纵向深化和高校布局结构的全面调整

随着改革开放的层层深入，我国高等教育体制的诸多弊端也逐渐暴露，尤以高等教育管理体制中的条块分割为甚。据统计，1996 年部门办学最多时，

---

[1] 国家统计局．辉煌 50 年[N]．人民日报，1999-08-26（4）．

62 个部委办了 366 所高校。[1]而且，我国高校布局结构也极不合理。长期以来，本科院校大都集中在直辖市或省会级的大城市，有的大城市多达几十所，而许多地级中等城市却基本没有本科院校。为了消除体制弊端，提高办学效益，优化教育资源，在多年酝酿和实践探索的基础上，高等教育管理体制改革全面展开、纵向深化：对高校布局结构进行全面调整，统筹考虑面向全国和面向大区服务的高校布局，将一些重点高校进行合并，组建一批新的综合性大学；统筹配置高等教育资源，对单科性院校进行改革与合并，对成人高校进行划转与调整；统筹规划省区范围内的高校布局，推动地方高校的调整。

此外，我国高校的布局也处于非均衡状态，东、中、西部偏差较大，东部高校明显多于西部。从 1997 年全国高校分布的情况看，当时共有高校 1 021 所，其中东部有 396 所，占高校总数约 39.6%。西部有 249 所，占高校总数的 24.3%；具体到本科院校则更加明显，仅京、津、沪、江苏、山东就有 184 所，而西部十二个省区总共才有 151 所，且大多集中于省会城市。[2]这种高校布局结构不合理的状况直接导致大学毕业生流动的失衡，大城市人才拥挤，而地级城市急需的各种人才却无法得到有效补充。

为改变这种地级城市高等教育不发达，特别是缺少本科院校的状况，国家从 1999 年开始逐步把高校设置的重心向地级城市延伸。具体措施包括：第一，新建综合类学院。为适应地方区域经济发展需要，将一些地级市一所或几所专科学校合并调整为适应当地经济建设和社会发展需要的专业覆盖面较宽、学科比较齐全的本科院校。第二，新建师范类学院。为适应我国三级师范教育（师范本科、师专、中师）向两级师范教育（师范本科、师专）过渡的需要，以一些水平较高、办得比较出色的师范专科学校为基础组建师范本科院校。第三，新建专业类学院。针对一部分行业院校的具体情况，将一批优秀的专科学校升格为专业性的本科院校，如工程学院、理工学院、警官学院、金融学院等。

正是由于高校设置重心下移，使地级城市办学第一次得到全方位的关注，极大地激发了地方政府办学的积极性。为弥补所在地区没有本科院校的缺陷，

[1] 纪宝成．中国高等教育管理体制的历史性变革[J]．中国高等教育，2000（11）：6．

[2] 国家教委计划建设司．中国教育事业统计年鉴（1997）[M]．北京：人民教育出版社，1997：27．

许多地方政府与所在地高校积极配合，共同谋划，通力合作，整合资源，为升本多方创造条件，“举全市之力申办本科”一时间成为许多地方政府的共识。经过共同努力，一批批专科院校在国家考核、评议的基础上被批复设置为本科院校，它们中许多都成为当地唯一的本科院校，填补了这些地区没有本科院校的历史空白。

（三）既有教育资源的重组、整合与优化

新型本科院校之所以能够蓬勃兴起并在短时间内遍及全国，除了稳定的社会环境、良好的政策支持外，还与我国拥有一定存量的高等教育资源紧密相关。经过几十年的积累，尤其是改革开放以来高等教育事业的稳步发展，我国在 1999 年扩招以前已经拥有了相当程度的高等教育资源储备。[1]

首先，我国拥有一大批普通高等专科学校。这些专科学校经过了多年的持续发展，具备了较强的办学实力，办学质量较高，其中很多学校已经成为所在领域的佼佼者。以师范专科学校为例，当年黑龙江的哈尔滨师范专科学校合并升本前，其综合实力就已经在全国师专院校中名列前茅；零陵师范专科学校（湖南科技学院前身）曾与绥化师范专科学校、乐山师范专科学校一起被誉为当时全国师范教育的“三面红旗”；又如河南的安阳师范专科学校升格前也有较强的实力，该校主办的《殷都学刊》为中国殷商文化学会荣誉会刊，其中“殷商文化研究”引起了国内外同仁的高度关注；湖北的黄冈师范专科学校当时就被称为“鄂东教师的摇篮”，其教育质量在全国享有盛名，多年来培养了一大批扎根基层的优秀教师。

其次，我国有一大批依托地级市兴建的地方性职业大学。改革开放初期，随着我国区域经济的快速发展，各地对高级专门人才需求量极大。为破解各地人才结构不合理、专门性人才匮乏的局面，1983 年 4 月，国务院批转了教育部、国家计委《关于加速发展高等教育的报告》，其中明确指出：积极提倡大城市、经济发展较快的中等城市和大企业创办高等专科学校和短期职业大学为本地区、本单位培养人才，办学方式可以单独办，也可以与有基础的院校合办。1985 年 5 月，国家颁布的《中共中央关于教育体制改革的决定》中进一步明确了高等教育实行中央、省、中心城市分级办学的体制。这些政策

---

[1] 董泽芳．关于新型本科院校转型分流现状的调查与分析[J]．高等教育研究，2016（4）：23-30．

极大地调动了地方政府创办高等教育的积极性，许多地市依靠自己的力量积极发展区域高等教育，并兴办了一大批为本地区经济服务的地方性职业大学（当时称短期职业大学）。据统计，到1986年底，全国各地先后创办、兴建了126所的职业大学。[1]这些地方性职业大学经过多年发展都积聚了一定的办学实力，并为当地培养了一大批“下得去、用得上、留得住、干得好”的应用型人才。

（四）新型本科院校改革发展的需要

从新型本科院校的产生和发展可以发现，自新型本科院校形成以来，这类高校都在积极寻找着适合自身发展的路径，寻求转型发展。新型本科院校两次转型都是在政府的要求下开始的，是为了适应外部环境的变化实行的自上而下渐进式转型。这在转型初期取得了很好的效果，极大地激发了新型本科院校的办学热情。但由于利益因素的阻碍，固有意识、固定成本等因素的影响，新型本科院校在两次转型后陷入了一种锁定状态，边际调整的幅度很小，这就使得新型本科院校的办学模式和办学定位逐渐无法满足社会对人才的需求。但换一个角度看，这种渐进式的变迁保证了我国高等教育改革的稳定性和连续性。具体来说，在新型本科院校组建初期，为了能尽快完成高等教育改革的任务，国家将一些并未达到普通本科办学标准的专科院校纳入升本的行列。[2]2002年高等教育大众化目标完成后，教育部在全国范围内使用同一评估方案对普通高等本科院校教学工作水平进行自评，指标涉及办学定位、办学目标、教学条件等。这种渐进式的变迁方式保证了高等教育制度的稳定性。

三、新型本科院校的发展历程

新型本科院校作为我国高等教育由精英化向大众化阶段过渡的背景下发

---

[1] 中国高等教育学会高等职业技术教育研究会．中国职业大学纵览[M]．武汉：武汉出版社，1988：1．

[2] 2004年教育部颁布的《普通高等学校基本办学条件指标（试行）》（教发〔2004〕2号）中，生均教学行政用房、生均图书等指标低于1996年原国家教委发布实施的《核定普通高等学校招生规模办学条件标准》（教计〔1996〕154号）中的指标。

展起来的新生力量，近些年来得到了快速的发展。在传统老牌本科院校向研究生教育转移的大趋势下，新型本科院校在高等教育大众化的进程中承担着重要的角色。

（一）新型本科院校的总体发展情况

1. 新型本科院校的设置进度

20 世纪 90 年代后期，为满足我国经济社会快速发展以及产业结构化调整对高等教育发展所提出的一系列新需求，我国高等教育采取了内涵式与外延式相结合的教育发展方式，其中内涵式发展主要强调人才培养质量的提高、社会服务能力的提升以及科学研究水平的增强；而外延式发展则主要强调高等学校数量的增加和高校办学规模的扩大。外延式发展方面，高等学校办学规模的扩大是其主要表现形式。新型本科院校自创办以来，在我国高等教育大众化的发展过程中发挥了不容小觑的作用，成为我国高等教育的重要组成部分，是高等教育实现可持续发展的重要基础和大众化高等教育的主力军。在我国高等教育系统中，新型本科院校实现了“三分天下有其一”。

从新型本科院校的成长轨迹来看，我国自 1999 年开始推动地级市新型本科院校的设置。截至 2015 年 4 月，经教育部批准的新型本科院校数量为 411 所，其中，包头师范学院、南通师范学院以及荆州师范学院与其他院校二次合并改建为大学，全国新型本科院校的实际数量为 408 所。[1]新型本科院校中公办院校和民办院校分别为 268 所和 140 所；新型本科院校前身为师专或教育学院的有 145 所，从独立学院转制单独设置的有 51 所。具体设置进度如表 1-1 所示：

表 1-1　1999 年以来全国本科院校设置情况

时间	1999	2000	2001	2002	2003	2004	2005	2006	2007
数量	8	40	9	33	23	40	19	18	21
时间	2008	2009	2010	2011	2012	2013	2014	2015	
数量	18	11	22	31	22	23	38	22	

注：1. 1999—2015 年数据资料来源于教育部发展规划司院校设置处的统计资料，同时也参考了顾永安《新型本科院校转型发展论》中有关数据。

2. 荆州师范学院、南通师范学院、包头师范学院三所学校后又与其他学校合并组建为大学，未计入新型本科院校内。

[1] 李克军.在服务地方中凸显特色——新型本科院校发展战略研究[M].北京：清华大学出版社，2015：18.

在二十余年的发展历程中，随着我国高等教育毛入学率的不断提高，新型本科院校实现了多次跳跃式发展：一是1999年我国高等教育开始转向大众化,10所新型本科院校的成立拉开了新型本科院校快速发展的帷幕;二是2002年我国高等教育步入大众化发展阶段（毛入学率达到15.3%），33所新型本科院校的成立助推了这一进程；三是2005年我国高等教育实现由精英教育向大众教育的转换,当时共有172所新型本科院校,占我国本科院校数量的24.7%;四是2010年以来，我国高等教育大众化稳步发展，毛入学率为24.5%，我国共建立262所新型本科院校。2014年，新型本科院校数量达到387所，占同期全国本科院校数的33.1%，高等教育毛入学率达34.5%，成为我国高等教育大众化名副其实的主力军。截至2015年，新型本科院校总数达到408所。

2. 新型本科院校的分布状态

我国新型本科院校不仅设置进度快，而且分布范围广，它们犹如雨后春笋一样已在全国范围内迅速铺开。为进一步厘清新型本科院校的总体分布态势，以省、自治区和直辖市为分析单位，笔者对我国现有的408所新型本科院校进行归类统计，得到如下数据：

表1-2　新型本科院校分布情况

省（区、市）	省会城市院校数	地级市院校数	占本省本科院校数量（%）
北京	5	0	8.2
天津	1	0	5.26
河北	6	17	56.1
山西	6	6	52.17
内蒙古	0	5	46.67
辽宁	5	12	32.08
吉林	9	2	35.48
黑龙江	13	5	48.65
上海	14	0	36.11
江苏	8	9	32.69
浙江	6	10	45.71
安徽	6	9	45.45
福建	7	11	64.29

续表

省（区、市）	省会城市院校数	地级市院校数	占本省本科院校数量（%）
江西	8	8	55.17
山东	10	18	50.00
河南	12	16	63.64
湖北	16	4	42.55
湖南	9	14	63.89
广东	8	9	37.78
广西	4	11	55.56
海南	1	2	50.00
重庆	7	0	35.00
四川	9	12	50.00
贵州	4	8	63.16
云南	4	9	54.17
陕西	12	6	41.86
甘肃	3	5	47.06
宁夏	1	2	50.00
新疆	2	1	23.08

可以说，新型本科院校的快速发展催生了省级区域内高等教育结构的变化，自 1999 年以来，我国新型本科院校已遍布全国 29 个省、自治区和直辖市，并总体呈现出东高西低、中北部隆起的分布态势（东部新型本科院校占全国新型本科院校的 39.1%，中北部占 36.5%，西部占 24.4%）。在福建、湖南、河南、贵州等 13 个省区，新型本科院校占本省本科院校的比例已达 50%，占据着"半壁江山"，成为名副其实的高等教育大众化的主力军。另外，西部地区特别是少数民族聚居地区，新型本科院校分布较少的状况有待进一步改善，例如新疆只设置了 3 所新型本科院校，而青海省、西藏自治区则没有设置新型本科院校。

（二）新型本科院校发展的初期阶段

从新型本科院校的设置进度可以看出，1999—2004 年间新设本科院校数量较多，因此，可以将 1999—2004 年作为新型本科院校升格初期的研究时间段。

其实新型本科院校在高等专科教育阶段都经历了较长时间的建设和发展，升格之初已经具备了本科院校的基本框架。以楚雄师范学院为例，其前身为楚雄师范高等专科学校，经过二十多年的努力，学校从办学条件、办学水平、办学规模到师资力量、科研实力都有很大发展，为建设一所合格的本科院校奠定了较好的基础。升格之初，楚雄师范学院更加注重学科建设、师资队伍建设和校园基本条件建设，把教学质量放在学校各项工作的首要地位，形成了多层次、多类别交叉融合、优势互补的学科专业结构。[1]

然而，升格初期，新型本科院校也面临众多复杂的问题，主要表现在经费投入不足、教学基础设施薄弱、适应本科教学的师资队伍结构不够优化、生源质量不高、教育思想和教育理念还不适应本科院校的发展需要。而专科教育模式的惯性作用、人才培养质量不高等问题则是新型本科院校当时众多问题的集中体现。面对这些问题，高等教育管理部门和院校自身都采取了一些相应的措施，主要包括：

第一，努力实现由专科教育到本科教育的转型，其本质是内涵升本的问题。办学内涵由专科办学模式向本科办学模式转变，这一转变并不仅仅是把学制由三年变为四年，更重要的是要树立本科教育意识，理解本科教育与专科教育的区别，掌握本科教育规律。第二，实施“质量工程”。高校的大规模扩招，虽然缓解了人才的供求矛盾，但也出现了生源质量和教学质量的相对下降，主要有师资力量的相对薄弱、师德师风的滑坡趋势、办学底子薄弱、条件不足、教学理念和管理模式的相对冲突等原因。[2]鉴于新型本科院校升格初期的以上情况，教育部组织实施了新型本科院校的“质量工程”，旨在通过各方面的改革和建设，在一定时间内扭转新型本科院校人才培养质量问题。第三，升格之初的薄弱状态促使新型本科院校竭力处理好维持运作和促进长远发展的关系。新型本科院校升格初期，软硬件条件都与合格本科院校有一定差距，如不能确保运转，就可能会面临崩溃的危险，谈发展就成为空中楼阁。

[1] 李明．在创新中迎接新挑战——楚雄师范学院发展思路探索[J]．楚雄师范学院学报，2003（4）．

[2] 葛文君．大力提高教育教学质量，促进新型本科院校发展[J]．哈尔滨学院学报，2002（5）．

（三）新型本科院校“追赶式”发展阶段

对中国而言，新型本科院校绝对是新生事物。究竟该把这类院校办成什么样的大学，如何办好这样的大学，不仅没有现成的理论，而且也没有成功的案例可以借鉴。况且，新型本科院校全都脱胎于专科学校，由于这些学校长期处于专科层次办学，它们升本时的办学条件一般都达不到普通本科院校的办学标准。因此，新型本科院校为了能尽快达到本科办学要求，在组建初期往往是一种带有补偿性质的“追赶式”扩张发展。

从 2005 年到 2014 年，伴随着我国高等教育大众化进程的逐步推进，新型本科院校紧紧抓住了我国高等教育大调整、大发展这一难得的历史机遇，积极寻求自身发展，使学校的办学规模迅速扩大，办学空间急剧拓展。一方面，在国家扩招政策的支持下，新型本科院校努力扩大招生规模，招生人数逐年攀升，现在绝大多数学校在校生人数已由 2000 年前后的三四千人跃升至目前的万人以上；同时，新型本科院校根据各校实际情况，积极调整学校内部教学组织结构，扩充了院系设置，加大了专业建设力度。现在各学校的本科专业总量大都由刚刚升本时的 5 ~ 6 个发展到目前的 30 ~ 35 个，学科涵盖门类一般在 6 ~ 8 个，而且还有进一步扩大的趋势。另一方面，为应对招生规模的急剧扩大，新型本科院校全力以赴地拓展办学空间，利用自身优势为学校争取发展用地，不停地加快学校基本建设速度，短期内解决了历史遗留的校园狭小问题。目前，各学校一般都有两到三个校区，有的学校甚至在四个以上，基本上满足了学生日常学习与生活的实际需要。

此外，新型本科院校还全力加强硬件建设，不断改善办学条件，迅速扩充师资队伍，努力提升科研实力、积极催生科研成果，把科研作为强校、兴校的突破口，制定了各种向科研倾斜的政策，并在开展研究的过程中促进教学和科研的良性互动。[1]

（四）新型本科院校应用型大学建设时期

从新型本科院校的宏观环境来看，我国经济发展已进入新常态，经济增长速度、经济结构和要素驱动来源发生了变化，高层次创新性人才、复合型

---

[1] 何万国．对新建地方本科院校办学定位的再认识[J]．中国高教研究，2008（7）：54-56．

人才成为高校当前及未来一个阶段人才培养的重点。

教育部高等教育司司长张大良在 2016 全国新型本科院校联席会议暨第 16 次工作研讨会上的讲话中也指出，把新型本科院校办成新型本科院校的“新”，不受学校新建时间的影响，重在学校发展模式的创新。各新型本科院校要充满自信、不负使命，根植地方、依靠地方、融入地方，“把握由来、坚守本来、吸收外来、面向未来”，走出一条中国特色新型本科院校发展之路。要“对焦需求”“聚焦服务”“强化应用”，主动服务地方经济社会发展需要，服务产业转型升级需要；以更宽的视野“变焦应用”，使应用更加凸显。[1]

第二节 新型本科院校发展面临的内部困境

新型本科院校的发展有很强的路径依赖，其原有的办学思维、管理体制方式等都会在很大程度上影响甚至决定其后的发展模式。因此，新型本科院校虽然在办学层次上提升了，但其内部诸多因素并没有得以相应的提升，因此新型本科院校面临诸多困境。

一、学校发展定位的困惑

新型本科院校因“升格”或“合并”而产生，起初在办学思路上都会感到不适应。这类院校是在社会转型以及高等教育变革调整的背景下应运而生的新生事物，对于怎样办学并无经验可循。在探索适合自身发展道路的过程中，常常处于一种迷茫状态，而这种迷茫集中体现在办学类型、人才培养与科学研究等各方面。

（一）学校办学类型定位的迷茫

办学类型是指具有相同特征的学校所形成的种类。不同的分类标准可将高等学校划分为不同的类型。如从高等学校的设置与管理上说，可以分为国立、省（市）立、市立；从办学的形式上说，可以分为全日制普通高校、广播电视大学、函授大学、网络大学、夜大学等；按所属科类的不同可以分为

[1] 张大良：关于办好新型本科院校[EB/OL]. https：//sanwen8.cn/p/541ZO4e.html.

综合大学、理工院校、农林院校、财经院校、政法院校、医药院校、师范院校、艺术院校、体育院校等；按学科覆盖面的不同可将高等学校分为综合性院校、多科性院校、单科性院校等。武书连在2002年参照美国卡内基分类法，将高等学校按科研规模的不同划分为研究型、教学研究型、教学型、高职高专四类。[1]

新型本科院校应归属于哪一类？不同类型的高校在遵循高等教育基本范式的前提下，在办学上有着不同的侧重点，也就会形成不同的办学模式。新型本科院校在建立之初没有现成经验借鉴，都在“摸着石头过河”，因而很多学校选择模仿办学经验丰富的老牌本科院校办学模式，试图按照老牌普通本科院校的办学模式迅速从“面上”达到本科的办学要求。在这一阶段，新型本科院校简单模仿老牌高校，致力于上硕士点、博士点，照搬重点大学的教学计划和办学模式。其“求高”“求大”“求全”的发展模式带有明显的扩张性质和追赶取向。这种盲目攀高，简单照搬老牌本科的做法，忽视了新型本科院校自身办学条件、综合办学实力等方面的局限，脱离了地方社会需求。没有切实分析自身学校办学条件、师资水平、学校文化等基本要素，而力求建构一种超越自身实际的大学发展模式，显然并不太适合新型本科院校自身实际。[2]

随着批评声音逐渐增多，一些学者以及政府官员开始反对追求传统大学的学术化道路，而是主张选择职业化发展。有研究者认为，现有本科第二批、第三批录取院校应该转向高等职业教育体系，走职业技术大学之路。[3][4]持该论点的研究者认为新型本科院校这一特定高校群体具有职业教育属性，可以将其纳入现代职业教育体系的构建，引领职业教育尤其是高等职业教育的发

[1] 武书连．再探大学分类[J]．科学学与科学技术管理，2002（10）．

[2] 当然，也需要看到，新型本科在建立之初本身就是一种新事物，每一所新型本科都在进行着各种尝试性的探索。而传统老牌本科有多年的办学经验和较为成熟的办学模式，新型本科院校学习、借鉴这些老牌本科其实是一种自然的选择。

[3] 宋新刚．关于应用型本科高校转型的思考[J]．职教论坛，2015（4）：62-63．

[4] 2009 年，浙江、山东、天津、福建等省取消了三本批次招生；2015 年四川、广西、内蒙古等省（自治区）也把第二和第三批次实行并轨招生；2016 年广东、江西等省也将本科第二批和第三批合并录取。

展。[1] 2013 年 6 月，在教育部的推动下，天津职业技术师范大学等 35 所地方高校组成了应用技术大学（学院）联盟。按照教育部的规划，全国近 1 200 所本科院校（含 300 所左右独立学院）中，至少应将 1/2 以上的地方院校转型为应用技术型或职业技能型院校。但是，新型本科院校走职业教育之路，问题同样是显而易见的：其一，新型本科院校（独立学院除外）几个基本主体——学校领导、教师、学生对转向职业型院校很少有认同度，因而这种选择基本没有存在的基础；其二，新型本科转成职业技术大学后，可能会混淆普通本科和高职高专的概念，使得自身在人才培养模式、科学研究方面的困境没有得以解决，反而使得自己与高职高专同质化，可能会进一步造成毕业生的结构性失业，另外还会造成自身科学研究的窄化和泛化；其三，从实践看来，德国职业技术大学一般不含师范、艺术、体育、法学等院校，因此，有相当部分新型本科并不适合这条道路。本书第二章将对此进行进一步说明，此不赘述。

左右摇摆，各执一端的思路似乎都不是新型本科院校发展路径的最佳选择。新型本科院校既不能沿袭综合性、研究型大学的老路，也不能简单地采用职业技能教育的发展模式，而是要积极探索、改革和创新，探索出一条适合自身需要的新路径。但是，新型本科院校要真正创出一条适合自身发展之路有着极大的难度，不仅考验着自身开拓创新的勇气，还考验着新型本科院校领导、教师们的智慧。另外，一个重要的因素是政府及社会能否给予新型本科院校足够的宽容与支持。需要认识到的是，这种探索之路至少有几个问题需要注意：首先，新型本科院校的发展必须符合高等教育自身的内在逻辑，不能偏离高等教育的基本指向，否则越独特，可能会越偏离高等教育办学轨道，最终可能变成一种面目全非的畸形大学样态。其次，当下的高等教育是一种开放的办学，不可能自我封闭，不仅要适应经济社会发展的需要，更要积极引领和促进国家发展，社会进步，引领经济社会发展。再次，新型本科院校需要认真分析自己的办学条件、师资水平、办学历史、学校文化等诸多方面，探索切实可行的新型大学发展之路，在人才培养、科学研究、社会服务等诸多方面形成自身的特点。最后，概而言之，新型本科院需要密切结合经济社会发展之需要，结合自身实际，探索一条符合高等教育内在要求的新

---

[1] 聂伟．关于将新建本科院校纳入现代职业教育体系构建的探讨[J]．中国高教研究，2012（11）：91-98．

路径。这需要处理好诸多关系，如人的发展需要与经济社会进步的需求、学术与应用、自由教育与专业教育等。

（二）人才培养定位的困惑

新型本科院校的人才培养受专科时期的影响，在教学计划，学分制，理论课和实践课的比例，公共课、基础课、专业课和选修课的关系，教师的教学方法、考试方法等诸多方面都存在很多不适应本科人才培养的要求。不少新型本科院校的学分制还是有名无实的学年学分制；有的学校在招生时依然实行窄口径招生，按小专业培养。同时，课程体系无法适应升本后的人才培养目标，存在以下问题：一是课程观念落后，对课程体系中的学术性和应用性、理论和实践、基础和技能、深度和广度等观念，找不到合适的平衡点，相互之间无法衔接。二是课程体系和内容比较混乱，内容存在“旧、繁、空、窄”的问题。三是课时多，理论课时和实践课时配比不合理，选修课的比例偏低，有的新型本科院校受传统课程观念及师资等因素的影响，选修课开设不规范，“因人设课”现象较为普遍。

升本之后，很多新型本科院都致力于向所谓“教学研究型”或“研究型大学”目标靠拢，培养学术型拔尖创新人才，而学校自身又无坚实的办学基础和发展条件，发展困难重重，故培养出来的人才一方面在理论能力上不能与老牌本科院校相媲美，另一方面在实践能力上又呈现适应性低、不能快速上岗、知识的运用能力较差等特点。在认识到学术精英人才培养之路难以走通之后，多数新型本科院校都提出了“应用型”人才培养的定位。但应用型人才培养在实践上没有可行范例可资借鉴，理论上也没有论证清楚，学界对应用型人才的本质内涵，以及应用型人才与学术型人才、职业技能型人才等的联系与区别缺乏全面、系统、深入的理论研究和实践论证，导致人们的认识模糊不清。[1]

有研究者认为“应用型人才”“实用型人才”等无论如何表述，都应包含在职业教育之内，培养“高素劳动者和技能人才”[2]。还有研究者更为具体地

---

[1] 黄达人．部分地方本科高校向应用型转变的思考[N]．中国青年报，2015-12-14．

[2] 聂伟．关于将新建本科院校纳入现代职业教育体系构建的探讨[J]．中国高教研究，2012（11）：93-98．

论述了应用型人才培养目标及其培养规格，认为应用型人才应以“实践、实用、实干”为特征，由此需要构建以能力为中心的课程体系，将职业资格鉴定与培训内容纳入课程体系，确立实践教学在整个课程体系中的重要地位，实践教学比例占总学时学分比例一般应达到 25%～50%，整体设计实践教学体系，实践教学从一年级到四年级“不断线”连续安排。[1]

显然，这种应用型人才培养内涵解读已经窄化了高校人才培养的内涵，使高校人才培养在一定程度上偏离了轨迹。这已经引起了一些学者的注意。张应强指出，目前我国的大学教育理念已经出现了严重的功利主义倾向，高等教育正在走向庸俗实用主义教育。高等教育的价值观和功能观，无论在社会层面还是个人层面，都浸染了浓厚的短期功利主义色彩。特别是在当前日益严峻的大学生就业形势和日益增加的就业压力下，来自高校内外的压力使得大学教育理念和大学教育目标出现了严重偏差，大有将高等教育改造成为“就业教育”之势，“以就业为导向”成为影响大学教育理念和大学教育目标的重要思想观念。这大大窄化和矮化了大学教育的价值。[2]

因此，新型本科院校人才培养有几个问题需要进一步澄清。

首先，高等教育虽然具有极强的专业教育特性，但其本质是基础性教育和文化素质教育。高等学校培养的人才首先应该是合格的社会公民，其次才是各级各类专业技术人才。高等学校教育要为经济社会发展和产业结构调整服务，但它不可能解决经济社会发展和产业结构调整中的所有问题，也不可能做到与之完全适应。因此，高等学校教育必须保持相当比例的学术型教育，特别是基础科学和人文社会科学教育。即使是应用技术型人才培养，也要重视文化素质教育的基础性作用。否则，高等教育就只是“制器”而非“育人”。

从这个角度讲，新型本科院校培养的应用性人才不会排斥学术性标准。事实上，新型本科院校人才培养的学术性和应用性不仅不相互矛盾，反而相互依赖，互为条件。强调应用性不仅不会否定学术性，反而会更加注重学术性。这是顾永安提出的新型本科院校第一个转型要求，即由专科层次向本科层次转型的要求。不仅如此，应用型人才只有具备坚实的学术功底，才可能

---

[1] 何万国，孙泽平．对新建地方性本科院校办学定位的再认识[J]．中国高教研究，2008（7）：54-56．

[2] 张应强．地方本科高校转型发展：可能效应与主要问题[J]．大学教育科学，2014（6）：29-34．

在实践中从事创造性的工作，才可能不断反思和改进，成为高水平的应用型人才。同样，要培养出既具有理论思维，又具有实践能力的应用型人才，教师也需要有扎实的学术功底。

其次，新型本科院校培养的应用型人才并不是职业型人才，至少不完全是职业型人才。联合国教科文组织批准的《国际教育标准分类法》（ISCED, 2011）对职业教育（Vocational Education）的定义是：使学习者获取某种特定职业/行业或数种职业/行业特定的知识、技艺和能力的教育。《美国教育百科全书》对专业教育（Professional Education）的解释是：为了满足某些除了手工技能之外还需要专门学术知识的职业需求而进行的正式的教学和训练。可见，职业教育与专业教育有所关联，但区别是明显的，即专业教育除了要求学生掌握一定的技能行知识外，更为重要的是让学生理解所从事工作的各种原理，训练学生的学术性思维，能够批判性地思考问题，养成思考问题和解决问题的习惯，培养思考问题和解决问题的能力，从而能够在所从事的工作中不断创新。这应当是理解新型本科院校应用性人才培养的一个基本出发点。

（三）科学研究定位困难

自 19 世纪初洪堡提出“通过研究进行教学”以来，科学研究已经是大学的基本职能之一。研究水平也是衡量大学的核心要素。大学是创造知识的场所，大学的科学研究不仅是经济社会发展的需要，还可以提升教师的素质，提高教师课堂教学水平，培养出更多有创新能力的学生。科研也有助于管理者提高管理水平，使学校的管理工作上升到新的台阶。因此，凡是大学，科学研究都是学校的重点工作，也是新型本科院校内涵发展的重要内容。

对于应用型本科院校要不要重视科研的问题，在升本初期一直存在很大分歧。这样的分歧不仅来源于一线的教师，也来源于学校管理层面。所以，新型本科院校初期对待科研的态度更多是摇摆、观望，其定位面临很大困难。这种困难一方面是科研人员队伍素质还有待提高，新型本科院校研究队伍在科研意识、科研能力、科研素养等方面往往还达不到本科科学研究的要求，科研的氛围和影响还要经历一个积淀的过程。加之科研队伍建设往往依赖于学科建设与专业的内涵建设。虽说新型本科院校拓展学科专业建设的目的可能是寻求科学研究职能的实现，但学科和专业建设不仅是一项基础性的工作，还兼具战略性意义。对很多新型本科院校而言，学科建设刚刚起步就四面出击，随意增设专业，其结果不但是难以形成特色，而且极大地浪费了资源，严重影响了科学研究队伍建设。另一方面则是因为科研经费紧缺，新型本科院校教师很难申请到高级别的课题，也就很难获得较大数量的科研经费。而大公司、企业更愿意与知名高校合作，这使得新型本科院校获得的经费很有限。加上新型本科本身经费紧缺，拿不出更多的资金来支持学校科研，使得学校科研经费捉襟见肘。后文将对此展开论述，此不赘言。

另外，新型本科院校科学研究还有两个难以平衡的基本点。

一是提倡应用型研究是否意味着要否定基础性研究？一般说来，新型本科院校应以应用型研究为主，但同样应重视基础型研究，这又不免会招来“贪大求全”的指责。其实，基础型研究与应用型研究本就相互促进、难以分割。只有具备较强的基础研究能力，才有可能在应用型研究中取得突破。基础型研究的基本方法与范式同样是应用型研究所需要遵守的。如果缺乏基础型研究所秉持的对问题的深度审视以及严格的逻辑推理，应用型研究也就不可能在技术上取得突破，也不可能在社会事业研究方面得出有效的结论，为社会发展提供智力支持。同样，基础型研究需要以实践应用为研究的材料，无论理工科研究还是社科科学研究，都是通过实践应用研究基础上进行基础理论的升华。

二是应用型研究并不是低水平研究。一些地方政府和高校领导、中层干部和教师把新型与低层次、应用型与低水平机械地等同起来，认为突出新型就是自我限制，强化应用型就是自甘堕落。[1]新型本科院校并非是说自身研究人员水平不高，研究条件有限就退而求其次，选择低水平的应用型研究之路。恰恰相反，应用型研究并不是简单的书斋里的文字游戏，而是能够在实践中发现问题，解决问题，这本身就是科学研究的基本要义。应用型研究同样不排斥理论，一方面，因为应用型研究也需要理论的参与；另一方面，高水平的应用型研究能够提炼出理论，检验已有理论，丰富已有理论体系。

二、内部治理结构不顺

高校内部治理结构主要是指高校内部利益相关者之间各种权力的分配制

---

[1] 刘振天．新建本科院校人才培养面临的主要矛盾及解决之策[J]．学术交流，2012（8）：194-198．

约，以及利益实现的制度规定、体制安排和机制设计。[1]具体说来，高校内部治理主要包括高校内部的权力关系、组织架构和运行机制几个方面。西方发达国家形成了比较稳定的内部治理模式，其共同点是大学内部权力主体多元化，比较重视内部权力的协调，其学术事务和非学术事务的管理通常是由两套系统、不同的机构和人员来运作，他们各司其职、共同管理。我国成熟的高校内部治理也还存在不少问题，但基本架构是比较健全的。新型本科院校内部治理还存在诸多矛盾，需要进一步完善。

（一）权力结构没有理清

高校内部权力关系涉及多个方面，主要方面是学校层面的权力关系、二级学校内部的权力关系、学术与行政的权力关系。

首先，从学校层面来看，一些新型本科院校在校级层面的权力关系没有理顺，需要按照党委领导下的校长负责制精神进一步理顺党委书记和校长之间的职责分工，在确保校长享有充分的行政权力的同时，学校重大事项由学校党委集体研究决定。

其次，二级学校是很多新型本科的一个新的组织结构，是在专科时期“系”的基础上组建的。有的二级学院是原来的一个系，有的则是几个系整合而成。新颁布的《中国共产党普通高等学校基层党组织工作条例》明确指出，二级学院重大事项的处理是通过党政联席会来研究的。凡属行政工作的议题，党政联席会由院长主持，凡属党务工作的议题，党政联席会由总支书记主持。虽然这种分工理论上是明确的，但新型本科院校实践中，院长与书记同样存在诸多权力纠纷。同时，作为二级学院的学术组织，新型本科院校应充分发挥教授委员会和学术委员会的作用。但从现实来看，不少二级学院没有赋予这些学术组织应有的权力，甚至根本就没有成立教授委员会和学术委员会。这一方面与教师队伍有关系，如教授委员会一般要求 5 ~ 7 人，一些二级学院教授总数都不够，加之新型本科院校教师大都认为自己的本职工作就是教学，对学术没有多大兴趣，也就对这些组织并不关心。另一方面，二级学院领导把很多学术方面的权力等同于行政权力，集于院长一身，缺乏向教师们分权的意识与自觉。

---

[1] 顾海良．完善大学治理结构的四个着力点[N]．中国教育报，2010-09-20．

再次，学术权力是学者从事教学和研究的权力以及对教学和研究评价的权力。行政权力是为学术权力服务的，这是由大学的组织目标所决定的。行政权力的绩效要体现在教师更有成效的教学和科研上、学生更有成效的学习和成长上。一般而言，学术声誉良好、历史较为悠久、学术力量雄厚、校长为著名学者的一流大学，学术权力占有较重要地位，教授说话有一定分量。而在新型本科院校，其历史不长，教授少，学术力量尚未成长起来，往往是行政管理人员握有权力，而真正的学者只享有理论意义上的尊重，行政权力的膨胀必然导致学术权力的弱化。新型本科院校行政权力和学术权力界限模糊，而且行政权力往往属于强势权力，行政权力侵占学术权力空间乃至指挥学术权力的事例比比皆是。行政人员往往视自己为管理者甚至是领导者，时时欲凌驾于教师和学生之上，倾向于扮演决策与支配者的角色，对知识和人才缺乏应有的理解与尊重，直接导致权力的异化甚至“失范”，也使得大学的教学、科研人员常常感到自己没地位，丧失自己职业活动的自主权，陷入职业角色的冲突与压力中，从而产生失落感与疏离感。

（二）组织架构不健全

我国高校主体组织架构多实行“三级架构、两级管理”。三级架构分别为校、院、系，承担管理职能的是校、院两级。其中，系级架构不承担实质性的管理职能，系并不是一个行政机构，而是一个基层学术性、研究性组织，主要在课程建设、教学研究、青年教师传帮带培养等方面发挥作用。新型本科院校在专科时期的基本组织架构按照校、系、教研室的结构安排，后来都按照校、院、系进行了改革。但是，新型本科院校组织架构存在两个明显不足。

一是在校、院、系之间过于强调等级秩序和层次，没有注意遵循高等教育的内在要求，按照“扁平化”的组织设计来安排。不利于调动广大教师的积极性，各院系的学术委员会在教学与科研上没有决定权，形同虚设，不利于各院系之间的横向联系，也不利于平等、宽松、自由的学术环境的形成以及教学科研水平的提高。

二是学校、学院、系之间的职责、权限分配还不尽合理。受过去集中管理体制的影响，新型本科院校校、院、系之间形成了严格的等级，权力中心明显偏上，院系作为办学实体在独立性和自主性方面权力过小。校、院、系职责不明最大的弊端是各级机构权责不清，校领导难以集中精力去研究分析学校的长远发展，反而陷于一些具体、琐碎的行政管理事务中，阻碍了学校的发展。而院系由于自主权不够，也难以调动自身的积极性。

另外，新型本科院校组织架构的不足还表现在横向的党群、行政和后勤机构机构所占比例较大。有研究者通过调查发现，新型本科院校党群、行政机构基本占学校机构总数的50%以上，存在机构臃肿、效率低下的现象。[1]

（三）运行机制不协调

新型本科院校组织运行机制主要指决策机制、监督机制以及激励机制几个方面。从决策机制来看，《中华人民共和国教育法》《中华人民共和国高等教育法》等法律规定了高校内部重大问题的决策人员安排、程序等。与此同时，国家为了鼓励高校自主办学，减少了政府对高校的干预，鼓励高校制定章程，按照章程健全内部决策制度。但是，很多新型本科院校并没有建立自己的章程，即使已经颁布章程的，也不同程度地存在内容不科学、制定程序不合法、没有得到很好的实施等问题。

从监督机制看，新型本科院校党代会、纪检、监察、审计、教代会、工会、民主党派是内部治理结构中的主要监督主体，分别对学校的运行开展政治和组织监督、专职监督、民主监督。除此之外，教师和学生也是履行监督职能的重要主体。但在现实中，教职工代表大会并没有完全实现其应有的职责，既没有实现对学校党委决策的民主参与，也没有行使对行政权力的监督。教代会流于形式，所讨论的问题往往是员工福利等边缘性问题，并且从教代会人选到议题，再到整个程序都由行政系统主宰。工会同样如此，仅限于一些文体活动，教职工很少在新型本科院校核心事项的决策和监督方面发挥作用。

再就激励机制看，与转制前的专科相比，新型本科院校在科研、教学、社会服务等诸多方面投入很大，激励教师们在科研方面多出成果，在教学方面提高水平。虽然新型本科院校已经在逐渐完善激励机制，鼓励教师们尽心尽责，专心自己的本职工作，但是新型本科院校由于考核体系并不健全，在很大程度上存在干好干坏一个样的问题。加之学术人才的地位在新型本科院校中并不高，行政人员收入往往超过教授和博士，因而新型本科院校尚需要花大力气健全激励机制。

---

[1] 李喆．地方大学优化内部治理结构的思考[J]．中国高等教育，2015（7）：39-41．

三、师资整体水平有待提高

师资队伍建设在任何一所高校都是重点任务，新型本科院校师资队伍建设已经取得了明显的成就，但短期内还不可能达到自身预期的目标，在队伍建设过程中也面临很多困难。

（一）教师结构不够合理

新型本科院校教师队伍结构还不够合理。一是教师专业结构不合理，学校在引进人才中没有顾及专业和学科的发展需求，搞突击行为；在内部人才培养上，也存在教师愿意攻读什么学位、什么学位好读就读什么，单纯追求数量指标的现象，从而造成教师专业结构不合理的问题。二是年龄结构不够合理，新型本科院校由于在短期内扩招，使得师资严重短缺，只能大量从高等院校招聘硕士和少量博士，教师队伍中青年教师的比例在短期内急剧增加，青年教师的比重过大，教师年龄比例失调。三是短期内大量引进青年教师还造成学校教师职称结构的问题，新参加工作的年轻人职称偏低，原有中老年教师高职称偏少，部分中老年教师没有学术上的动力，不愿为了评职称而发文章、出专著；还有部分教师能力有限，完不成学术任务，达不到职称评定要求。因此，虽然教师数量大大增加，但高职称人数并没有明显增加，使得职称结构失衡。四是新型本科院校教师多毕业于本省或本区域的大学，学缘结构无法实现多元化。

（二）高层次人才紧缺

新型本科院校在专科时期的教师教学能力和科研能力都有限。升格为本科后，通过进修、访学、花大力气引进高学历人才等手段，在一定程度上提高了教师队伍的整体水平。但是，在短时间内要想使教师队伍水平有质的提升毕竟不太可能。与其他成熟的高校相比，新型本科院校能够发挥领军作用的学科带头人很少，在本学科领域能够发挥骨干作用的高层次拔尖人才匮乏，在本学科领域能够发挥积极作用的高层次优秀人才不足，有影响力的学术带头人和学术骨干团队尚未形成，严重影响了新型本科院校的科学研究水平、学科和专业建设，使得新型本科院校申请课题级别不高，发表论文刊物层次较低，获得高级别教学成果奖的人数也偏少。

（三）高水平教师流失严重

有研究表明，新型本科院校教师流失严重，而且流失的基本上是学校的教授、博士等高职称、高学历教师，这些教师基本上都是新型本科院校的中坚力量。[1]如何把花大力气引进的高层次人才稳定下来是新型本科院校面临的严重课题。高水平教师流失主要有三个因素：一是在高校人才争夺战中，新型本科院校在地理区位上以及在办学水平上都处于弱势，所培养出的教师随着科研成果的积累、个人影响力的提升，容易被经济发达地区或省会水平更高的大学挖走；二是新型本科院校学术气氛不浓，学术人才很难获得更高的收入和地位，许多高层次人才感觉自身事业发展受限，故选择离开；三是学校为了提高教师队伍整体水平，大都出台了优惠政策鼓励教师攻读硕士或博士，这些教师中的部分人往往在获得学位之后，离开原来的学校，到条件更好的高校寻求发展。

（四）高水平教师补充困难

新型本科院校在人才补充方面同样面临很大困难。首先，当下的高校竞争格局下存在赢者通吃的现象。新型本科院校基础薄弱，很难吸引高端学术型人才，即使高水平大学的优秀博士，在毕业时也会选择高水平大学或至少有硕士点的大学，不愿进入新型本科院校。其次，具有丰富实践经验的实践型教师同样难以引进。因为行业企业和科研院所的高水平技术人员和技术能手能否成功被引进，取决于相关人事师资管理政策以及院校给予的工作待遇和条件。当前的人事体制还比较僵化，加之新型本科院校经费短缺，不可能给出较高的薪资吸引人才。最后，即使引进和聘用了一些技术人员和技术能手，仍存在如何向教师转化、提高教学技能的问题，因为“做得好”不一定“教得好”。[2]现实来看，一些新型本科院校从企业、事业单位或公司引进了一批实践性技能人才。但客观上讲，这些人才大都缺乏较高的学术素养，在高校这种学术型场所中，这些人才常感到没有自我认同感，也缺乏存在感，这其实并不利于学校长远发展。

---

[1] 李克军，等．在服务地方中凸显特色——新建本科院校发展战略研究[M]．北京：清华大学出版社，2015：107．

[2] 张应强．地方本科高校转型发展：可能效应与主要问题[J]．大学教育科学，2014（6）：29-34．

（五）教师思维固化

新型本科院校建脱胎于专科学校。这些学校升本前规模小，发展慢，且一直为某一行业或区域培养人才，与其他高校交往不多。教师们早已习惯于以往的专科教育，并形成了自己固定的思维方式与教学模式，一般不愿意轻易改变。面对本科办学理念的新要求，大多数人缺乏顺应变革的积极性和主动性，依旧固守陈旧的思想观念而不愿更新；有些人甚至有意回避变革与更新。然而，新型本科院校在办学层次、办学模式等诸多方面都已经实现了转变，一定会在诸多方面施行变革，涉及学校定位、专业设置、人才培养、管理方式等诸多层面的整体性理念转变，其间必然伴随着对原有办学格局进行重大调整的具体行动。这些调整行动无疑会牵涉各个方面的切身利益，甚至可能使大部分人的利益受损。在此背景下，原有的思维和观念自然会由于路径依赖而阻碍学校的变革。[1]

第三节　新型本科院校发展面临的外部困境

当前的大学已经不再是封闭的“象牙塔”，而是一个开放的体系。大学需要处理好诸多外部关系，这是现代大学制度建设的内在要求。新型本科院校在外部关系处理中尚有诸多困难需要克服，主要是自身社会声誉还不高，社会对新型本科院校缺乏认可；地方政府与新型本科院校的关系还需要进一步理顺；经费获取渠道单一，办学经费紧张；等等。

一、社会、政府、企业对新型本科院校缺乏认可

（一）社会声誉较低

新型本科院校由于升本时间不长，许多学校还处于办学探索阶段，尚未有突出成就可资宣扬，因此很难得到社会的普遍认可。同时，各学校升本后，原有校名发生变更，而新的品牌效应却未形成，除在当地（或本省）有一定的知名度外，在外省往往不被了解。这使得社会对新型本科院校存在诸多认

[1] 王玉丰．中国新建本科院校的兴起、困境与出路[J]．高等教育研究，2011（1）：53-60．

识上的误区。显然，在社会声誉、学校品牌已经成为学校宝贵的无形资产，并对学校发展起着越来越重要的作用的今天，新型本科院校在声誉、品牌方面的弱势必然对其招生、资源获取、人才引进、师资稳定等造成一定的负面影响。

（二）政府信任度不够

地方政府是新型本科院校转型发展过程中重要的支持者和参与者，发挥着重要的支撑、调整和引导作用，能够与新型本科院校建立起良好的伙伴关系和互动机制，共同推进新型本科院校的转型发展。但地方政府对新型本科院校没有足够的信任，尽管很多地方政府在医疗、教育、社会福利、城市建设、工业布局、校企合作等众多战略规划安排中都会选择与高校开展战略性合作，但他们往往不会就近选择身边的新型本科高校，而会选择重点高校甚至名牌大学。这当然不是地方政府盲目高攀，而是新型本科院校智库建设工作做得不够好，缺乏高水平的政府决策咨询人才，更缺乏在政治、经济、社会等诸多领域能够统筹考虑的团队，难以对政府决策提出既有前瞻性又有实践性的建议。

（三）企业认可程度不高

新型本科院校开展社会服务最尴尬的境遇是得不到企业的认可和支持。专科升格为本科院校是形式上的转型，并不意味着学校的社会服务能力就能获得企业的认可。没有较高水平的科学研究成就的声誉支持，没有毕业生在处理和解决重要、复杂的实际问题时上好的表现，难以使企业在遇到较重要的项目时首选新型本科院校。企业对与新型本科院校合作的意愿并不强烈，新型本科院校的社会服务活动很多时候是学校单方面的意愿和行动。究其原因，本土企业是看着新建本科院校一步一步从专科院校升格为本科院校的，而且在一些新型本科院校升格时，协助其解决了一些教师、设备、场地等教育资源不达标的问题，对新型本科院校的办学实力比较了解，不相信新型本科院校有能力解决企业发展中的重大问题，而更愿意到知名大学寻求帮助。

二、外部管理体制不够合理

（一）利益主体诉求差异导致很难形成协调一致的发展目标

政府、教育主管部门以及新型本科院校有不同的利益诉求，彼此之间存在很大差异。从政府来看，其主要利益诉求有：第一，使地方本科高校培养产业转型升级急需人才，融入地方经济社会发展，提高高等教育对产业发展的支撑能力（发展支撑）；第二，增强本地区高等教育统筹权力，构建适应本地经济社会发展的区域高等教育体系（统筹权力）；第三，解决本地区大学生就业难问题（就业）。

从教育主管部门来看，其利益诉求主要有：第一，推动形成更加科学合理的人才结构，解决高校毕业生就业难和企业高层次技术技能人才紧缺的结构性矛盾（就业）；第二，推进产教深度融合，培养出更多更优秀的高素质劳动者和技术技能人才（人才质量）；第三，推动现代教育体系的建立和教育结构的战略性调整，更好地履行人才培养和人力资源开发职能（人才开发）；第四，进一步提升教育服务于构建现代产业发展新体系的能力，创造更大的人才红利，为经济社会发展作出更大贡献（服务能力）。

从新型本科高校来看，其主要利益诉求有：第一，提升办学层次，包括改学院为大学，获得硕士学位授权点甚至博士学位授权点（提升办学层次）；第二，从一种层次转变为一种类型，改变在与其他类型高校竞争中的不利地位，摆脱"低人一等"的状态（提升地位）；第三，获得办学经费支持，除中央、地方政府的试点专项资金外，还有中央和地方政府财政的激励性经费支持，校企合作经费的税收优惠、实验实习实训基地支持等（资源获取）；第四，扩大办学自主权，包括招生考试、专业设置、人事管理以及经费使用等自主权，提高面向市场自主办学的能力（办学自主权）。[1]

由于政府、教育主管部门、新型本科院校有着不同的利益诉求，各主体所追求的目标有很大差异，由此会不断进行博弈，在诸多问题上都需要不断协调，会产生大量的交易成本。同时，新型本科院校发展需要依靠政府及其下属的具体教育主管部门。学校为了获得各种支持，不得不主动地与政府和教育主管部门处理好、维持好日常关系，但这种关系的维系往往要满足政府及教育主管部门的需要，在利益诉求存在较大差异的情况下，高校常常需要妥协。这种妥协可能会使高校的育人功能屈从于政治功能或经济功能。

（二）地方政府的科层约束影响新型本科自主管理

从地方政府与新型本科院校的关系上看，多数新型本科院校受到代表中

[1] 张应强，蒋华林．关于地方本科高校转型发展若干问题的思考[J]．现代大学教育，2014（6）：1-8．

央政府的教育部、代表省级政府的教育厅以及代表地方政府的教育局、人事局和财政局等机构的三重行政规制的约束。一方面，由于新型本科院校的产生本身就来源于政府的审批，这些院校在专科时期就对政府存在相当的依赖，升本之后百业待兴，学校在校园用地、资金拨付、招生计划、财政拨款、人事编制，甚至硕士点的审批、学科和专业申报等诸多方面，都须得到政府部门的支持认可。同理，地方政府也多把新型本科院校看成一种下属单位，而不是一种相对独立的院校。另一方面，新型本科院校、市场、社会组织和行业协会等各种组织在高校治理结构中地位微弱，“势微言轻”，基本上游弋于治理边缘。政府的强势与新型本科院校的势弱直接导致学校治理内外部呈现泛行政化，办学自主权无法真正得到落实。总的来看，当前新型本科院校治理结构中存在的一个主要问题就是未形成横向权力间有效约束的多元体系。在政府、新型本科院校和市场各方之间的关系方面，要实现区域高等教育网络治理，构建健康的横向参与者结构尤为重要。[1]

（三）“省市共建”管理机制还有待探索

新型本科院校的管理体制主要包括省部共建和省市共建两种类型，多数采取“省市共建”的管理体制，一般按照省市共管共建的管理模式。“省市共建”由于办学经费来源的不同又分为两种模式：“省市共建，以省为主”和“省市共建，以市为主”。前者的学校建设和办学经费主要来源于省级政府，后者的学校建设和办学经费主要来自市级地方政府。以市为主的管理体制运行，省级政府对新型本科院校实行宏观上的统筹管理，学校的业务指导由省级教育主管部门归口管理；地市级政府按管理事业单位的方式对学校的人事、经费及国有资产等进行日常管理。无论哪种管理体制都还处于探索阶段，省、市两级政府还没有具体的实践经验，而且两级政府的管理权限也不明确，因此很容易造成互相推诿的情况，使新型本科院校陷入多头管理而又没人管理的状态。地方新型本科院校“以省为主”管理模式和“以市为主”的管理模式，究竟哪种更适合院校发展，尚需进一步探索和完善。

---

[1] 李海鹏．地方政府对新建本科院校的影响机制初探[J]．国家教育行政学院学报，2016（9）：47-51．

三、外部经费获取困难

新型本科院校处于我国本科高校生态群落的最边缘，受到众多圈层的挤压，明显处于弱势群体的地位。这种生态群落结构极易形成高校资源分配的“马太效应”，使资源更易流向具有优势的重点高校和老牌本科院校。在没有相应政策的扶持下，新型本科院校能够直接从国家获取的教育资源非常少，在国家高等教育资源的分配与获取中处于不利地位。

（一）生均教育经费不足

新型本科院校基本都是地方本科院校，办学经费主要来自地方政府的财政拨款。但多数地方政府能够投入的经费十分有限，经费短缺问题俨然成为制约地方新型本科院校发展的瓶颈。特别是对大多数经济相对落后的城市而言，对新型本科院校的投入存在较大的困难。从表 1-3 可以看出，每个省的中央所属高校生人均经费比地方高校要高得多。如 2015 年东部的福建省中央属高校生均教育经费为 47 139 元，地方属高校生均经费只有 25 594 元，前者是后者的近两倍。中部的河南省中央属高校生均经费为 36 317 元，地方高校只有 21 089 元，前者是后者的 1.7 倍。西部的四川省中央高校生均经费为 38 284 元，地方属高校只有 19 856 元，前者同样是后者的两倍左右。从财政经费来看，各省份的中央属高校生人均财政经费也远远高于地方本科院校。

表 1-3　部分省份 2015 年高校生人均教育经费情况（金额单位：万元）

省份	中央属高校		地方属高校	
	教育经费	财政性教育经费	教育经费	财政性教育经费
福建	47 139	27 174	25 594	16 718
辽宁	46 727	25 972	22 904	14 249
黑龙江	47 297	24 516	19 576	14 123
河南	36 317	31 516	21 089	15 658
湖北	32 418	21 120	22 172	14 165
陕西	41 355	25 222	22 604	14 325
四川	38 284	22 571	19 856	13 054

数据来源：教育部，国家统计局.中国教育经费统计年鉴（2015）[M]. 北京：中国统计出版社，2016.

说明：所选数据进行了取整。

究其原因，主要有以下几点：一是地方政府的财力有限。地方高等教育的建设和发展需要大量的资金投入，但不同地区的经济发展程度差异很大。特别是税制改革后，中央政府财政收入增加，地方政府财政收入减少。而地方政府教育支出受到政府财政规模的限制，随着地方高校办学规模逐步扩大、办学成本明显提高，地方政府对高等教育经费投入的压力也越来越大。二是地方政府对政府绩效的考量。地方政府承担着地方经济发展的重要责任，经济发展水平是地方政府进行政绩考核的主要指标，从而使地方政府的经费使用和投资行为变得更加谨慎。客观上，地方政府官员更倾向于将有限的资金投到可以产生效益的部门，而非不能立竿见影的高等教育领域。地方政府对高等教育的投入受到政府绩效观的制约。三是地方政府对本地区高等教育重视程度不够。地方政府对本地区高等教育的投入在短时间内难以产生明显效果，一些地方新型本科院校在专业设置和培养等问题上也不能很好地满足地方发展经济的需要，这些都直接导致一些地方政府不愿也不需要对本地区高等教育进行更多投入。[1]

新型本科院校在短时间的发展过程中，生源扩大了，教师增加了，但由于经费短缺，已有资源无法承载由规模扩大所引发的各项需求，如教室仪器、图书的增加、办学空间的扩充等。其办学规模在满足了地方经济社会对高等教育的要求的同时，却又产生了与自身办学条件，甚至是与办学目标、办学类型严重不适应的新矛盾。

（二）科研经费紧缺

科研经费是高校经费的重要来源，一些重点高校科研经费在其能获取的总经费中占了较高比例，有些高校甚至已经超过了 50%。但新型本科院校所能获取的科研经费，无论来自政府层面，还是来自企业，都远远低于重点高校。从表 1-4 可以看出，部属大学科研经费数额很大，是学校经费的重要支柱。以清华大学为例，其 2014 年科研经费达到 435 236 万元，上海交通大学 344 990 万元，浙江大学 339 387 万元。排在第 10 位的复旦大学也达到了 210 891 万元。教学科研人员人均科研经费也是很高的，其中北京航空航天大学最高，达到了 120.2 万元，哈尔滨工业大学 83.4 万元，清华大学 80.2 万元。

---

[1] 李海鹏．地方政府对新建本科院校的影响机制初探[J]．国家教育行政学院学报，2016（9）：47-51．

表 1-4　2014 年全国高校科研经费前 10 位　（金额单位：万元）

学校	政府资金	企事业单位委托	其他	合计	教学科研人数	人均科研经费
清华大学	301 505	113 771	19 960	435 236	5 424	80.2
上海交通大学	262 098	68 861	14 031	344 990	12 680	27.2
浙江大学	219 239	95 951	24 197	339 387	15 026	22.6
北京大学	201 614	43 940	3 795	249 349	13 030	19.1
哈尔滨工业大学	105 533	140 325	0	245 858	2 948	83.4
同济大学	126 067	26 935	3 767	242 103	5 422	44.7
北京航空航天大学	119 702	112 836	807	233 345	1 942	120.2
四川大学	98 185	103 913	6 866	208 964	9 136	22.9
华中科技大学	161 052	44 208	6 612	211 872	7 813	27.1
复旦大学	180 658	24 674	5 559	210 891	8 957	23.5

资料来源：根据教育部科学技术司《2014 年高等学校科技统计资料汇编》数据统计整理。

说明：以上为实际进入高校财务的科研经费数据，合计一栏为前三项之和。但同济大学实际进入学校财务只有 156 769 万元，但当年其获得经费为 242 103 万元。

相较而言，新型本科院校所能获取的科研经费极其有限。从表 1-5 可以看出，新型本科院校科研经费总额很小。以部分新型本科院校 2014 年科研经费收入为例，绵阳师范学院 996 万元，铜仁学院 403 万元，靠后的晋中学院只有 103 万元，银川能源学院 34 万元，而沧州师范学院为 0。不仅如此，新型本科院校科研经费来自政府和企事业单位委托经费所占比例更低。很多新型本科院校企事业单位委托经费为 0，也就是说，其科研经费构成中，学校自身投入占了不小的比例，而真正来自政府和企业的经费是非常有限的。

表 1-5　2014 年部分新型本科院校科研经费情况　（金额单位：万元）

学校	政府资金	企事业单位委托	其他	合计	教学科研人数	人均科研经费
绵阳师范学院	310	183	503	996	306	3.3
铜仁学院	350	0	53	403	184	2.2
黄淮学院	172	0	198	369	456	0.8
菏泽学院	219	0	81	300	415	0.7

续表

学校	政府资金	企事业单位委托	其他	合计	教学科研人数	人均科研经费
平顶山学院	283	0	14	298	334	0.9
重庆第二师范学院	64	0	167	230	86	2.7
四川文理学院	116	0	83	199	124	1.6
晋中学院	16	0	87	103	180	0.6
银川能源学院	34	0	0	34	422	0.1
沧州师范学院	0	0	0	0	184	0

资料来源：根据教育部科学技术司《2014 年高等学校科技统计资料汇编》数据统计整理。

（三）社会捐赠缺乏

根据美国教育援助委员会（CAE）最新统计报告，发达国家尤其像美国，30%～40%的高校教育经费来源于校友捐赠。2010 年，哈佛大学接收校友捐赠高达 6 亿美元，其校友捐赠基金总值高达 275 亿美元，校友捐赠率高达 40%。而国内高校校友捐赠金额在高等教育经费中占比不足 1%，与发达国家相比存在较大差距。

从全国情况来看，据艾瑞深研究院统计，1980 年至今，全国高校累计接受国内外社会捐赠（含软件捐赠）总额达到 750 多亿，其中，清华大学累计接收大额社会捐赠总额高达 101.82 亿元，雄居排行榜榜首，创中国大学社会捐赠总额最高纪录；北京大学 67.65 亿，名列第二；清华、北大接受社会捐赠总额高达 169 亿，占总数的 23%，领先于其他高校；汕头大学 49.61 亿，位居第三；上海交通大学 44.83 亿，位列第四；同济大学 40.76 亿，名列第五；湖南大学 28.32 亿，名列第六；浙江大学 27.67 亿，位居第七；武汉理工大学 25.48 亿，位居第八；武汉大学 23.39 亿，名列第九；南京大学 22.58 亿，位居第十。

表 1-6　1980—2015 年中国大学校友捐赠排行榜 10 强（金额单位：亿元）

排名	学校	所在地	总额
1	清华大学	北京	101.82
2	北京大学	北京	67.65

续表

排名	学校	所在地	总额
3	汕头大学	广东	49.61
4	上海交通大学	上海	44.83
5	同济大学	上海	40.76
6	湖南大学	湖南	28.32
7	浙江大学	浙江	27.67
8	武汉理工大学	湖北	25.48
9	武汉大学	湖北	23.39
10	南京大学	江苏	22.58

数据来源：中国校友会网站

排名前 10 位的大学中，除武汉理工大学是 211 重点大学外，其余全是 985 重点大学，捐赠总额达到 432.11 亿元，占全国高校捐赠总额的 57.6%。另外，据统计，排名前 50 的高校共获得捐赠 681.73 亿元，占捐赠总额的 91%。可以看出，中国大学社会捐赠的基本特点是：第一，超过半数的捐赠集中在受赠金额最多的前 10 所大学。第二，捐赠基本上集中在受捐金额靠前的 50 所大学，而这 50 所大学基本都是部属重点大学。第三，新型本科院校所能获得的社会捐赠极其有限，甚至可以忽略这条经费来源渠道。

第二章　新型本科院校发展的诉求

尽管面对不少困难，但新型本科院校不能裹足不前，而应积极进取，不断开拓。改革发展的第一要务是准确定位自身发展方向和目标，既需量体裁衣，立足实际，又要着眼未来，胸怀远大，从而在当今急速变革发展的经济社会环境中闯出一片天地，建成高水平且富有特色的本科院校。本章在论述新型本科院校发展定位的基础上，重点讨论新型本科院校在现实中亟须处理好的两个问题，即在人才培养与社会服务两个方面进行较为详细的论述。

第一节　明确新型本科院校办学定位

高校办学定位是对"办什么样的高校"问题的回答，是办好一所高校的根本前提，也是办学指导思想的核心内容。由于新型本科高校承担着为所在区域经济社会发展培养人才、提供科技文化支撑的重要职能和使命，这就决定了新型地方本科高校在办学定位上应坚持以地方需求和学生需要为导向，立足"地方性""应用型""重特色"的办学定位。办学目标的设定应遵循国家和社会经济发展的需要，了解和把握国内外高等教育发展的趋势，考虑自身的发展历史和现实，坚持有所为，有所不为。具体说来，新型本科院校需要重点思考以下几个方面的定位。

一、办学类型定位

武书连早在2002年参照美国卡内基分类法，将高等学校划分为研究型、教学研究型、教学型、高职高专四类。[1]按照这种分类，很多学者把新型本科院校定位于教学型大学，新型本科院校在发展过程中大都也认可这种定位。但一些学者对此提出了质疑，认为新型本科院校定位于教学型大学实际上会

[1] 武书连．再探大学分类[J]．科学学与科学技术管理，2002（10）．

阻碍自身的发展。如刘献君指出，新型本科院校本应与地方经济社会紧密结合，但单一的教学型定位容易使学校形成自给自足、自娱自乐的思维方式，导致学校自我封闭，以自我为中心。[1]不仅如此，新型本科定位于教学型大学之后，不会安于现状，而是想方设法成为教学研究型大学，从而造成高校发展无法体现多元化，也就无法满足社会对人才多样化的要求。

基于此，刘献君提出了“教学服务型大学”概念，作为新型本科院校发展思路的选择。一方面，“教学服务型大学”以教学为主，以培养应用型人才为主。另一方面，服务可以打开我们的思路，开阔我们的视野。服务意味着开放，既要为学生的发展服务，又要为社会经济发展服务，并将两者有机统一起来。服务意味着多元化、多样化，不同学校可以根据自己所处地域、学科结构、办学传统等选择不同的服务对象，从而形成不同的人才培养模式、科学研究模式、组织管理模式、资源配置模式和办学特色。教学服务型大学的建设，可以促使我国高校形成多姿多彩、五彩缤纷的可喜局面。[2]

近年来，一些新型本科接受了“应用技术大学”的办学定位。所谓应用技术大学是“以科学知识和技术成果的应用为导向进行办学，为社会培养高层次技术技能人才的高等学校”[3]。也有学者认为，应用技术大学至少应该包括两个方面的内容：一是要以科学知识和技术成果的应用为导向进行办学，但侧重点在技术知识和技术成果的应用，“教育内容以技术学科或应用性学科为主”；二是人才培养目标主要是高级技术型人才。[4]“应用技术大学”这一概念是 20 世纪 60 年代中期提出的，它是伴随欧洲国家工业化与高等教育大众化进程而产生的。在我国，应用技术大学目前还处在理论建构阶段，还是一种发展的理念。有学者认为这是我国新建本科院校未来转型的理想模式。[5]

---

[1] 刘献君．经济社会发展转型与教学服务型大学建设[J]．高等教育研究，2013（8）：1-9．

[2] 刘献君．经济社会发展转型与教学服务型大学建设[J]．高等教育研究，2013（8）：1-9．

[3] 刘彦军．中国特色应用技术大学：内涵、外延、路径与展望[J]．职业技术教育，2014（23）．

[4] 侯长林，罗静，叶丹．应用型大学视域下新建本科院校办学定位选择[J]．教育研究，2015（4）：61-69．

[5] 夏建国．生态位视角下中国应用技术大学的发展[J]．职业技术教育，2013（5）．

潘懋元则把高校分为三种类型：学术型、应用型、职业技术型。学术型大学，也就是传统的综合性大学，其培养层次为：本科（学士学位）—硕士（硕士学位）—博士（博士学位），以学习基础学科和应用学科的基本理论为主，研究高深学问，培养学术人才，也就是所谓“大学者，研究高深学问之所也”。应用型本科高校，可以是多科性或单科性的院校，多科性可以称作大学，单科性的称作学院。其培养层次均为：本科（学士学位或专业文凭）—专业硕士（硕士学位或专业文凭）—专业博士（博士学位或专业文凭）。主要以学习各行各业的专门知识为主，将高新科技转化为生产力（包括管理能力、服务能力），培养不同层次的应用型专门人才，如工程师、医师、律师、教师和管理干部等。职业技术高校，也可以是多科性或单科性的院校，其培养层次为：专科（副学士学位或职业技术文凭）—职业技术本科（学士学位或职业技术文凭）—职业技术硕士（硕士学位或职业技术文凭），主要以学习各行各业职业技能为主，培养不同层次的生产、管理、服务第一线的技能型人才。以工程技术技能人才为例，包括高级技工，技术员以及施工、管理工程师。潘懋元认为，第一类高校数量不宜过多，规模不必太大。在我国主要是以“985工程”大学和部分“211工程”大学为主体。第二种类型高校相当庞大而且复杂的院校群，包括一部分“211工程”大学、一般部委属院校、地方高校、民办本科院校以及独立学院。第三种类型的院校，当前应当以培养专科层次的人才为主，但随着生产集约化程度的提高，将逐渐延伸为本科层次以至培养研究生，也可转入应用型本科继续学习。[1]

就既有的对新型本科院校办学类型定位的探索来看，定位于教学型大学的弊端是显而易见的。因为凡是大学，教学和研究都是其基本功能，这在高等教育界几乎是共识。而新型本科按照教学型的定位，可能会把研究忽视了，这样肯定背离了大学本身的应有之义。定位于应用技术大学对一些以工科特色明显的院校而言，是很有启发意义的。但对以文科见长的高校，尤其是师范、财经等院校而言，并不是很合适。相比较而言，刘献君的“教学服务型”办学定位以及潘懋元的“应用型本科”办学定位似乎指出了一条介于学术型大学与高职高专之间的路线。这种定位更具有包容性，不会对新型本科造成

[1] 潘懋元，董立平．关于高等学校分类、定位、特色发展的探讨[J]．教育研究，2009（2）：33-38．

更多的局限，同时也更适合新型本科自身实际，显得更为平和，在实践中也更具可行性，尽管其基本发展路径还有待探索，但作为一种思路，大体方向是明确的。

二、服务面向定位

（一）强化“地方性”

要围绕地方经济社会发展需要办学，以服务地方需求为主线来确定新型本科院校的发展目标。要坚持体现地方特色，实现与区域经济社会的协调发展，努力培养地方急需的各类人才，开展促进地方产业发展的科技创新，全方位为地方经济社会发展做好教育服务、咨询服务、科技服务、文化服务和信息服务，真正成为地方经济社会发展的原动力。新型地方本科高校与所在区域具有天然的联系，只有准确把握区域经济社会发展对人才的需要，才能提高人才培养的针对性、实效性。实践证明，就业质量高的专业，往往是融入地方经济发展、真正满足地方需求的专业。所以，在专业设置和人才培养定位上，新型地方本科高校不能追着热点跑，不能“跟着感觉走”，而必须在科学准确把握本区域人才需求的基础上，确立专业发展的方向和目标，提高人才培养的针对性、契合度。因此，新型地方本科高校在办学定位上一定要肩负服务地方的责任和使命，根植地方、依靠地方、融入地方，在服务中争取发展空间，在为地方作贡献中获得发展资源，要成为本地区经济社会发展中不可或缺的重要力量。

（二）突出“应用型”

首先，要加强应用学科专业建设。实施学科专业一体化发展策略，密切跟踪地方产业升级、结构调整的趋势动态，主动适应地方经济社会和产业发展对人才的需求。要结合学校实际，调整学科专业设置，着力打造一批地方（行业）急需、优势突出、特色鲜明的学科专业，形成若干个学科专业群，着力为地方经济社会发展和支柱产业输送高素质应用型人才，提供高水平科技服务和咨询服务。其次，要突出应用型人才培养。经济社会发展需要数以千万计的专门人才和数以亿计的高素质劳动者。据统计，发达国家人才的需求结构比例为：从事科学研究的拔尖人才约占 5%，从事设计研发的专门人才约占 30%，从事生产、管理、服务等基层一线工作的专业人才约占 65%。[5]尽管不同国家因现代化程度不同，对各类人才的需求比例有所差别，但对基层一线工作的人才需求比例大致相当。新型本科院校应当主动适应本地区对高素质应用型人才的需求，以培养生产、管理、服务等基层一线工作的本科层次人才为重点，着力为基层企业培养下得去、用得上、留得住、干得好的应用型人才。第三，要开展应用科研服务。新型地方本科高校要围绕地方经济社会发展规划和产业转型升级的重点，主动对接地方支柱产业和产业集群开展科学研究，使科技创新同产业发展聚焦、接轨，通过与企业合作创办技术研发机构，提供技术指导、技术转让或者技术入股等方式与企业开展技术合作，为企业提供科技服务，要把学校潜在的科技优势转化为现实生产力，努力成为支撑地方产业升级和技术积累的重要平台，在区域创新体系中发挥重要作用。

三、办学特色定位

高校的办学特色定位是形成办学多样化的有效途径，是高校在教育市场中具有竞争力的表现，也是扩大社会影响、吸引生源的基础。普通高校本科教学工作水平评估指标体系中，对“特色”的概念给出了界定，即在长期办学过程中积淀形成的、本校特有的、优于其他学校的独特优质风貌”。办学特色可以体现在不同层面，如教育思想、办学理念、人才培养模式、管理运行机制等。强调特色发展，不是另辟蹊径、另起炉灶，而是要在尊重办学规律、坚持办学传统的基础上，结合学校实际和地方需要，办出体现地方需求的特色。要深入研讨比对，认真规划统筹，调整支持政策，优化资源配置，强化办学“底色”，突显办学“亮色”，按照“人无我有、人有我优、人优我新”的思路，在学科专业建设、人才培养、科学研究和文化传承创新上争取“唯一、第一”，着力在“独特、优特、新特”这三个“特”字上下工夫，以特色提升竞争力，以特色扩大办学影响力，以特色促进学校发展。

对于新型本科院校来说，可以从三个方面寻求、创造特色：一是在学科专业的设置和内涵建设方面，二是在服务领域和服务层次方面，三是在人才培养类型和培养目标、规格方面。新型本科院校在办学特色定位上，既要考虑学校的办学传统，又要综合考虑学校的办学指导思想、服务面向、区域经济发展对人才需求的特殊性以及学校所面临的外部环境。一方面要继承在专科阶段长期摸索积累的丰富办学经验、学科专业特色和优势；另一方面，要充分考虑到地方经济建设与社会发展的特点和需要，为地方全面建设小康社会服务。

第二节　培养创新性应用型人才

高等教育大众化阶段存在精英教育和大众教育两种不同的价值体系和实践体系，我国的研究型大学和高职高专院校是这两种教育体系的典型代表。处于精英教育和大众化教育两种体系之间的新型本科高校，为了适应区域经济社会发展的需要，应明确应用型创新人才的培养目标。

一、创新性应用型人才的内涵解读

在当前经济发展的新常态下，新型本科院校应为各行各业培养一大批适应经济社会发展的应用型人才。同时，新型本科院校所培养的人才也要具备创新精神和创新能力，即需要培养出创新性应用型人才。创新性应用型人才有几个方面的内涵：第一，创新性应用型人才是指把发现、发明、创造变成可以实践或接近实践，主要承担转化应用、实际生产的任务，并创造性地为地方社会创造直接利益和经济效益的专门人才。第二，创新性应用型人才是具备新知识、应用新技术、掌握新装备的应用技术型人才。第三，创新性应用型人才兼有创业能力、创意能力和动手能力等技术技能。第四，培养创新性应用型人才是复合型、创新型、管理型人才。第五，创新性应用型人才是能掌握现代科学技术又接受系统技能训练的应用技术型人才。[1]

地方本科高校转型的“核心要义”是促使高校确立以培养应用技术型人才为主要任务，但高等教育是以学校为主体实施的教育——学校教育。这种教育具有基础性、教育性、职业性等特性，其中“教育性”是学校教育的根本特性，“教育性”要统帅 “职业性”。因此，地方本科高校转型发展固然要

---

[1] 许青云．普通本科高等学校转型的思考[J]．国家教育行政学院学报，2015（3）：38-39．

以应用技术教育为重点，但高等教育应该是全面素质教育而不是应用技术和职业技能培训，不能因为其应用性或职业性而忽视其教育性。高等学校教育的基础性价值表现在加强学生的基本文化素质、公民基本道德素养的培养，加强学生的价值判断和价值选择能力、批判性思维能力、交流沟通和组织协调能力等“可迁移能力”的培养。学生只有首先成为人格健全、个性丰富、心理健康、人生态度积极、生活情趣高尚的公民，才有可能成为掌握和正确运用应用技术的人才。[1]创新性应用型人才具有不同的层次和水平，可细分为工程型、技术型和技能型人才，每一类应用型创新人才都是社会生产链条上不可或缺的一环。工程型人才主要依靠所学专业基本理论、专门知识和基本技能，将科学原理及学科体系知识转化为设计方案或设计图纸；技术型人才主要从事产品开发、生产现场管理、经营决策等活动，将设计方案与图纸转化为产品；技能型人才则主要依靠熟练的操作技能来完成产品的制作，把决策、设计、方案等变成现实，转化为不同形态的产品，主要承担生产实践任务。新型地方本科院校的“地方性”特征决定了学科专业的建设要与地方社会经济的需要密切结合；“地方性”也决定了教学内容和课程体系要具有地方技术、职业技能教育的特色；“地方性”还决定了人才培养模式的应用性，其人才要“下得去、留得住、用得上”。创新性应用型人才培养目标：在知识面上，既有“厚基础、宽专业、强能力、高素质”的本科人才的一般要求，又突出“能设计、会施工、懂管理”的应用型人才的特点；在能力方面，应具有相应的组织、管理、营销能力，有较强的工程意识和工程实践能力；在技术上，应掌握本行业生产原理和操作技术、管理运行技术、营销与服务技术、技术谈判和商务谈判技术，获取和综合运用信息的技术等；在素质方面，应具备包括思想道德素质、业务素质、文化素质、身心素质在内的较高综合素质，具有创新精神、团队精神、敬业精神以及较强的应变和适应能力。

二、培养创新性应用型人才的现实意义

2017 年 1 月国务院印发的《关于印发国家教育事业发展“十三五”规划的通知》(国发〔2017〕4 号) 指出，十三五期间，要显著提高创新型、复合

[1] 张应强，蒋华林．关于地方本科高校转型发展若干问题的思考[J]．现代大学教育，2014（6）：1-8．

型、应用型和技术技能型人才培养比例，使人才培养结构更趋合理。

（一）创新性应用型人才是当下经济发展的基本动力源

中国经济已经持续高速发展多年，但时至今日，传统的经济驱动力正在逐渐衰竭。培养大批具有创新精神和创新能力的人才，是中国经济实现持续增长的核心动力源。

1. 传统经济动力正在逐渐衰减

（1）要素驱动难以为继

2005—2030 年，我国 50 ~ 64 岁的年老劳动人口将增加 67.1%，而 15 ~ 29 岁的年轻劳动人口将减少 18.8%，劳动力无限供给的条件将不复存在。在资源要素方面，以人均拥有量来看，我国煤炭人均拥有量相当于世界水平的 50%，石油、天然气仅为世界平均水平的 1/15。土地要素对经济增长贡献大，但畸形发展，财政部统计显示，2011 年，地方政府国有土地使用权出让收入 3.31 万亿元，相当于地方政府财政收入的 80%以上。

（2）投资驱动日渐艰难

近年来，我国固定资本形成总额占 GDP 的比值高，维持在 40%左右；二是投资增长率高，固定资产投资的实际增速远高于 GDP 增速，达到 20%以上。虽然高投资率保证了多年的经济高速增长，但基础设施建设布局已经基本完成。全社会生产能力过剩，出口面临国外需求萎缩的形势下，投资驱动必然会日显艰难，难以再对经济增长起到显著的拉动作用。

2. 创新驱动可以为经济增长提供新的动力源

从国际经济发展来看，传统经济动力衰竭之际，创新驱动可以提供新的动力，从而促进经济持续发展。如 20 世纪 80 年代末到 90 年代初，美国提出了以产业技术为美国创新战略的核心，并提出一些可行性行动计划，如《国家关键技术》报告、“信息高速公路计划”、《科学与国家利益》等。在这些报告中，重点突出了创新的至关重要性，这一系列行动使得美国经济维持了 10 年的高速增长。英国 1993 年发表的《实现我们的潜力——科学、工程和技术的战略》，该白皮书讨论了英国国家创新能力存在的问题和所要采取的政策措施，英国政府将战略创新作为一项基本国策，科技创新开始引起英国的重视。

对于中国而言，依靠创新驱动是解决当下经济问题的核心所在。基于此，

2005 年党的十六届五中全会提出，要把“增强自主创新能力作为调整产业结构转变经济增长方式的中心环节”，随后启动了实施创新驱动的一系列措施。2007 年，发改委、教育部、科技部、财政部、国家税务总局等印发《自主创新产品政府采购评审办法》《关于促进国家高技术产业开发区进一步发展增强自主创新能力的若干意见》；2009 年，工信部、科技部、国务院等印发了《关于进一步加强技术创新工作的通知》《重大技术设备自主创新指导目录》等；2015 年，科技部印发了《关于落实创新驱动发展战略，加快科技发展改革的意见》；2016 年 5 月，中共中央、国务院印发《国家创新驱动发展战略纲要》。

3. 创新驱动的关键是培养具有创新精神和创新能力的人才

创新驱动是有创新驱动能力的人做出的创新劳动。[1]美国在 2006 年 2 月发布的《美国竞争力计划》，是一项旨在以科技与创新促进美国经济发展和提升美国国家竞争力的综合性战略计划。其五项主要内容中，有三项涉及人才问题，其中之一是强化 K-12 教育，重视高等教育人才培养的质量，强调高等教育人才培养中创新精神和创新能力。2015 年 5 月，国务院印发的《国务院办公厅关于深化高等学校创新创业教育改革的实施意见》（国办发〔2015〕36 号）指出要促进高等教育与科技、经济、社会紧密结合，加快培养规模宏大、富有创新精神、勇于投身实践的创新创业人才队伍，不断提高高等教育对稳增长、促改革、调结构、惠民生的贡献度，为建设创新型国家、实现“两个一百年”奋斗目标和中华民族伟大复兴的中国梦提供强大的人才智力支撑。2017 年，国务院印发的《关于印发国家教育事业发展“十三五”规划的通知》同样指出，要支持本科生和研究生提前进入企业开展创新活动，鼓励高校通过无偿许可的方式向学生授权使用科技成果，引导学生创新创业。

（二）培养创新性应用型人才是产业结构转型升级的需要

随着科学技术的发展，我国产业结构不断优化调整、转型升级，劳动密集型产业减少，技术密集型产业增加；低技术产业减少，高新技术产业增加；低附加值产业减少，高附加值产业增加，产业结构调整和生产方式的变革使社会职业岗位发生了很大变化，这就加大了对技术应用、开发创新人才的需求。

随着信息化和工业化深度融合，现代化装备加速替代传统生产工具，需

---

[1] 裴小革．论创新驱动[J]．经济研究，2016（6）：17-29．

要培养具备新知识、应用新技术、掌握新装备的应用技术型人才；文化创意和设计产业迅猛发展，小微企业成为经济活力的重要源泉，需要兼有创业能力、创意能力和动手能力的技术技能人才；企业基础管理能力的提升，产品、技术、工艺和流程的应用性创新，需要复合型、创新型、管理型人才；高技能高附加值制造成为高精尖设备和高档消费品竞争力的重要基础，需要掌握现代科学技术又接受系统技能训练的应用技术型人才。这一切都有赖高等教育提供强有力的人才支撑，这是国家赋予新型地方本科院校的历史使命。因此，高等教育需要适应经济社会的发展，满足人民接受更多、更好教育的诉求。新型地方本科院校如果按照传统人才培养方式和办学模式发展，将与社会经济发展渐行渐远。新型地方本科院校应当打破传统人才培养方式和办学模式，以全新视角看待当今的高等教育，立足服务地方社会经济发展目标，建立创新性应用型人才培养模式，承担社会赋予高等教育的社会责任和历史任务。

（三）培养型创新性应用型人才是新型本科院校内涵建设的必然选择

在新型地方本科院校发展的道路上，需要以地方经济发展、产业和企业需求为导向，科学制定应用技术型人才培养目标，系统构建型创新性应用型人才培养体系，搭建有利于培养学生创新精神和实践能力的平台，着重培养学生“将理论转换为技术、将技术转换为生产力和产品”的能力，满足经济社会发展对高层次、高素质技术技能型人才的需求，提高学生、用人单位和社会对学校人才培养的满意度。

新型地方本科院校一般都是由地方政府根据自身的经济社会发展现状和满足本地区民众接受高等教育的需求而举办的，因此，为地方服务是地方高校的生存之基和活力之源。要积极主动地适应社会，充分了解服务区域的经济发展现状、方向和需求。通过科技服务、校企合作、技术咨询与推广、联合攻关等渠道直接为地方经济建设作贡献是地方本科院校的责任和使命。新型地方本科院校在人才培养规格、内涵和功能上应充分体现区域经济发展需要，针对地方实体经济，使培养的人才成为推动区域经济转型发展的支撑力量，达到促进学校与地方经济产业良性发展的目的。

三、创新性应用型人才培养的主要策略

为适应现代生产服务对高层次技能型人才的需求，新型地方本科院校必须打破传统思路，敢于走新路，全面推进以培养模式改革为核心的教育综合改革。并在认真分析和总结自身的办学特色和优势的基础上，以职业需求为导向，以实践能力培养为重点，以产学结合为途径，探索创新性应用型人才的培养模式。

（一）推进高等教育人才培养模式的改革

1. 建构多方联动的人才培养模式

近年来，我国新型地方本科院校不断探索应用型人才培养模式改革。然而，从近百所新型本科院校本科教学合格评估自评报告来看，其人才培养模式总体上比较模糊，有定位“订单式人才培养模式”的，有定位“一体两翼人才培养模式”的，有定位“3+1 人才培养模式”的，有定位“三维一体人才培养模式”的，等等。新型地方本科院校的人才培养模式都应该由总模式与分模式共同构成。就总模式而言，“合作教育、协同育人”人才培养模式最接近欧洲科技大学人才培养总模式。我国新型本科院校实施转型发展的战略改革，要实现从一元化人才培养模式向总模式、分模式多元化人才培养模式的转型。具体而言，就是要逐步确立“学校主动、政府牵动、企业联动、社会互动的工学结合、政产学研一体化人才培养总模式”（或称之为“合作教育、协同育人”人才培养总模式），二级院系可以根据专业培养特点和人才培养的职业化需要，灵活确立“政产学研用一体化人才培养模式”“集团化人才培养模式”“中外联合人才培养模式”“工学交替人才培养模式”等人才培养的分模式。

2. 改革“产学研”一体化人才培养模式

“工学结合”“校企合作”“产学研一体化”是国外应用技术大学人才培养模式的最大特色。我国新型本科院校在“实践教学”方面主要存在四个问题，一是“工学结合”表面化，学生在工厂实验、实习、实训“走过场”现象普遍存在，远没有达到校企深度合作育人的程度。二是“产学研一体化”片面化，重视“产学”结合，“研”往往被抛在一边。三是校内实践教学多而校外实践教学少。四是曲解实践教学的内涵，“实践教学”往往被一些人误解为“教、学、做”。实际上，国外应用技术大学的“实践教学”包括“教、学、做、研”

四个缺一不可的要素，“研”还是“教、学、做”的终极目的。学校师生与企业专家共同参与的“合作研发”是校企合作育人的基石，因此，我国新型本科院校的实践教学应逐步实现从“以校内实践教学为主、教学做一体化”向“以企业实践教学为主、教学科研一体化”的转型。

（二）建立紧跟行业产业需要的创新性应用型人才培养机制

要建立灵活多样的专业方向设立机制，紧跟行业发展趋势，积极进行行业学院建设。秉承“依托行业、服务企业”的办学路径，学院的设置需要摆脱单纯以学科的方式，根据国家和地区经济建设的发展需要，组建成立相应的行业学院，瞄准行业发展的“空白地带”，培养适应区域“创新驱动、转型发展”需求的高端制造业和现代服务业人才，组建成立相应的行业学院。创设复合型专业方向，打破传统的院系建制和学科专业围墙，将人才培养与社会需求相挂钩，发挥不同学科专业的特色优势，增强学生可持续发展的能力。

第一，建立学校企业“双主体”创新性应用型人才培养模式。学校联合企业，并与企业形成两个主体育人，共同培养创新性应用型人才。学校和企业联合组建招生工作组，从命题、复试、面试到录取等各个环节，均请企业专家参与。同时，要结合创新性应用型人才培养求，增加实践动手能力的测试；共同制定人才培养方案，以问卷调查等方式，征求校外导师的意见和广大校友的建议，充分体现“四个全过程”，即行业（企业）专家参与全过程、职业素养职业道德教育全过程、外语应用能力培养全过程、应用能力培养全过程；“三个紧密衔接”，即理论课程与实践教学紧密衔接、课程体系和教学内容与本领域的职业资格标准紧密衔接；共同组建导师队伍，积极签约聘请校内外导师；共同实施教学，在人才培养方案中，不少于三分之一的课程由行业（企业）专家授课。同时，与生产结合紧密的课程均由行业（企业）的专家授课；共同实施考核评价，实现校企共同考核评价，为引导学生注重平时学习，在教学的各个培养环节，进一步加强考核评价的落实；所制定的教学管理制度均由学校和企业讨论制定。

第二，建立校内校外“双导师”培养机制。为每个学生各配备一名校内导师和校外（企业）导师，制定完善导师管理办法，明确校内外导师的责、权、利关系；在加强对校内导师的考核的同时，重视发挥校外（企业）导师的作用，重点加强校外（企业）导师工作任务的落实、工作绩效的考核。同时，校外（企业）导师还实际参与招生复试、人才培养方案和计划制定、课程教学、项目研究、论文指导等工作。

第三，体现教学研用的结合。要坚持以项目为纽带，实现“科教结合”，达到早进课题、早进团队的要求；建立企业创新性应用型人才培养工作站为平台，实现“工学结合”；坚持理论学习与工程实践并重，实现“学做结合”。创新性应用型人才培养应以应用能力培养为主线，实践能力的培养贯穿始终；校内培养与校外培养统筹协调，实现“内外结合”，每个学年都安排一定时间，让学生到企业参加实践。

（三）改革课程体系

新型地方本科院校的课程体系主要是照搬老牌大学的课程体系，课程设置与专业培养目标之间存在矛盾，教材一味强调统编规划或权威出版，“老化”现象严重，理论性课程多，实践性课程少，应用实践能力培养缺乏足量的课程设置作支撑，从而导致毕业生在企业所需要的知识和能力方面出现明显不足，而学校传授的很多知识在生产现场又用不上的局面。不论是课程体系还是教材体系，都与日新月异的产业转型升级、快速发展的新知识、新技术相脱节，与地方产业发展的实际需求更无法对接。具体表现为：

第一，课程目标与社会需求脱节。目前，新型地方本科院校基本因循传统大学的课程教学体系，很多专业基础课程和专业课程的课程目标还是强调知识的传递与复制，课程的实现过程以培养学生系统知识为教学的中心，课程教学内容脱离现实需要，教材建设滞后。这种教育锻炼了学生的博闻强记的能力，却未能培养出具有创造能力的高素质应用型人才。

第二，课程内容与行业企业契合度不高。要实现创新性应用型人才的培养目标，其课程内容须适应地方和行业的需要，突出体现岗位需求和行业性特征，满足生产技术发展需要。通常，生产技术结构一般分为：尖端、自动化高级技术；半机械化、机械化和半自动化的中间技术；工艺和手工技术三种，或者称为先进技术、中间技术和传统技术。由于经济发展水平不同、专业领域不同、地区不同，生产中的技术构成会有很大差别。随着在科学技术的发展，生产活动中对劳动者素质结构的要求必然发生变化，高等学校的课程教学内容均应相应调整，才能培养出满足社会需要的人才。新型地方本科院校一级学科总数偏少，二级学科专业偏科，热门专业争相开设，人才培养模式趋同于老牌本科院校，往往注重专业课程体系的整体建设和调整，忽视了具体的课程内容的深度改革，具体表现在两个方面：第一，课程教学内容脱离现实需要，教材建设滞后，课程开发力度不够，可利用课程资源有限，课程与专业培养目标之间存在矛盾；第二，校企合作课程、校本特色课程很少，无法满足专业人才培养的需要。所以，新型本科院校要重视社会和市场需要，顺应区域经济发展和行业企业技术革新趋势，加强应用性课程的开发和建设，建立由多种课程模式构成的课程内容结构。

国外应用型人才培养的课程体系主要由基础课程、专业课程、专长课程三部分构成，基础课程主要是数学、物理、人文、艺术等课程，约占 20%，重在培养学生的基础理论知识和综合素质；专业课程约占 60%，重在培养学生的专业知识；专长课程约占 20%，重在培养学生的技术应用能力、创新能力、创业能力。[1]其中包括实施“无教材化”，课堂教学教材主要是教师根据产业发展状况不断更新的“最新讲义”。我国新型地方本科院校的课程体系不论是课程体系还是教材体系，都与日新月异的产业转型升级、快速发展的新知识、新技术相脱节，与地方产业发展的实际需求更无法对接。最好的课程就是有利于学生未来事业发展的课程，最好的教材就是体现最新前沿知识的讲义。我国新建本科院校实施创新性应用型人才培养，必须根据区域（地方）行业、企业发展的实际需要以及产业转型升级和技术发展的最新需求，在课程建设上，实现由传统课程体系向应用型课程体系的转型，逐步建立以社会需要和职业需要为核心、以技术能力培养为本位的课程体系；在教材建设上，实现由传统教材体系向“讲义”型教材体系的转型。

（四）改革课堂教学与考核评价

目前，不少新型地方本科院校一提起“应用型”高校建设，马上就强调“实践教学”，实际上，实践教学只是提高应用型教学质量的辅助手段，真正提高应用型教学质量的关键还是提高课堂教学的应用性。国外应用技术大学在教学内容上，强调与看重的并不是系统性的学科知识的传授，而更多的是科学知识和方法如何被用来解决实际问题，偏重于传授那些与职业和行业实践密切相关的专业知识。针对新型地方本科院校在实施创新性应用型人才培

[1] 王媛. 当代美国本科应用性人才培养模式探究[D]. 上海：华东师范大学，2008（4）.

养的改革，在教学内容上，就是要实现从讲授课本知识为主，向传授专业前沿知识为主的转型。众所周知，对同样一章的知识内容，有些教师讲授一节课就能让学生明明白白，而有些教师讲授两节课、三节课，学生还是糊里糊涂，其中的关键因素就是教师有没有驾驭课程知识体系的能力。能力从何而来？由基础理论知识与最新实用技术结合而来。因此，要实现教学内容的转型，势必对教师提出更高的水平要求，即在授课内容上，绝对不能照本宣科，绝对不能面面俱到，该精讲的基础知识一定要精讲，过时的知识内容该抛弃的一定抛弃，该增加的新知识一定要增加。

国外在应用技术人才培养的教学方法上，广泛采用项目教学、任务教学、案例教学、现场教学、研讨教学、角色扮演和团队学习等多种教学形式。目前，我国新型本科院校在教学方法上普遍存在“满堂灌”“师生缺乏互动”等问题，客观需要实现从以教师讲解为主向以项目化教学为主的转型。当然，不同的大学阶段、不同的专业、不同的课程内容，需要教师机动灵活地采用项目化教学、案例式教学、任务教学、现场教学、研讨教学、角色扮演教学、讨论式教学、团队学习式教学、讲座式教学、模块化教学、学术式教学等。而以学生为主导的项目化教学则是大三、大四的主要教学方式。近十多年来，尽管高教界一再呼吁实施多元化课程考试形式，但不可否认的是，我国新型地方本科院校的课程考试方式，除选修课考试方式相对较为灵活外，必修课仍以“闭卷考试”为主。通常，考试的真正目的不外乎两个，一是考查学生对专业基础知识的掌握能力，二是考查学生运用专业知识发现问题和解决实际问题的能力。基于此，我国新型地方本科院校针对培养创新性应用型人才的课程考试，需要实现由“闭卷考试”为主向多元化考试方式的转型。在每门课程考试前，应根据学生的志愿，灵活采用闭卷式、论文式、调研报告式、技术设计式等多元化的考评方式。

（五）改革实践教学

1. 创新创业教育的改革

本科生是最富有创新创业能力与活力的社会群体。国外应用技术大学本科生创业率约为4%左右，而我国新型本科院校本科生创业率约为0.4%左右。我国新型地方本科院校实施转型发展的战略改革，就是需要培育学生创新创业意识，完善创新创业课堂教育体系，把创新创业教育融入人才培养全过程；

建设创业导师制度，强化创业指导；建设并完善大学生创新创业园、产业园，搭建大学生创新创业平台；设立大学生创新创业研究项目，激发学生创新创业热情；设立本科生创业专项孵化基金，保证创业经费；举办大学生创新创业大赛，培养大学生创新创业文化氛围，逐步实现大学生创新创业教育从教师“灌输、传授”为主向学生“内化、运用”为主的转型。

2. 毕业论文的改革

毕业论文（设计）是创新性应用型人才培养的重要环节，我国新型地方本科院校在实施创新性应用型人才培养改革中，需要高度重视毕业论文（设计）的改革，在毕业论文选题上，实现由理论研究型为主向行业企业技术型为主的改革；在毕业论文指导上，应逐步实现从理论研究为主、单一导师制向应用设计为主、双导师制的转型。论文选题应密切联系区域行业（企业）生产、管理急需的应用技术，由行业（企业）出题的毕业论文（设计）尽可能达到 80%；研究过程必须在实践基地进行，要求校内、校外两个实践基地相结合进行研究；论文（设计）指导实行校企双导师制，前期以行业（企业）导师为主，后期以学校导师为主；毕业论文答辩必须有行业（企业）专家参与，要求校外专家必须对毕业设计的应用性给出科学评价。

第三节　服务地方经济社会发展

由于区域经济转型和产业升级对高校提出了急迫的新要求，因此，新型地方本科院校如何与区域经济发展转型实现协同，成为了经济社会发展的现实重大课题，也是新型高校适应区域经济转型升级需要研究和实践解决的重大问题。

一、服务区域经济社会发展是新型本科院校的重要职能

地方政府创办高校的根本目的，就是要为地方经济社会发展创造更加广阔的发展空间。因此，地方高校尤其是新型地方高校必须主动转变观念，理清发展思路，根据政府对区域产业和城市发展的宏观规划，确定和实施自我发展定位规划，通过定位规划与地方经济社会发展布局的相互协调，实现校地相互拓展发展空间的目标。作为以服务地方经济社会发展为己任的新型地

方院校，应主动根据市场经济发展要求，充分发挥自身优势，积极寻找有效路径，助力地方经济发展，破解转型升级难题。多年的实践表明：地方新型本科院校在服务地方经济转型升级中必须有较高办学水平。唯有高水平，才能真正发挥高校的人才智力和科技支撑作用，以适应经济转型升级的需要。同时，也只有走应用型发展之路，才能使这类高校的社会服务功能真正落到实处，才能形成自己的鲜明特色，获得自己的办学空间，体现自己的价值。

（一）服务地方经济社会发展是国家对新型本科院校基本功能的内在要求

一个国家或地区经济竞争力与区域教育体系结构呈现出很强的关联性。随着产业结构升级、科学技术进步和经济社会的发展，产业结构从劳动密集型升级为资本密集和技术创新型，客观上要求教育与之相适应。为此，新型地方高校需要积极开展培养具有创新能力和解决实际问题的人才、培养大批具有创新能力的应用型人才，这是实现人力资源强国战略的内在需要。《国家中长期教育改革和发展规划纲要（2010—2020）》明确指出要“建立高校分类体系，实行分类管理”。2013年，按照教育部《关于开展部分地方本科高校转型发展改革试点的指导意见》，教育必须为现代化建设服务、要加快建立专业设置新机制，加快专业结构调整步伐，对接产业链组建专业集群，使专业结构与产业转型、社会建设、公共服务体系同步发展。融合到产业链中推动专业建设和人才培养为学习者创造价值，是体现新型地方本科院校办学质量的重要组成部分。高等教育发展的实践表明，在高等教育的大众化发展的背景下，新型地方本科院校需要根据经济社会发展的需求，重视培养学生的应用实践能力和创新发展能力，侧重培养技术开发与应用能力，才能满足社会多样化的需求。

（二）为区域经济社会发展服务是新型本科院校自身发展内在需要

尽管新型地方本科院校的改革与发展取得了一定的进步，社会影响力也在不断增强，但与教育主管部门要求和人民期待还存在很大差距。新型地方本科院校必须打破原来传统的发展模式，将人才培养和科学研究充分融入到区域产业发展中，使人才培养与经济发展和社会进步形成协同来实现学校自身的价值，走出学校新的发展道路。学校内涵建设的内在驱动力量和可持续发展的需要按照经济社会发展和人民群众对教育的需要来驱动，通过服务于地方经济社会发展，以建设性的姿态积极参与和直接融入到社会经济发展中，把学校的发展从规模化的方式转换到以质量建为中心的轨道上来，为学习者创造价值，办人民满意的教育。

1. 可以弥补新型地方本科院校功能的不足

当前的教育制度对应用型和创新型人才的培养缺乏激励作用，尤其是在新型地方本科院校，一是高校课程设置千篇一律，没有特色，课程内容老化，致使学生的所学与社会脱节，无法满足企业的需求；二是教师教学方法陈旧，习惯于填鸭式教育，而启发式、引导式等好的教育方式较少运用，致使学生失去学习兴趣，创新思维的训练无从谈起；三是高校课程数量太多、课时长，教师拼命教，学生忙于学，无论教师还是学生，根本没有独立思考的时间，学生能够把书本知识理解，并且顺利通过考试就不错了。长此以往，谈何对学生创新能力的培养呢？通过服务地方经济社会发展的产学研合作教育本身就是理论与实践相结合的一种形式，它使所学理论知识在实践中得到检验，因此，产学研合作教育能够使学生面临企业生产与科研的第一线，使学生直接面对知识、技术的创新，特别是如果和高科技企业合作，更加能够使学生的创新视野得到扩展，创新能力得以提升，从而弥补大学课堂教育的不足。

2. 有助于学生应用能力和创新能力的培养

通过服务地方经济社会发展，建立社会实践基地，学生通过实习和在企业的实践工作，较早地参与到研究和创业过程中，对学生独立发现问题、分析问题，进而解决问题能力的培养是至关重要的。同时，通过服务地方经济社会发展的双方合作，教师也从中了解到企业的实际需求，教师的一些想法也可以在企业的实践中得到检验，从而形成良性互动的创新人才培养氛围。

3. 提高教师的科研能力和水平

在高校服务地方经济社会发展过程中，由于企业，特别是高新技术企业，都是面向相关生产、科研领域第一线的，因此可以使高校教师迅速接触到最前沿的实际问题，从而组织相关力量在某个领域取得突破，开辟新的研究方向，避免研究与实践脱节。同时也能促进学科和专业建设的发展，为教学与科研水平的提高提供支撑，使高校的相关理论研究及技术开发的能力得到大幅度提升。随着高校整体科研水平的提升和学科知识结构的更新，教师的知识结构得到改善，教师的科研能力得到提升，教学内容也得到更新。这样，教师在与学生的接触和教学互动中，能够使学生更快地接触到知识前沿，拓展他们的视野，提高他们分析问题的能力，进而提升他们的创新能力。

二、新型地方本科院校在开展服务地方经济社会发展面临的障碍

（一）新型本科院校服务地方经济社会的机制还不够健全

在机制障碍中，一是高校内部缺乏相关激励。尽管新型本科高校基于发展需要，普遍重视产学研合作等服务地方经济社会发展的方式，但是由于科研评价体系和分配制度等管理制度建设滞后以及相关激励政策不明确，大部分教师产学研合作积极性不强，参与意识淡薄。二是用人评价、选拔人才和科研评价机制存在不科学因素。目前大部分普通高校的职称评聘制度、科研工作量考核、科研奖励机制和在选拔人才时存在一些盲目重视学历而忽略科研能力的问题。三是只看中博士、硕士、教授的数量，而不是按照实际需要和学校自身的条件引进人才，使引进的人才没有发挥实际的作用。虽然新型本科高校拥有明显的学科优势和人才优势，但评价机制、人事管理制度以及科研资源分配机制不健全，在一定程度上导致了科研人员松散孤立，申报项目规模小而数量多，研究方向纷繁杂乱，制约了科研项目的增大增强，使得大团队的跨学科联合科研攻关受限，很难真正实现科研创新的学科形成优势互补和交叉集成的效应。

（二）信息不对称阻碍了新型本科院校成果直接服务经济社会发展

由于信息不对称，新型本科院校科研方向与经济社会需要脱节，使得新型本科院校科研成果被“搁置”，而中小企业又无法在市场上寻找到自己切实需要的科研成果，造成成果转化率与科研平台以及机构的实际社会效益呈“双低”的局面。因此，尽管各方有合作的意向，但由于掌握着不同的信息，难以实现科研与经济社会需求协调一致。为了获得所需的信息，就必须增加成本，因而容易导致合作失败。此外，信息通道不畅在组织内部也会造成目标冲突、资源浪费、成本增加、效率损失。

（三）目标差异影响了新型本科院校服务经济社会的绩效

企业是追求利润的行为主体，总希望通过与高校、科研院所的合作来取

得更多的经济效益，因此往往会选择市场规模大、研发周期短、利润高的项目。高校除了追求项目科学创新价值外，更注重接触企业实务、为学生提供实践机会。二者目标不一致，在合作时存在较多分歧，从而影响高校开展地方经济社会发展的服务的绩效。

（四）新型本科院校服务地方经济社会的能力还需进一步提高

有研究指出，新型本科院校的社会服务面向定位相对清晰而合理。但从提供的社会服务来看，新型本科院校提供“共享设备或设施”“联合订单培养人才”“专业教师到企业兼职工作”“共享专利、技术、信息等”“提供决策咨询服务”“提供专业培训服务”“提供技术服务”的比例分别为 81.4%、65.7%、55.9%、42.3%、35.3%、28.4%、25.5%，其中占比较高的均为科技含量低和应用价值不大的传统服务内容，而区域经济发展所需要的产品创新、应用研发、技术服务等占比较低。导致这种状况的根本原因在于新建本科院校的教师社会服务意识不强，服务能力欠佳，而这也是大部分新型本科院校校企合作难开展、社会服务难深入的一个重要原因。[1]

三、新型地方本科院校服务地方经济发展的路径探索

强化学科特色和优势，服务地方经济转型升级。新型地方本科院校如何充分发挥应用型人才和科技优势，不断提升服务地方区域经济和社会发展的能力，以自身“应用型”特色服务地方经济转型升级，这是新型地方本科院校在内涵式发展中必须解决的重要课题。

（一）完善新型本科服务地方经济社会发展的体制机制

1. 搭建大学、政府、企业多方协作的科研平台

目前高校教师的科研课题多来源于政府的纵向课题，这是主流。但事实上，由于很多课题研究的内容与实际相距甚远，因此，国家每年的科研经费投入很大，真正创新的成果却非常少。所以，新型地方本科院校应该多和企业联系，加强科研领域的合作，优势互补，共同申报国家级和省部级课题，

---

[1] 董泽芳，聂永成．关于新建本科院校转型分流现状的调查与分析[J]．高等教育研究，2016（4）：23-30．

在把握科研方向的基础上，培育一批具有科研能力的学生。通过这样的合作，一方面使教师的科研面向国家战略，处于研究的前沿地位；另一方面，又使科研与企业的实际需求相结合，解决了企业的日常科技问题，而一批学生的参与，使他们在学校就能接触到科技的前沿问题，拓展他们的视野，锻炼他们的科研能力，通过这种全方位的科研训练，使他们一走出校门，就可以成为推动科技创新、创造新经济增长点的高科技、高技术人才。

与此同时，积极发挥政府的作用，一方面，政府要加强投资的力度，加强对新型本科院校在开展服务地方经济社会中的平台建设，出台措施和政策，鼓励合作各方构建更多的产学研合作训练基地等合作平台，使高校在服务地方经济社会发展中有一定的物质支撑。另一方面，政府在加强平台建设的同时，相关政策和科技服务平台也要同时跟进，构建高校开展服务地方经济社会的良好氛围，拓展新型本科院校开展服务地方经济社会发展的空间。

2. 评估制度的创新

科学、完善的科研管理和评价机制是高校科研质量的组织保障，也是高校开展服务地方经济社会发展良性健康运转的内在驱动力。新型地方本科院校一般科学研究起步晚，服务能力还不强，就更需要从组织设置、项目过程管理、科研评价体系、激励机制等方面不断完善科研管理机制，提高科研管理水平，从而有效推动地方本科院校产学研合作项目的范围和深度。

同时，建立第三方评价制度，服务地方经济社会发展成果。把拥有自主产权的科技成果作为转化为生产力的基础，也是开展服务地方经济社会发展中利益分配的前提条件。对于合作各方，引入第三方评估，建立合理科技成果的评价制度，明确成果所有权，改变现有的以论文、获奖以及专利为主要形式的单一评价方法，建立基础研究、应用研究、成果转化等不同分类的产学研成果评价标准，充分考虑成果的学术价值与市场价值。

3. 人事制度创新

新型地方本科院校在教师构成上，不仅要有理论型教师，还要有在一线企业的工作人员。企业派一线工作人员到院校任教，院校的教师到企业实践。在“理论与实践并重”的教师队伍需由校内专职和校外兼职两部分组成，且社会兼职应占有相当比例。校外兼职教师必须熟悉市场对人才需求的状况，有多年实际工作经验或管理经验。这就需要突破现有教师的准入制度，进行教师准入机制的改革，使企业一线工作人员到高校进行教学，和高校理论教师到企业一线进行实践能够实现。

另外，新型地方本科院校也要改变过去认为合作就是为了创收的观念，切实做到与企业互惠互利、共同发展。高校要改变对教师的传统评价机制，鼓励教师多与企业接触，加快科研成果的转化力度。这样，在提高教师收入的同时，还可以拓展教师的科研视野，锻炼教师的科研能力，丰富教师的课堂教学内容，促进教师教学水平的提高，有利于对应用型和创新型人才的培养，进而更好地为地方经济社会发展服务。

（二）找准服务区域经济转型升级的新着力点

新建地方本科院校在服务地方经济发展中会碰到诸多困惑和难题，在实际操作中往往存在多方面的不足：一是个体技术服务的较多，协作抱团服务的较少；二是服务单个企业的较多，服务区域产业链的较少；三是应答性技术服务的较多，主动设计提升的较少；四是小项目小促进的较多，高水平高效益的较少。针对这个情况，需要找准经济社会发展新背景下服务地方经济转型升级的着力点，提升服务水平。

1. 推动服务方式从“孤军奋战”向“团队攻关”转变

通过进一步整合校内外资源，共建创新平台，组建创新团队，发挥科研团队的集群效应；通过优势学科，凝聚优势团队，形成优势攻关能力；通过“分层建设、分类推进、梯度发展”，造就一批在区域经济社会发展中具有较强影响力的科研团队和领军学者，提高科研竞争力和服务社会能力。

2. 推动服务项目从被动到主动、从做点到做区域的转变

新型本科院校要从“坐等上门”到“主动上门”，做好与地方、企业的对接工作，进一步拓展合作渠道和方式，通过系统设计策划，在科技攻关、项目联姻、成果孵化等方面开展全面合作；向社会、企业开放实验设备资源，提高其社会服务效益；建立激励机制，完善横向科研管理的相关政策措施，支持广大教师、科研人员主动到行业企业“找项目寻课题”，全方位开展为地方经济社会发展服务的科研活动。同时，主动对接区域行业产业，组织跨学科攻关团队，在解决区域产业链应用型技术开发和关键共性技术方面提供系统解决方案，为区域产业转型升级提供系统性、多方位的科技支撑。

3. 推动服务成果从重“量的扩展”向“质的提升”转变

新型地方本科院校在量的扩展基础上，特别需要强化质的提升，紧紧围绕区域发展战略和经济社会发展需求，在发展急需的关键领域以标志性科研成果的培育为抓手，攻关大项目，争创大效益，增强学校科研实力及成果转化水平，通过提高质量形成学校的影响力，打造出学校的品牌。

（三）实施产教融合与行业企业紧密对接

新型本科院校应本着“立足地方、面向行业、依托企业、服务区域”的原则，通过实施产教融合，在与行业企业紧密对接中提升对地方经济社会的贡献度。在服务地方经济发展所采用的产教融合模式中，主要通过开展校企合作研发项目、校企合作共建基地、校企合作培养人才等方式来推进，并与地方企业、行业共建研发机构，提升服务地方经济转型升级的能力，使产教融合向着多领域、高层次、立体化、多样化发展。在实施产教融合的具体方式上可以采取以下的类型：

第一，战略协作型。新型地方本科院校只有依托行业企业，才能使自己的办学生根落地，也只有走进行业、不断满足行业产业的发展需求，通过产教融合、人才培养、实习就业、员工培训等方面开展全面合作，才能真正体现出“应用型”的价值。与此同时，新型地方本科院校要与区域内的企业建立良好的全面合作关系，为服务地方产业的转型升级奠定良好的基础。

第二，合作攻关型。新型地方本科院校要结合学科优势，通过开展联合攻关和产学研合作，走出一条技术开发和转让的协同创新之路。特别是对关系国计民生的问题加强研究，通过合作攻关解决区域经济社会发展中的大难题。

第三，联合项目申报型。联合申报项目并具体实施，可以有力地推进学校的教学改革，创新校外实践教育模式，形成新型地方本科院校与行业、企业联合建立具有可持续发展性的学生实践基地的新机制。此外，校企双方还应共同制定校外实践教育的教学目标和培养方案，共同建设课程体系和教学内容，共同组织实施培养过程，共同评价培养质量，共同组建由高校教师和企业单位的专业技术人员、管理人员组成教师队伍等。

第四，定向培养型。由于加快推进经济转型升级需要大量高素质应用型人才，因此，大力培养应用型人才并进行应用型技术开发已成为当前区域经济发展的迫切需要，也为新型地方本科院校改革创新及特色发展带来了历史性机遇和挑战。学校可以与企业集团签订合作办学协议，在大学生中选择素质较高的学生，为集团定向培养人才；根据公司需求设置相应课程，邀请企业技术骨干担任课程讲师，学生的毕业实习也实行顶岗式实习，毕业后直接到该公司工作，真正做到学以致用，既解决了学生就业问题，又实现了与企业急需人才资源之间的无缝对接。

（四）契合地方行业和企业人才需求，构建专业人才培养体系

地方行业和企业的人才需求是新型地方本科院校专业人才培养体系构建的依据。目前有这样一种现象：大学生就业难，许多大学生找不到合适的工作；而企业招聘也难，往往很难招到需要的人才。这已经成为困扰高校、大学毕业生和企业的共同难题。究其原因，是学校的专业人才培养体系存在理论与实践应用的严重脱节，特别是许多工科专业的毕业生因工程实践能力及工程设计能力差等问题，不能满足现代企业需求。因此，如何围绕行业企业未来需求和学生职业可持续发展需要强化实践能力、创新能力、发现问题和解决问题的能力以及综合素质构建出专业人才培养体系，就显得十分必要。

新型地方本科院校要通过学习借鉴国外大学的人才培养模式，以“学以致用，全面发展”的育人理念为指导，来构建高素质应用型人才专业培养体系。在培养目标上，要坚持着重面向各行业培养生产一线的工程师、设计师、经济师、会计师等高层次应用型人才。在培育规格上，坚持能力为本，个性化成才。提出“优化基础、强化能力、提高素质、发展个性、鼓励创新”，建立以能力系统化培养为核心的教学体系，确立一个核心，即以能力培养、个性化成才为核心，建构知识教育体系、能力培养体系、素质拓展体系；搭建通识教育平台、学科专业平台、社会实践平台；培养足够自信的自主学习和适应能力、立足一线的吃苦耐劳和工程能力、广阔开拓的国际视野和严谨理性的问题意识与解决能力。

随着经济发展方式的转变、产业结构的转型升级，国家对高素质技术技能人才的需求大量增加。由于新型地方本科院校与传统老本科的同质化趋势，在人才培养等方面出现了学非所用和过度教育等问题。面对我国经济社会发展对高等教育的新要求与期待，新型地方本科院校要依据高等教育大众化生态重新定位，这是应对新形势的必然选择，是一次全面深刻的自我革命，这已经成为了新型地方本科院校发展的诉求。

第三章　国外应用型高校发展的经验借鉴

国外应用型高校的建设已经有比较长的历史。梳理和研究国外应用型大学的发展历程，提炼其基本特点，借鉴其基本经验，有利于我国新型本科院校健康发展。

第一节　澳大利亚应用型高等教育发展及其对我国的启示

澳大利亚的高等教育经过一个半世纪的发展，在类别与层次方面已经形成鲜明特色，体系也日益完备。其应用型高校经过长期的发展，积累了富有成效的经验。

一、澳大利亚教育结构布局

澳大利亚高等教育共有五类：大学、科技大学、新大学、独立学院以及技术与继续教育学院。澳大利亚对于大学和学院有比较严格的区分。1967 年，澳大利亚大学委员会和澳大利亚联邦高等教育咨询委员会发布了一个关于“大学和学院的功能”的联合声明。声明中专门谈到了大学和教育学院的不同：“大学主要集中于科研功能，学院倾向于通过他们的技术课程反映社会需要，教授应用性的课程。”二者在研究方面也具有不同的功能，“大学有责任去追求其自身的目标，而学院的研究主要着眼于短期研究，并要和工业的需要紧密结合起来，且绝大多数研究要受到工业界的支持。”[1]因而，在澳大利亚的大学往往指的是综合性的，研究高深学问的高等学府。

澳大利亚的科技大学和新大学都是转型以后形成的。科技大学一般是由高级教育学院合并而成的倾向于职业教育的科技或理工大学。澳大利亚高级

[1] Turney, Sources in the History of Australian Education：1788-1970[M]. Sydney: Angus and Robertson publishers, 1975：436 .

教育学院委员会认为，高级教育学院和大学是完全不同的机构，主要以教学为主，培养本科生以及本科以下的学生，具体分为三个层次，即本科学位、毕业文凭（只授予毕业文凭，不授予学位）、准毕业文凭（主要授予两年制全日制学生），开设的课程应该具有职业技术教育倾向，强调实际应用。[1]可以看出，澳大利亚的高级教育学院类似于我国办学时间较长的教学型本科院校，其转型后成为应用型的科技大学。澳大利亚的新大学一般是1986年之后由大学、私立大学和宗教大学合并组成的一些参差不齐的高等教育机构。也就是说，新大学是由小型的大学合并与整合而形成的。

澳大利亚的独立学院是依附于大学的高等教育机构。独立学院在办学上和大学有很大区别，其自主权很小。在学术研究上要接受大学的评估与指导，因此独立学院没有单独授予学位的资格。其招收的学生如果达到学术研究的要求，要依照大学的标准进行考核以确定学生能否获得学位资格。这一点跟我国独立学院有很大的不同。

澳大利亚的技术与继续教育学院是一类有活力的新型高等教育机构。这类学院主要提供技能型实用性较强且涉及面广的专业课程，如澳大利亚的堪培拉技术学院就包含有会计、护理、汽修、美容、医疗保健、机械制造等在内的388个专业课程。澳大利亚的技术与继续教育学院如今已经成为在世界上具有很强竞争力的职业教育机构。[2]澳大利亚曾经的技术学院有地方学院、区域学院、地区学院与高级技术学院，这些学院由低到高有四个层次，这四个层次的技术学院在政府的引导下陆陆续续转制而形成技术与继续教育学院。技术学院的学生主要分为两类，一类是正规的学生，毕业时获得文凭，这批学生年龄较大，很多都已经参加了工作，他们从事全日制或半日制学习，所学的课程比较注重理论和科技知识。另外一类是14至16岁的学徒工，主要学习手工艺课程，所学课程和他们各自学徒的工种密切结合，学习期限不等，视学徒期长短而定。[3]技术与继续教育学院无学位授予资格，只能依据毕业生的能力水平，给不同的毕业生从高到低颁发六个等级的职业资格证书。

---

[1] 王斌华．澳大利亚教育[M]．上海：华东师范大学出版社，1996：199．

[2] 崔慧丽，潘黎．澳大利亚高等教育机构分层与分类的概况、特点及启示[J]．现代教育科学，2016（5）：135-140．

[3] 崔爱林．二战后澳大利亚高等教育政策研究[D]．保定：河北大学，2011：50．

技术与继续教育学院办学都要通过联邦政府认证和资助，属于公立性质的机构。[1]

二、澳大利亚应用型高等教育发展历程与背景

澳大利亚高等教育到二战前，历经了一百年左右，发展比较缓慢。二战后，澳大利亚的应用型高等教育进入快速且有特色的发展时期。从二战到当代，澳大利亚的应用型高等教育发展可以概括为四个时期。

（一）传统生产应用性教育阶段（1946—1960 年）

在这一阶段，澳大利亚的应用型教育主要是职业教育，这种职业教育称为技术教育（Technical Education，即 TE）。这个阶段的技术教育主要是为了应对当时二战后的两个社会问题：一是二战后社会需要重建，社会上各种高级人才匮乏，迫切需要建立大量大学来培养大规模的生产性工人。这时的学校主要是由政府资助的培训机构以及矿业学校、技工学校、工人学校等，目的是为了提高澳大利亚一线劳动力的技能。二是二战后大量的退伍转业军人需要就业。为了让他们习得一技之长，联邦政府在进行大量调查的基础上，发布了确定大学性质与任务的《沃克报告》《默瑞报告》[2]。政府出资培养这些军人作为生产劳动力。据 1948 年官方数据显示，澳大利亚接受高等职业教育的人数达到 101 495 人之多，大约是接受高等教育人数的 8.76 倍（接受高等教育的大学生人数为 11 580 人）。[3]

（二）新型产业应用型教育阶段（1960—1980 年）

在这个阶段，澳大利亚经济经历了重大结构性调整，新兴的旅游业和服务业得到快速发展，占国内生产总值的比重也逐渐增加。新型产业应用型教育出现的标志就是 1974 年的《康甘报告》。报告发布以后，联邦政府建立了技术与继续教育学院。随后的《马丁报告》建议成立高级教育学院，澳大利

---

[1] 崔慧丽，潘黎．澳大利亚高等教育机构分层与分类的概况、特点及启示[J]. 现代教育科学，2016（5）：135-140

[2] 崔爱林．二战后澳大利亚高等教育政策研究[D]. 保定：河北大学，2011：3.

[3] 李英英．美国、澳大利亚、德国高等职业教育的启示[D]. 武汉：华中农业大学，2011：14.

亚于是形成了大学和高等教育学院双轨制。《马丁报告》比较深入地分析了当时的社会背景，总结起来，主要有三个方面[1]：第一，科学和技术的迅速发展，传统的生产性技术工人已经很难适应复杂的理论和实践操作，只有接受过高水平技术培训的人员才能应对科技发展的挑战。第二，企业规模越来越大，员工不仅负责产品生产，而可能是更高水平的管理者、合作者与经营者。这样的背景也要求应用型教育做出回应。第三，现代经济的发展呈现多元化趋势，未来经济的发展不仅仅需要机械的重复劳动，更需要创新型人才。创新型人才的培养一定需要高等教育机构进行变革以促进社会的发展。

（三）国家标准应用型教育阶段（1980—1999年）

这个阶段，澳大利亚的经济由于受到了世界经济大萧条的影响，也出现了衰退，青年失业率不断攀升。这样的状况使得澳大利亚政府开始思考国家的教育质量问题。康甘认为通过教育可以实现人的合理岗位转换，教会人们如何在失业率不断上升的社会求得生存与发展，这是教育非常重要的使命。[2]于是，澳大利亚联邦政府在20世纪90年代初就开始了“学校到工作”（School To Work，简称为STW）的改革，其目的是为了更清楚地了解教育与工作之间的关系，以便更好地解决青年失业的问题。随后又出现“学习—工作—再学习—再工作”的职业教育模式，该模式是“学校到工作”的演变和升华。这一阶段，澳大利亚政府对技术与继续教育学院数量与规模上进行了扩充，整个国家高等教育进入了大众化阶段。为了监控技术与继续教育学校教育质量，澳大利亚政府引入了职业教育与培训（Vocational Education and Training，简称为VET)，开发了“培训包”（Training package)。其中，职业资格框架（Australian Qualification Framework，简称为AQF)、职业教育培训包和国家质量培训框架（Australia Quality Training Framework，简称为AQTF）是VET体系的重要组成部分。也就是说，在这个阶段，国家扩大了高等教育规模，但为了保证质量，对技术与继续教育采用国家标准来检验质量，最终让澳大利亚的应用型高等教育质量不断提升。

---

[1] Alan Barcan. A History of Australian Education[M]. London：Oxford University Press, 1980：432.

[2] Acotafe. Tafe in Australia：Report on needs in technical and further education[M]. Canberra: Australian Government Publishing Service, 1974：1-21.

（四）国际推广应用型教育阶段（2000 年至今）

澳大利亚应用型教育国际化得益于经济萧条时期痛定思痛的国家标准导向的改革。那场改革使得澳大利亚的应用型教育在国际上有了很高的地位。加之澳大利亚产业结构发生巨大变动，在全球化背景下，面对世界强国的全球竞争压力，澳大利亚继续把应用型高等教育推向国际化。图 3-1 显示的是澳大利亚 2007 年海外留学生的入学人数占总入学人数的百分比。其中，职业教育培训（VET）人数的百分比约为 27%，英语补习学校（ELICOS）的百分比约为 23%，即就读于 TAFE 学院的总人数约占海外留学生入学人数的 50%，这比进入大学就读的学生所占的百分比（39%）还要高。澳大利亚应用型高等教育国际化就是要求应用型高等教育不能仅仅培养简单操作型的一线劳动力，还要不断培养出更多知识型、技能型的专业技术人员，以便完善各级各类人才发展的结构，促进社会更加快速地发展。

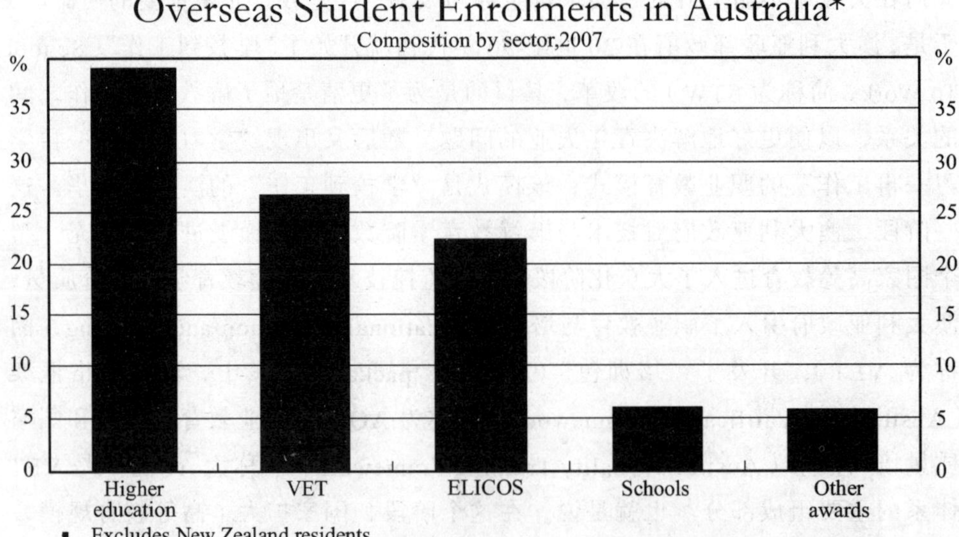

图 3-1　澳大利亚海外留学生的入学人数百分比

三、澳大利亚应用型高等教育制度介绍

澳大利亚应用型高等教育质量较好，国际化程度较高，有赖于其完善的配套制度作支撑。

（一）教学管理制度

澳大利亚应用型高等教育在教学管理中注重人文性、过程性、专业性与系统性。应用型高校在教学管理方面具有以下几个特点。

1. 享有高度的办学自主权

根据澳大利亚高等职业教育相关法律，大学拥有高度的办学自主权：自行确定办学目标和办学方向；根据市场需要设置相关专业和课程；校长拥有管理学校的自主权；独立开展国际交流与合作。办学自主权还体现在职业教育与普通教育相互融通上。这种制度从本质上讲是激励学习制度，澳大利亚接受应用型高等教育的学员构成成分多样，年轻的与年长的并存；身体健康的与身体残疾的并存，这在国际上是独具特色的。[1]

2. 严把教师入口关

高校管理队伍的专业化和职业化，保证了大学内部各项事务管理的科学化和规范化。一般来说，TAFE 学院要求全职教师具备教育学学士学位或本专业学士学位，并取得其从教专业四级以上的职业技能等级证书。而其兼职教师主要来自企业或曾在企业工作过的技术熟练工人，主要负责学生的职业技能训练课程。这样的教师资格要求，不仅能够很好地完成理论教学要求，也能胜任职业培训要求，是真正的“双师”型教师。教师的选聘程序严格，需要成立人才招聘组，由系主任、人事部门负责人和一名来自本行业但不在学院工作的独立人参与，提出既客观公正又专业的招聘意见。选聘一名教师大约需要 2 个月时间，其严格的选聘程序保证了职业教师质量，从而提高职业教育教学质量。[2]

3. 科学设置教学课程

澳大利亚大学提供的课程有：博士学位、硕士学位、硕士文凭、硕士证书、学士学位与专科文凭等课程。博士学位至少 3 年，硕士学位课程为 1 年半到 2 年，学士学位课程年限 3 年，但也可能长达 6 年。另外，一般修课时

---

[1] 阳淑．澳大利亚完善的高等职业教育制度及启示[J]．教育与职业，2014（14）：108-109．

[2] 訾燕，徐震．澳大利亚高等职业教育的特色与启示[J]．中国成人教育，2015（19）：126-130．

间多加一年就可以得到荣誉学位，专科文凭课程修业时间 2～3 年。技术与继续教育学院的课程分为几种类型：① 专业课程，学生毕业后获得毕业证书；② 手工艺培训课程；③ 商业与职业培训课程，这类课程主要培养社会上急需的技术人才；④ 人文和休闲课程。[1]技术与继续教育学院毕业的学生如果达到国家规定的标准，可以获得文凭。在澳大利亚，应用型高等教育的文凭不是最重要的，最重要的在于学生学到了哪些知识，获得了哪些技能，培养了哪些素养。上述课程结构充分体现了澳大利亚应用型高等教育厚基础、偏实践与重素养的特点。这样的课程设置是比较科学合理的，为学生的可持续发展提供了重要平台。

4. 系统监控教学过程

教学过程是一项系统工作，澳大利亚对于应用型高等教育教学系统工作实行各个环节的系统监控。澳大利亚高等职业教育具备一个完善的制度体系，包括学历证书、培训证书和岗位等级资格证书“三证合一”制度、培训资源开发制度、能力导向评价制度、小班教学制度、能力单元设计制度、工学转换制度。[2]以教学组织过程为例，澳大利亚 TAFE 学院班级平均人数为 15 人。这种小班化教学可以保证教学质量。再以教学设计为例，澳大利亚 TAFE 学院要求教师在课前制作极为完备的教案，从单元教案到每课的教案都要有文档资料可查。在教案中，需要详细列明本课程要达到的教学目的、学生的年龄情况与学习基础、教学环境分析、教学内容、教学方法设计、教学资源、教学所需的辅助设备等内容，非常详尽。[3]教师教学的各个环节都要接受学生的监督与考评。[4]

（二）教育评估制度

澳大利亚的应用型高等教育评估制度主要体现在澳大利亚资格框架

---

[1] 王斌华．澳大利亚教育[M]．上海：华东师范大学出版社，1996：207．

[2] 阳淑．澳大利亚完善的高等职业教育制度及启示[J]．教育与职业，2014（14）：108-109．

[3] 訾燕，徐震．澳大利亚高等职业教育的特色与启示[J]．中国成人教育，2015（19）：126-130．

[4] 訾燕，徐震．澳大利亚高等职业教育的特色与启示[J]．中国成人教育，2015（19）：126-130．

AQF（Australia Qualification Framework）、澳大利亚质量培训框架 AQTF（Australia Quality Training Framework）和培训包 TP（Training package）的建立与完善等方面。

1. 国家培训标准考核制度

由于澳大利亚在 20 世纪 70 年代经历了经济大萧条，于是应用型高等教育进入了规模扩张与质量提升的改革过程。为了提升质量，澳大利亚对于技术与继续教育学院的质量确立了国家标准，这个国家标准就是澳大利亚质量培训框架 AQTF（Australia Quality Training Framework）。该框架是澳大利亚职业教育与培训的质量标准，它由基本标准与其他标准组成，兼顾对澳大利亚的职业教育机构的质量评价以及对其职业培训课程的质量评价。国家质量委员会 NQC 监管质量保障并保证澳大利亚质量培训框架 AQTF 在全澳应用的一致性。澳大利亚质量培训框架 AQTF 每三年修订更新一次，目前使用 AQTF2013。[1]

培训包 TP（Training Package）是澳大利亚开展职业教育与培训课程的具体依据。其中包含国家认证与非国家认证两部分内容。其中，国家认证部分包括通过教育与培训需要达到的“能力标准”“资格证书”及“评估指南”；非国家认证部分主要包括学习方法指导、评估材料、发展材料等内容，对学生学习和考核评价起指导作用。培训包实施有效期为三年，通过反复修订，保障学生学习内容与技能符合当前社会经济技术发展的最新需求。澳大利亚全国实行统一的培训包，不同院校以其为依据培训出的学生具备相同技术能力。

2. 能力结构行业设计制度

澳大利亚技术与继续教育学院（TAFE）在办学上与行业紧密结合，按照行业发展对劳动者素质的要求，参照培训包（TP）给出的专业教学大纲、技能要求、质量标准、评价手段等组织教学，向全社会所有有学习与技能提升需求的人员开放。培训包对课程的达标要求以技能的掌握而非理论知识的掌握为最终目标。从课程的角度，TAFE 学院的课程，不但可以由学校设计，企业也可以参与课程的设计与开发，课程与行业紧密结合，提供学生未来就业

[1] 訾燕，徐震. 澳大利亚高等职业教育的特色与启示[J]. 中国成人教育，2015（19）：126-130.

所需的知识与技能。截至 2012 年 11 月，澳大利亚政府组织行业（企业）的顶级专家开发了全国统一的 203 个职业教育培训包。[1]职业教育的培训包由国家行业（企业）及其协会的顶级专家开发，确保了职业教育与企业需要的一致性，也确保了职业教育培训包的科学性和先进性，避免了各个培训教师孤立狭隘、低水平重复开发职业教育培训包的情况。每个职业教育培训包由 8 个部分构成，包括“编码与名称”“版本沿革”“专业简介”“发展路径”“证书规格”“入学条件”“就业能力”“运用规则”模块。随着行业企业生产技术的更新发展，每个培训包都需要不断更新。培训师必须用最新版本的培训包来培训学员，以保证学员所掌握的知识和技能具有实用性和前瞻性。

3. 多元测评制度

澳大利亚对于应用型高等教育机构教学质量的评价从多个维度展开，充分体现其多元化与综合化。澳大利亚应用型高等教育测评学员的 8 种职业技能：交流技能、小组工作技能、解决问题技能、创新创业技能、计划与组织技能、自我管理技能、持续学习技能、技术开发技能。测评坚持采用 3 种以上的方法进行，以便科学、全面地测评质量。理论测试主要通过书面答卷的形式在教学场所组织，如果学生没有一次性通过理论考试，可以补习后再补考一次，成绩通过即可；而对于实践能力的考核则非常严格，实践能力考试可能在实训室进行，也可能在企业的实际工作地点进行。负责测试的可能是老师，也可能是企业中有经验的高级技工。考核方法可以是现场观测、现场操作、第三方证明书、自评、提交案例报告、工件制作、录像等一种或几种。考核过程严格，不合格的学生要继续学习，直至操作正确，合格为止。学员考试成绩为“通过（CM）”与“不具备相应技能（NYC）”两种，而不是一个数字成绩，所有达到了课程技能要求的学生，成绩均为“通过（CM）”。另外，澳大利亚职业教育教师还需反馈一段综合说明学生的学习技能现状与尚存不足的文字评价。[2]

---

[1] 阳淑．澳大利亚完善的高等职业教育制度及启示[J]．教育与职业，2014（14）：108-109．

[2] 阳淑．澳大利亚完善的高等职业教育制度及启示[J]．教育与职业，2014（14）：108-109．

4. 职业等级制度

澳大利亚资格框架（AQF）2000 年在澳大利亚全面实行，[1]标志着应用型高等教育职业等级制度的确立。AQF 中的资格认证包括三种：普通教育（学校）认证、职业教育认证与高等教育认证。并将整个资格框架划分为十个等级，从 Certificate Ⅰ（第一级）至 Doctor Degree（博士学位）。在这十个等级中，三种资格认证之间相互连接，可以通过学习的进行与深入从一种教育类型转向另一种教育类型。而同一类型的资格认定证书又具有不同的级层，为求学者的职业生涯发展提供多重选择。每个职业等级的对应规则是：高中教育可以获得岗位等级资格证书 1 和证书 2；应用型大专教育可以获得证书 3、证书 4 和证书 5；应用型本科教育可以获得证书 6 和证书 7；应用型硕士研究生教育可以获得证书 8 和证书 9；博士研究生教育可以获得证书 10。这种职业等级的优势在于学生不仅仅是获得文凭，而且也获得职业等级证书，为从事学术研究或者职业训练的学生提供了二元选择。

（三）经费投入制度

二战后，澳大利亚联邦政府在战后重建计划下对大学投入了资助经费，但师范学院和技术学院仍然需要各州进行投资，各州对于应用型高等教育投资逐步提高。以 1997 年开始为例，州政府投入 TAFE 的费用所占的比例最高，连续 5 年都达到了 55%以上；其次是联邦政府，其投入达到经费来源的 20%以上；学生所缴纳的费用和其他一些经费来源所占的比例为总经费来源的 25%，其中学生所缴纳的费用所占比例最小，大约是 5%。见图 3-2。

澳大利亚应用型高等教育通过收取学费弥补教育经费的不足，各种类型的高等教育机构收费有较大差距。在传统大学里，本科生和研究生每年交纳学费在 9 000 ~ 26 000 澳元之间。理论课的学费每年平均在 10 000 ~ 12 000 澳元之间，实验课的学费每年平均在 14 000 ~ 15 000 澳元之间；在技术与继续教育学院，课程费从 2 500 ~ 30 000 澳元不等，年均学费在 7 000 ~ 8 500 澳元之间。在语言学校，10 周学费为 1 800 ~ 2 500 澳元；在私立专科学校，秘书及商业课程为 1 800 ~ 6 500 澳元，飞行训练（例如直升飞机员训练）每年的

[1] 訾燕，徐震．澳大利亚高等职业教育的特色与启示[J]．中国成人教育，2015（19）：126-130．

学费则达到 62 000 澳元。当然，上述收费标准有可能提高。在申请时可以向院校查询最新的收费标准。除了交纳学费以外，全自费生还需支付差旅费、生活费以及学生会会费和各种管理费。总的来说，应用型高等教育的课程费比传统大学便宜，但个别课程费用很高，涉及较高的课程成本。但奖学金对于优秀学生补助很高，自费生则需要花费高昂的学费。

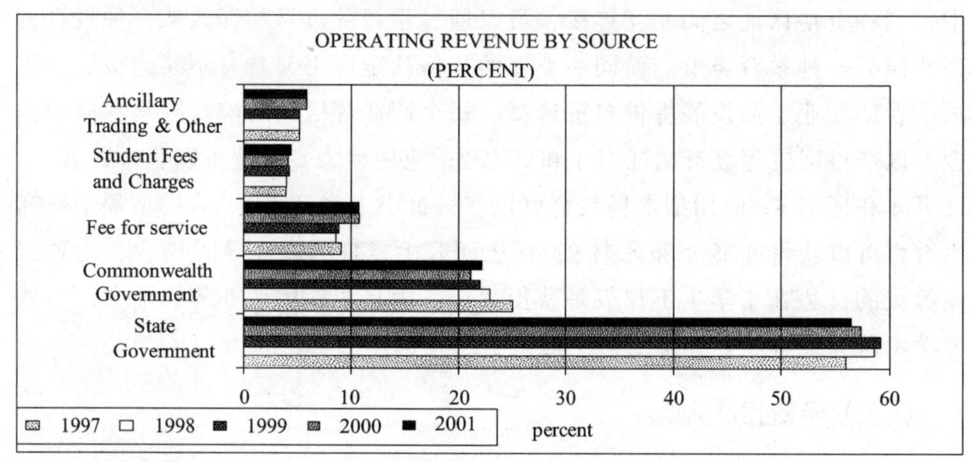

图 3-2　职业教育经费来源所占百分比

四、澳大利亚应用型高等教育给予我国的启示

澳大利亚的应用型高等教育在国际上已经成为一个著名的品牌，结合我国的实际背景，以下三个方面对我国具有重要的借鉴意义。

（一）应用型高等教育需要历史积淀

应用型高等教育必须适应社会发展。澳大利亚的应用型高等教育发展阶段跟当时的社会背景紧密联系在一起。应用型高等教育发展要符合社会发展规律。在传统社会里，应用型高等教育主要是培养产业工人，教育机构在一定程度上是作理论讲解，让学生了解原理；实训机构是提供平台做重复练习，使某一项职业或者技能达到熟练的程度。在现代社会里，随着服务业与新兴行业的兴起，应用型高等教育承担的职能就不再仅仅是技能训练，而是多元技能的领悟与通达。在当代社会，应用型高等教育要培养具有国际视野、具有专深的职业素养、且有技能专长的国际人才。应用型高等教育机构必须适应并面对这种现实作出改革。我国应用型高等教育缺少第一、二阶段的积淀，要培养应用型国际人才，就必须做好两方面的工作：一是模仿澳大利亚，对于技术教育分阶段、分层次地支持与发展，对不断获得良性发展的应用型高等教育机构给予扶持；二是给应用型高等教育多元发展的机会，在一定的条件下，允许传统职业技术学院存在，使其为推动应用型高等教育发展作铺垫和地基。

（二）配套教育管理制度做保障

国家应该统一确定应用型高等教育的标准。应用型高等教育和职业紧密联系在一起，职业是可以有行业标准的，这个标准由国家统一规范。这种“高”标准实际上是对应用型高等教育的“保护”，使其具有同传统大学一致的地位。我国的高等职业技术院校和新型本科院校之所以被大家认为比老牌普通本科院校“差”，就是因教学质量没有国家标准导致的教育质量参差不齐所致。

应用型高等教育教师评聘应该严格把关，且以较高的薪酬标准配套。教师入门标准往往被视为一个学校质量高低的标准。按照流俗的观点，评聘教师质量高的学校，教学质量就高，反之则低。澳大利亚应用型高等教育严把教师招聘关，使得应用型高等教育在师资上有良好的口碑与声誉，于是，大家也就间接地认可了澳大利亚应用型高等教育的质量。

应用型高等教育机构高奖学金与高学费并存的收费机制对于我国有重要的借鉴意义。应用型高等教育需要国家投入，也需要学员承担部分教育成本。澳大利亚用高奖学金吸引优秀学生报读技术与继续教育学院，又通过国家标准提升学院的教育质量，又可以吸引部分学生通过比较高额的自费来弥补经费的不足。教育质量高，再通过高额奖学金吸引优秀学生，愿意高额自费的学生也越来越多，这种良性循环已经形成。这对于我国的借鉴意义在于，不能因为高职或者新建院校办学艰难，就降低质量标准。我们应该做的是，国家规范质量，高奖学金吸引优秀学生扩大其示范宣传效应，再通过高质量招收高自费的学生，这种发展思路是我们必须借鉴的。

（三）国家标准的质量导向

应用型高等教育与传统普通高等教育是两个类别，不是不同的层次，这种观念的树立需要国家标准的质量导向。澳大利亚在经济萧条与应用型高等教育规模扩张的背景下，用国家标准来要求所有的应用型高等教育机构，用职业等级对每一个层级的质量进行定量测评，这是值得我国借鉴的重要做法。在我国，高职与新建本科院校质量参差不齐，这些高校由于发展艰难，于是在高考录取时通过降低标准实现规模扩张，结果是造成恶性循环。普通民众觉得高职与新建本科院校是低层次的学校，于是更加不愿意报考。这些学校又不得已再降录取标准。这种循环使得许多高职院校把学校招生就业作为学校工作的重中之重。殊不知，这种努力的方向是很悲观的。我国需要针对不同行业、同一行业的不同层级制定国家标准，对相应学校进行的考评也应采用国家标准。国家测评某专业，达到标准，可以予以保留，否则坚决取缔。我国提高应用型高校的质量之后，再建立普通教育与职业教育之间互通的“立交桥”，使得普通教育与职业教育成为人们进行教育选择的平等选项。这对于我国应用型高等教育的发展具有根本性的意义。

第二节　德国应用技术大学发展及其对我国的启示

第二次世界大战后，德国创办了新一类大学——应用技术大学。教学质量受到好评，教育品牌享誉全球。如果我们深入发掘德国应用技术大学的发展史，或许我们会理解得更深入，或许会学习到更多。

一、德国应用技术大学产生的背景

德国应用技术大学的产生是由时代推动，同时也是德国对传统高等教育反思的一种修正。

（一）第二次世界大战后德国的百废待兴

第二次世界大战后的德国几乎是一片废墟，百业待兴。历史使得德国必须创办更多的应用科技大学来恢复国家的“元气”。当时大部分德国城镇，建筑物遭到严重破坏，火车站和公共事业设施被毁，粮食供应紧张，燃料缺乏，饥饿和寒冷成了居民的主要威胁。以矜持著称的德国人，甚至会在田野里与野狗争夺一块发霉的马铃薯。通往农村的火车车厢外，常常扒满了前去觅食的逃票乘客。由于货币作用降低，买东西必须使用购货证，香烟成了抢手货，也往往成为物物交换中的计量单位和不等值物品交换中的“找头”。在这种背景下，德国迅速发展职业教育，培养产业工人，生产紧缺用品。不过，那时候的高等职业教育还处于较低水平，几乎跟中等专业学校在一个层次，直到1968年之后才陆续建立起应用技术大学的教育体系。

（二）德国工业迅速发展

20世纪中叶，德国工业迅速发展，缺乏大量的技术工人，很多人才甚至要从国外引进。残酷的现实“逼迫”德国大力发展应用科技大学。20世纪50年代初，德国经济开始飞速发展，60年代接连超过英国和法国，成为世界第三大经济体。伴随着经济飞速发展，德国科技含量较高的新兴产业迅速崛起，对应用型高级技术人才和高新技术领域操作人员的需求激增。而其时，德国19～23岁适龄青年的高等教育入学率只有5%，且高等教育体系中占据主导地位的是研究型大学，它们崇尚纯科学的、无功利性的研究，致力于培养高层次理论型人才。相比之下，德国高级专业学校和工程师学院虽具有较长的办学历史（相当一部分在19世纪之前成立，建校时间比德国部分工科大学还要长），在办学水平和应用技术上也比部分工科大学有特色，培养的人才更接近实际生产需要。但它们并不在高等教育范畴之内，因此不能培养既具有解决实际问题的能力，又具有一定理论基础的高素质应用型人才。于是，尴尬的现实是德国当时很大一部分高级技术人员来自国外。

（三）德国对“纯学术研究”高等教育体系的调整

德国在第二次世界大战之前是欧洲非常发达的国家，其利用当时的技术“剪刀差”，在全世界可以轻易获取财富，故而大学里面“重学轻术”的现象比较普遍。自18世纪以来，德国著名的教育家威廉·洪堡的新人文主义思想一直贯穿着德国近代大学的发展。洪堡提倡大学自治，学术自由，发扬求真精神，并于1810年创立了举世闻名的柏林大学，主张进行“纯粹科学”的研究，开创了研究型大学的先河，使得德国成为19世纪的科学中心，培养了一大批像康德、马克思、黑格尔、爱因斯坦这样的思想巨人和科学伟人。不过，这种注重“纯粹科学”研究的新人文主义及其教育思想逐渐显现出局限性，反实用主义倾向使它很大程度上背离了科学革命和工业进步的方向，阻碍了经济的发展。于是，在这种时代潮流之下，应用技术大学应运而生。

二、德国应用技术大学发展的曲折历程

德国应用技术大学的发展过程不是一帆风顺的，而是在不断的质疑中完善与发展的。

（一）德国应用技术大学的定位

1968 年 10 月 31 日，经过联邦德国各州州长的讨论，《联邦共和国各州统一专科学校协定》通过[1]。根据这个协议，各州在工程师学院的基础上合并其他办学条件较好的高级专业学校，通过对原有的师资进行培训，调整专业方向，充实办学条件，使之达到高等教育的水平，这种学校被称为应用技术大学（Fachhochschule），即 FH。Fachhochschulen 是由单词 Fach 和 Hochschulen 组合起来的，分别代表专业、学科和高等学校、大学的意思。

该规定明确提出，应用科技大学的宗旨是通过实施应用性较强的职业训练，培养具备较强实践动手能力的中高级技术人才，即培养从事制造、维修、施工、运行、管理岗位工作的人才。为进一步推动应用科技大学建设和发展，1976 年德国联邦会议通过《高等教育总法》，[2]明确应用科技大学是一种与综合大学等值的高等教育类型，其办学定位是为社会职业而实施科学教育，不是为实施职业教育而传授某些理论知识。

（二）德国应用技术大学在质疑中前行

德国应用技术大学创立初期专业较少，质量不高，社会认可度低。经过半个世纪的不断完善，如今，德国应用技术大学已经成为享誉全世界的著名高等教育品牌。

1. 专业设置不断拓宽

早期的德国应用技术大学的专业设置比较单一，通常只有 1 ~ 2 个专业，以工程技术类专业为主，但很快扩展到社会工作、商学等应用型的社会科学领域。从学科大类上看，最近十年，德国应用技术大学经济、法律和社会类

---

[1] 钱建平，肖毅，徐明．德国高职商专教育发展的特点及启示[J]．高等职业教育，2001（2）：110-112．

[2] Empfehlungen zur Entwicklung der Fachhochshulen in den 90er Jahren[M]. Berlin: Wissensehaftsrat, 1991：12．

专业的招生规模显著增长，成为在校生最多的专业领域。其次是工程技术类专业，在校生规模也有较大增长。可见，大多数人认为应用技术大学只是理工类纯技术工匠培养的观点是不对的。

德国应用技术大学采用多种措施，使得专业设置能够“与时俱进”。首先，与综合大学相比，德国应用技术大学的专业设置具有很强的针对性。但是科学技术的快速发展又使得专业化知识的淘汰速度加快，这凸显了普遍适用的基础知识的重要性。因此，为了兼顾专业设置的针对性和基础知识的普遍适用性，应用技术大学不断根据社会发展的需求调整专业设置。其次，在一些专业领域下设置若干专业方向（如慕尼黑应用技术大学的建筑工程专业和交通技术专业，建筑工程专业下设公共建筑工程和建筑实施两个专业方向，交通技术专业下设陆地交通工具和空中交通工具两个专业方向）。再次，不断地将一些窄专业并入宽专业，加强基础学习，避免过早专业化。最后，通过限制专业设置数对专业化加以控制。这些措施体现了在专业设置上宽窄并存的原则，使毕业生的针对性和适应性较好地结合，以应对未来的岗位需求。各州政府往往根据本州的实际情况来控制专业设置，这就使应用技术大学的专业设置具有鲜明的地方特色，体现了为地方经济服务的意识。

2. 学位授予渐获认可

德国应用技术大学建立初期，德国民众还有疑惑，怀疑其会成为低质量的教育类型。为了消除人们对应用技术大学的种种顾虑，德国联邦议会分别于 1976 年和 1985 年通过了《高等教育法》，进一步确认了应用技术大学在高等教育中的合法地位，明确规定它与其他高校是“不同类型，但地位相同”的高等学校，在法律上享受大学应有的各项权利。紧接着，德国科学委员会在《德国高等学校 90 年代发展展望》中明确提出：“进入 90 年代以来，应用技术大学是德国高等教育发展的重点。”

德国政府从制度确认与质量保障两个方面，让应用技术大学学位授予逐渐获得认可。德国高等教育传统的学位制为二级学位制，学生毕业时分别授予 Diplom 学位（人文、社科类专业毕业生授予 Magister 学位）和博士学位（Doctor）。而应用技术大学的毕业生授予 Diplom 学位须加“FH”字样后缀。由于德国的高等教育的学位制度与其他国家不同，国外教育机构和社会大众对德国的学位制，特别是应用技术大学的 Diplom 学位一直不甚了解，也难以进行认证。为了解决这一问题，德国文化部长联席会议于 1999 年 3 月在《关于引入学士学位、硕士学位课程的结构性规定》中明确提出：综合性大学和大学类高校的 Diplom 和 Magister 学位相当于其他国家的硕士，应用技术大学的 Diplom 学位相当于 4 年制的学士学位。政府对于这种学位授予的说明很快能获得其他国家的理解与认可，跟政府相应地加强了教学质量保障体系有重大关联。后文会对教学质量保障体系作进一步介绍。

3. 教学质量不断提高

为使教学质量不断提高，德国应用技术大学认真把握跟教学有关的每一个环节。首先，通过法律对应用技术大学的教学进行规范。《联邦共和国各州统一专科学校协定》的第一条就阐述了应用技术大学应“对学生进行一种建立在传统理论基础上的教育，最后使学生通过国家规定的毕业考试，能够从事独立的职业活动”。其次，在学生招生、教师聘任等方面严把入口关，提高生源质量，建立优秀教师队伍。再次，教育评价由独立、负责任的第三方来进行。学生评价有中期考核与终期考核，考核非常注重实践教学的成果。学校质量要接受第三方评估与每隔 5 年的州政府评估。在这些措施的强力推动下，应用技术大学的教学质量有比较充分的保证。

三、德国应用技术大学办学优势与特色

德国应用技术大学的办学优势与特色非常明显，概括起来，有如下六个方面：

（一）严格把握招生质量

德国应用技术大学的新生主要有两个来源：一是专业高级中学（FachoberSchule）或高级专业学校（HoehereFachschule），这类学生接受了 12 年的中小学教育，具有“应用技术大学入学资格”；二是文理中学（Gymnasium）或专业文理中学（Fachgymnashrai），这类学生接受了 13 年的中小学教育，具有“一般高校入学资格”或“专业相关高校入学资格”，既可以读应用技术大学，也可以读普通综合大学或其他类型的高校。这两类学生都必须通过毕业会考（Abitur）。

为了突出人才培养的职业相关性和实用性，不论学生来自哪一种学校，

都要求在入学前具备相应的实践经验（职业培训或实习）。对于未接受过职业教育的学生，主要是文理中学的毕业生，要求必须有不低于 3 个月的与所申请专业一致的企业实践经历（即预实习，Vorpraxis）。申请入学者必须自己联系企业实习，并且要取得实习企业带班师傅的书面证明。

此外，对于没有取得高中毕业会考成绩的技术学校或职业学院毕业生，如果接受了“双元制”职业培训并获得“工长”职业资格（Meister），通过补习文理中学课程，达到毕业水平，再通过所申请大学的口试后也可入学。

（二）高标准选拔教师

德国应用技术大学对于教师的要求很高，有着严格的准入条件，其师资构成主要有三类：教授、兼职教师和实验室工程师。[1]此外还有一部分助教，主要承担辅助教学或科研的工作。德国应用技术大学的教授一般都拥有博士学位，在学科理论知识和科研能力上都很出色。德国《高等教育总法》中规定：应用技术大学的教授必须具备四个聘任条件：① 高等学校毕业；② 具有教学才能，通常由教学或培训中所获得的经验来证明；③ 具有从事科学工作的能力，通常由获得博士学位来证明；④ 至少从事过为期 5 年的职业实践，其中至少 3 年是在学校外完成，并在有关应用或开发科学知识和方法上取得特殊成就。

德国应用技术大学的教师的主要职责是教学与带领学生参加教学实践。德国应用技术大学以富于成效的教学组织而闻名，学校及教授的主要任务是教学。与综合大学教授每周只需授课 8 学时相比，应用技术大学的教授平均每周授课 16 ~ 18 学时。粗略计算，德国应用技术大学的教师教学工作量是综合大学教学工作量的两倍。应用技术大学把教师的工作重心放在教学上，这是保证教学质量非常重要的因素之一。

（三）实用性与基础性并重设置课程体系

应用技术大学的课程设置应该在充分考虑课程体系整体性的基础上，结合自身的培养目标，以构建应用型高级技术人才的知识能力结构为出发点，实用性和基础性并重。在这样的理论指导下，德国应用技术大学的整个课程

[1] 董大奎，刘钢．德国应用科技大学办学模式及其启示[J]．教育发展研究，2007（21）：41-44．

体系分为基础课程、专业基础课程和专业深化课程，由浅至深地逐步分化和深入。在基础课程阶段，不同的专业开设相同的通用基础理论课，如数学、物理等；专业基础课程则会根据专业的差异而有不同的侧重；专业深化课程是在专业基础课的基础上进一步拓宽专业面的教学，进行专业深化学习。

德国应用技术大学的教学形式以实践为导向，对于学科知识的系统性和抽象性不作强调，也不把过多的时间用于科学原理的推导和分析，而是强调如何将科学知识运用到实际生产领域的问题解决上来说，在理论教学与实践教学中，实践教学环节所占比重较大，可以有实验教学、实习学期、项目教学和学术旅行等形式。

（四）实践教学过程管理保证质量

为了加强实践教学，应用技术大学的学制一般延长一学年。德国应用技术大学最初是由中等教育层次的工程师学院和高级专业学校合并而来，因此，早期的学制为三年制。后来，由于社会对应用技术大学毕业生在知识和技能方面的要求越来越高，在有些州（譬如，巴登—符腾堡州和巴伐利亚州）的带领下加入了2个实习学期，因而学习年限延长为4年。此后，《德国高等教育总法》也明确规定：应用技术大学的学习年限一般为4年，即8学期。

以下以巴伐利亚州的代根多夫应用技术大学经济类专业为例，说明实践教学的过程。该校第5学期是实习学期。学生首先必须与实习单位签订正式的实习合同，实习时间至少8周，每周40～50小时。通过实习，学生要修够60～70学分。实习期结束后，学生有一周的时间作准备，然后向学校教授汇报自己的实习心得。教授会依据实习单位出具的证明（该证明主要用于说明学生实习期的工作表现等情况）、学生自己所写的20页左右的实习报告，以及一份问卷调查表（包括实习是否有益，对实习有何具体建议等问题）对学生的实习进行评估。此外，代根多夫应用技术大学设有专门的“工作服务中心”和各大公司合作，为学生联系实习单位，以保证每一位学生都能按时实习，以便顺利完成学业。并且，在学校网站上有“工作服务”专栏，学生可在上面查找实习单位及提供岗位等情况，方便选择和联系实习公司。目前和代根多夫应用科技大学合作的单位有安联保险、大众汽车、KVP（德国管理咨询公司）等。据统计，每年有超过50%的学生在实习期结束后与实习企业签订了正式的工作合同。学生实习为未来的就业提供了保障。

实践教学的主要任务是让学生通过实习加深对基础理论知识的理解。对于入学前已经有比较充分的实践经历的学生，可以适当缩短学期内的实习时间。在第 8 学期的实习中，学生必须结合毕业论文设计，进行业务实践和组织能力的训练。企业中会有经验丰富的专业人员或管理人员指导学生实习。学校的教授和企业中的指导人员之间亦会保持密切的联系，共同帮助学生完成实习任务。

（五）教学评价规范严格

学生在应用技术大学学习有中期考核。这个中期考核是基础阶段学习与专业阶段学习的衔接，用来评定基础必修课的学习效果，为后续下一阶段学习作铺垫。4 年中，学生的学习大致分为基础阶段（Grundstdium）和专业阶段（Hauptstudium）。基础学习阶段一般为前 2 ~ 4 个学期，主要学习专业的基础必修课程。在基础课程学完时，有一次中期考试（Ordiplompriifung）。只有通过中期考试的学生，才能进入下一个阶段的学习。基础学习阶段之后是专业学习阶段，这一阶段学生要按专业方向或学习重点选修课程，进行专业课程的学习。这一阶段的教学安排，各州的应用技术大学不尽相同。

德国政府成立了常设化机构——教育质量考核委员会，其职责主要是进行定期教学质量评估。教育质量考核委员会成员包括接受过专业质量管理培训的教育专家、教育行政管理人员和企业人员，主要负责研究制定教育教学质量评估体系，对学校的教学计划、课程设置、教学过程及教学效果等各个方面定期进行质量评估。评估分为自评和统一考评两种：学校每年根据质量评估体系的相关标准进行自评，每 5 年还要接受一次州政府组织的统一考评。教育质量考评委员会会在制定评估体系的过程中，深入学校与企业开展教育教学研究，进行学校教学质量体系建设的咨询与评价，有力地保证了应用技术大学的教学水平。

行业协会的监督在德国应用技术大学的教学质量保障体系中扮演了十分重要的角色，在应用技术大学教学质量评估上权力很大。德国共有 480 个地方级行业协会，按照《职业教育法》的规定，每个行业协会都有一个职业教育委员会，依法享有对职业培训的组织、实施等各个环节的监督权。其具体职能包括：一是对企业的培训资格进行认定，比如企业是否具备法定要求的培训场所与设备，培训人员是否具备相关专业的文凭及职业教育与劳动学知识等；二是派遣培训顾问对企业的培训质量进行严格监控，对质量不佳的企业给予相应的惩罚，接受企业和学生的现场咨询，及时向相关教育管理部门反馈培训中出现的问题，并进行相应的调整等。此外，行业协会还具有审查培训合同、组织全国统一的职业技能考试等职责。

德国应用技术大学对学生学习效果的考评十分严格。根据《职业教育法》的规定，学生需要通过两次国家考试才能毕业：一是以笔试为主的中期考试；二是笔试、口试和实践操作都包含在内的毕业考试。两次考试成绩的评定都遵循企业给出成绩为主、学校给出成绩为辅，实践操作成绩为主、笔试成绩为辅的原则。根据考核成绩，德国应用技术大学实行淘汰制，淘汰率大约在30%。考试的各环节由相互独立的机构按照法定程序组织实施，实行教考分离的统一考试机制，保证了考试的客观与公正，从而以法律形式有效地保障了应用技术大学的规范运行。

（六）学校参与教育市场竞争

学校参与教育市场竞争主要有两种方式：一是在学校建立技术转让中心，二是参与国际交流和合作的事务。

应用技术大学不一定生产知识，但往往生产技术。这些技术要通过参与市场竞争才能实现其价值。事实上，在应用技术大学刚刚创建时，教学是其最主要的任务，科研工作在相当长的时间内无人重视。但是，伴随应用技术大学发展的是不断上升的通过科研和开发将知识转化为生产力的需求。因此，德国联邦政府和各州政府逐渐从立法立项的角度给应用技术大学的应用型科研开发活动提供了更大的空间和相应的经费资助。联邦教研部加强了对应用技术大学研发的资助。除此之外，由企业及公共基金会所提供的“第三类资助”（Drittmittel）也是德国应用技术大学科研经费的主要来源之一。这类资助是企业或公共基金会付给大学，资助其开展某项具体科研项目的资金。大企业往往是“第三类资助”的主要提供者。如今，获得“第三类资助”的多少已经成为衡量应用技术大学科研能力的一个重要标准。于是，应用技术大学为促进应用型科研开发及技术转让，也纷纷成立了自己的技术转让中心。这种技术转让中心类似于我国的科技孵化基地，由政府投资建造，学校教授和毕业生有创业项目时可以用十分优惠的租金申请获得办公和生产场地。企业一旦盈利，必须离开孵化基地，也可以将科研成果在知识产权市场拍卖变现。

德国应用技术大学也成立国际交流和合作的部门，让学校参与国际竞争。德国应用技术大学通过设立国际中心或者国际部（处），专门负责学校的国际合作与交流。这个部门的主要职责是：第一，与全球高校建立校际合作关系；第二，扩大招收外国留学生的比例；第三，教学国际化或为外国学生巧设专门的面向国外的专业；第四，联系、安排德国学生到国外公司、企业或管理机构实习。

四、德国应用技术大学发展对我国新型地方本科院校转型的启示

德国应用技术大学取得了举世瞩目的成就。针对中国的国情、意识形态与教育发展现状，我们可以得到如下启示：

（一）做好曲折前行的心理准备

应用科技大学的成功不可能一蹴而就，要经历漫长的历史积淀过程。因此，我们对于新型地方本科院校的应用型转型也要做好曲折前行的心理准备。改革一开始，大众可能对转型的方向不是很清楚，对转型后的教育质量很担心，对转型后能持续多久有质疑，这都是很正常的。德国应用技术大学就经历了对教育质量不信任、对学位授予不认同、对专业设置不科学的历程，最后都坚持了下来。我们认为，改革要给学校一定的空间，允许其在适当的空间内去创新；我们要允许一部分学校先行先试，不要想着一起转型，一起成功；我们要想着可能被“批评”与“质疑”，但坚持下来，一定能获得“理解”与“认可”。

（二）教学环节务必严格监督

对教学环节严格监督是提升教学质量的必然路径。德国应用技术大学对入学招生、教师选拔、实践教学的运行、学生学习效果的考核、教师教学工作的考评、学位的授予与法律的保障等环节都严格执行，严格监督。其实，这些年来，我们的新型地方本科院校几乎都有这些环节。通过比较教育研究成果，绝大多数学校也能够了解到国际前沿的做法，我们也借鉴了诸多有益的方法，但很多时候流于形式，没有“严格”。其中的原因包括：首先，跟我国诚信环境较差的大环境有关，教学环节没有了诚信，“严格”也无从谈起；

其次，教师收入较低，不能吸引大多数教师去执行这种“严格”，急功近利的形式主义往往成为必然；再次，学校没有底气去执行这种“严格”，面对毕业率与就业率的压力，许多学校不会轻易“淘汰”学生，而宁愿放其到社会去“淘汰”。这是片面“求稳”的教育“惰教”与行政“懒政”的集中体现。因此，“勤勉”与“严格”的社会大环境的营造，还需要政府与社会各界共同努力，仅靠“说教”与“劝诫”显然是难以奏效的。

（三）政府提供有力的政策资源

新型地方高校的改革发展需要政府提供一定的政策资源去推动。政策本身就是一种资源，能够给勇于开拓的新型地方本科院校以空间和机会。

1. 分配制度改革

政府应该推动社会分配制度的改革。欧洲，不仅仅是德国，能够在职业教育方面走在世界前列，很大一个原因是跟欧洲奉行体力劳动与脑力劳动应得到同样公平的对待有关。从一定意义上讲，欧洲良好的社会分配制度提供了较好的社会福利，纯学术研究已经不像工业革命以前那样备受推崇。学生可以根据自身的背景与特点去选择适合的大学，而不是千军万马挤综合大学的独木桥。在这个层面上讲，新型地方本科院校改革成功与否，还有一些工夫在教育之外，社会分配大环境也会影响其改革的深度与广度。

2. 高校招生制度的改革

高校招生制度的改革也是势在必行。在我国，新型地方本科院校天生被解读为教育质量低于重点本科院校，更遑论高职高专学校了。而这种天然的“劣势”是人为造成的。新型地方本科院校招生投档时间晚于重点本科院校，生源质量在一定意义上得不到保障。在政策主体与普通大众眼里，这两类大学是不同层次的。而这样的误会在德国应用技术大学建立初期也存在，政府专门出台文件去说明这是两个不同类别，两类大学享受同样的待遇与地位，而且也努力朝这个目标奋斗，这是我国必须学习的。

3. 高校评估制度的改革

我国高校评估制度的学术化倾向特别严重，对于新型地方本科院校转型非常不利。我国评价一所高校的办学水平，除了看硬件设施设备与实验室之外，还经常看师资队伍建设与学科建设等情况。而这些评价是靠学术论文发表的数量与平台作为关键数据支撑的。由于历史原因，我国学术论文发表更多的是依据理论研究的理论，而不是应用研究的理论。因此，用这样的标准去评价一所应用技术大学是不合理的。应用技术大学与普通综合大学是两类不同的大学，其办学水平、教学质量与学生就业等评价标准应该有所不同。或许，这两类学校本身就应该有两类不同的评价指标体系。有了这样的高校评估制度的改革，地方本科院校改革发展才有更大的成功机会。

总之，德国应用技术大学的成功给了我们很大的启示，我国新型地方本科院校转型可以学到许多有益的理念与做法。面对发展的困难，有些属于意识形态，有些属于社会环境，有些属于教育生态，我们都应该各自担负其责，努力探索为国家培养更多应用技术人才的路径。

第三节　英国斯旺西大学的改革发展策略

英国高等教育转型发展取得了令人瞩目的成效。剑桥大学作为世界级研究型大学，每年产生大量的全球顶尖科学技术，并以其独特的产学研模式不断创造新兴产业，使剑桥地区聚集了1500多个技术型企业，19个商业科学园区，年总收入超过130亿英镑。从20世纪80年代开始，剑桥因其创新创业集群与区域经济发展的成功典范在国际上被称为“剑桥现象”。[1]创办于20世纪60年代中期、位于伦敦卫星城考文垂的英国华威大学，在其成长过程中，结合自身高定位的办学目标，以超越常规的发展过程开创了校企合作的华威管理体制，为英国的经济转型和社会变革提供了广阔的技术市场，满足了英国经济发展对高等教育的需求。华威大学独创性的办学理念、治校举措及办学模式开拓了具有英国特色的大学经营之道，并通过与工业界广泛合作等标志性事件在英国大学中脱颖而出，[2]成为世界著名的创业型大学。[3]

[1] 沈瑾秋，陈艳．英国剑桥大学技术转移经验及江苏借鉴[J]．江苏科技信息，2016（6）：1-3．

[2] 张艳，何洋．逾矩与超常：英国华威大学的成功之道与启示[J]．沈阳师范大学学报：社会科学版，2016（2）：29-34．

[3] 樊亚明，王凤玉．经营大学：英国华威大学办学理念探析[J]．重庆高教研究，2014（2）：103-106．

创办于 1920 年、位于英国威尔士地区的斯旺西大学，通过自 2004 年以来的十余年改革发展，成功实现了由教学研究型向研究型大学的转型，成效尤其显著。在科研领域，根据英国 REF（研究卓越框架）2014 年排名，斯旺西大学的研究质量从 2008 年全英第 52 位上升到第 23 位，世界级优秀研究人员从 2008 年的 58 人增长到 114 人，研究影响力排在全英第 22 位，有 90%以上的研究达到国际领先水平。斯旺西大学的教学在 QS 全球大学评级系统中被评为 5 星级，有 9 个学科在全英排名于前 20 名以内。

在时代变迁、社会变革、产业转型的大背景下，斯旺西大学作为一所传统老牌英国大学，能通过自我变革取得巨大的发展成绩，不断提升在全英乃至全球科研领域的排名和教学领域的学生体验排名，成为英国独具特色的综合性大学。除了有自我变革的勇气外，更有科学变革的智慧及自我发展的坚守。这与我国目前从战略高度大力推进的普通高校应用型转型发展的要求非常契合。

斯旺西大学服务区域发展，以知识产权商务化为改革抓手，推动科研、教学、人事、财务、组织管理、创新创业等方面的整体、系统、全面的转型，在战略计划制定、内部治理结构、学科专业建设、师资队伍管理、财务流程再造、知识产权转化、收益分配激励、卓越教学改革、创新创业教育等方面的改革是卓有成效的，其面向市场、服务区域、商务驱动、绩效评价的成功经验值得学习研究。

一、斯旺西大学改革发展的基本背景

（一）英国高等教育学费制度改革是推动斯旺西大学改革发展的根本原因

英国高等教育大众化促使英国政府于 1998 年结束了英国大学生免费接受全日制高等教育的历史，开始向学生收取学费[1]。从 2006 年开始又取消了国家统一学费收费标准，根据专业要求和学校的声誉，对本科生实行差异性的

[1] 刘晖．从《罗宾斯报告》到《迪尔英报告》——英国高等教育的发展路径、战略及其启示[J]．比较教育研究，2001（2）：24-28．

收费。[1]由此，英国政府将大学逐步推向市场中心，实现了由“社会福利”到“面向市场”的转型。[2]对于学费收入占到大学经费 90%的斯旺西大学而言，学费收入是该校首要的财政来源。大学如果认证级别高、综合排名靠前，政府制定的学费收费标准就比较高。加上英国总人口约 6 500 万，威尔士也只有 310 万，而英国的大学有 160 多所，因此生源竞争就成了影响斯旺西大学发展的一个关键因素，迫切需要通过转型发展来提高服务学生的能力，增强学生体验的满意度，以期在以学生体验为中心的教学卓越框架（TEF）体系的排名中获得较好的名次。

（二）区域经济发展的严峻形势是促使斯旺西大学改革发展的外部原因

进入 21 世纪，在全球经济发展形势的影响下，欧盟、英国，乃至威尔士的经济发展不容乐观。位于威尔士南部的斯旺西城的大量传统工业关停或转移，只有 TATA 钢铁集团保留，急需培育新兴产业。在学费制度改革的背景下，英国政府、威尔士政府又对斯旺西大学提振国家、地区经济的要求非常迫切，希望斯旺西大学有大量能引领科技创新的高素质人才供给。斯旺西大学也迫切需要通过培育优势科研项目，加大与企业和行业的合作，进行有效的知识产权转化，提高大学服务区域经济的能力，从而获得更多来自政府、社区、行业、企业等的资助，在促进社会发展的同时，促进自身发展，以期在以科研水平、科研影响力、科研环境为核心的科研卓越框架（REF）体系的排名中获得较高的地位。

（三）斯旺西大学内部的发展困局是激发其走改革发展之路的动因

斯旺西大学作为英国的一所公立大学，在长期办学过程中也形成了一些固有的观念和习惯化的工作方式。在威尔士经济环境发生变化后，这些传统过时的观念和方式降低了学校对当地经济发展的驱动力，使政府对学校的支持力度减小，学校发展受阻。在 2003 年以前，斯旺西大学是一所“没有任何

[1] 孟兵丽，等．当前英国高等教育收费改革之研究[J]．比较教育研究，2007（4）：67-72．

[2] 李作章，单春艳．从“社会福利”到“面向市场”：英国高等教育学费政策的变迁[J]．现代教育科学，2011（09）：124-127．

特色、没有核心竞争力、在国际上没有声望和存在感”的传统教学研究型大学。到 2013 年，斯旺西大学面临支持改革的经验有限、内部员工反对改革的阻力大、大学内部财务管理各自为政、研究领域少且一些领域质量不高、开设科目多却没有特色、推动区域经济发展的研究不足、对当地工业的支持思路不清等问题，社会价值和地位不高，全英排名在 50 名以后。

面对外部经济社会的巨大变化和斯旺西大学自身竞争力发展提升的内在巨大压力，如何快速全面提升学校办学水平？如何提高学生满意度、吸引更多的优秀学生就读，以增加办学收入？如何从政府和企业获取更多的研发财政资金？如何提高斯旺西城有限的人力资源的就业能力和从业水平，为企业发展提供技术支撑和智力支持？这些问题迫使斯旺西大学通过改革来重新确定办学定位、发展方向及改革重点。

二、斯旺西大学改革发展的理念策略

（一）引领区域经济社会发展才能凸显大学的价值与地位

2004 年以后，斯旺西大学在原有的科研基础上，依托区域产业发展需求，优化学科专业布局，凝聚力量重点培育了十多个优势科技研发领域。依托优势科研项目进行知识产权商务化，斯旺西大学与空客公司、劳斯莱斯发动机公司、华为、TATA 钢铁公司等全球几十家高科技公司建立起紧密的校企合作关系，在企业的飞机机翼制造、发动机制造、印制制造、建筑发电站、纳米医疗等方面开展研发合作，形成了一系列领先技术，产生了巨大的经济和社会价值，从而引领和服务区域经济社会发展，促使学校的办学实力和综合排名有了较大的提升，学校的价值、影响力和社会地位逐渐得到认可。

（二）制定科学的发展战略规划是可持续发展的根本前提

斯旺西大学先后制定并实施了 2004—2009 年、2010—2015 年发展战略计划，提出建立“以研究为主导的国际品质大学”的发展目标，确定斯旺西大学的愿景为“具有国际质量的研究领先大学，受社会认可的高质量精简教学，区域经济增长的动力，威尔士的科技中心，在教学、科研的关键领域取得具有国际声望的质量并使排名靠前”。为此，从“Grow or differentiate Research（生长或分化研究）、Enhance student experience and Teaching（增强学生的体验与教学）、Commercialise research/help business（研究/帮助企业实现商业化）、Improve the Estate（提高房地产的价值）、Internationalise（国际化）、Introduce new management structures and processes（引进新的管理结构和流程）”等 6 个方面展开了为期十余年的持续改革，形成自己的发展定力，坚持不懈的努力并最终实现了发展目标。

（三）做好系统全面的制度建设是可持续发展的根本保障

转型发展是一次改革，更是一种重构。改革是基于机制和体制的革新和建设，制度建设必不可少，制度建设更应着眼于机制的建立。斯旺西大学的转型是基于外部环境变化而引起的以学校为主导的内部改革，涉及学科研究领域、学生体验与教学、商务化、后勤保障、国际化等多个方面。面对大学内部复杂的改革，斯旺西大学建立了商务化项目评估模型、项目财务管理制度、PDR 教学检测体系、TEF 质量考核体系、学位管理审核程序、第三方审核制度、人才引进制度、教师绩效评估体系等系统，全面的配套管理制度形成制度的合力，保证了改革的顺利实施和有效推进。

（四）遴选好关键部门的领导人是可持续发展的重要基础

斯旺西大学自 2004 年实施的转型改革并非一帆风顺、一蹴而就，改革过程中也遇到了不少阻力和矛盾。教师因关闭过时的课程而罢工，一些副校长、院系主任或管理者因改革产生抵触，改革推进者的许多朋友变成了反对者，甚至受到个人威胁不得不请求警察的保护。学校对改革的方向也经历许多反复，1 个多亿的项目也出现过失败。但斯旺西大学校长成功地选择了一支改革团队，并给予坚定的支持。十余年的变革取得了成效，其经验之一就在于：在关键部门启用了关键的改革领导人。

（五）严格精细的管理与服务是提升发展品质的重要保障

斯旺西大学在严格管理、精细管理和追求品质至上方面也取得了成效。例如：课程开设——必须经过课程的认证；教师教学质量——通过（PDR）监控；学生考试——严格（体育馆集中考试），作弊开除；教学楼清洁卫生——超级干净（工人打扫教学楼的卫生精细认真）；教学设备——整洁完好；文化环境——温馨而丰富。

三、斯旺西大学改革发展的路径设计

转型发展的路径选择非常重要。斯旺西大学改革的成功有赖于以下几方面改革路径的合力。

（一）变革内部组织治理结构，强化服务支撑

斯旺西大学将分散的行政资源和原有的学校科技孵化园进行整合，成立“Swansea IP Group & Swansea Innovations Ltd”（斯旺西知识产权与创新有限公司），聘任具有丰富商务经验的职业经理人任主管，服务于教师的研究与创新研发，从而解决了教师不擅长面向市场的问题，促进了教师研究面向行业、产业和企业，促进教师的研究成果的转化与应用。

（二）调整学科专业布局结构，优化资源配置

一是集中力量发展优势学科专业。一方面分析优势学科与专业，明确优势资源与优势课程，把资源集中到优势的课程上，提高强势特色学科和重点学科的影响，吸引更多学生和更多资源，形成良性循环。另一方面，调整关停非优势学科专业，减少非优势学科对教学资源的占用。二是积极开发与本地经济关联密切的学科专业。

斯旺西大学把全校分散的学科资源进行整合，按一级学科整合形成工程学院（开设有涉及化学、材料、机械、电子、医用、土木、航空、航天等领域的 24 个工科专业）、人文与健康科学学院（开设有涉及心理、教育、卫生、社工、健康、护理等领域的 23 个专业）、艺术与人文学院（开设有英国文学、英语翻译、国际关系、新闻学、人力资源、数字媒体、创意写作等 26 个专业）、法学院（开设包含法律、犯罪学与心理、犯罪学与社会政策、国际海事法、国际贸易法、国际商业法、知识产权与商业实务等 13 个专业）、医学院（开设有生物化学与遗传学、医学遗传学、医用生物化学、生物化学、遗传学、应用分析科学、卫生信息学、医学科学等 8 个专业）、科学学院（开设有数学预科、物理预科、生物预科、计算科学、软件工程、可视计算、逻辑计算、金融数学等 8 个专业）、管理学院（开设有涉及管理、会计、金融、投资、财务、商务等的 32 个专业）以及国际学院等 8 个综合性学院。

10 年来，斯旺西大学把原来几千门课程精简、整合为 529 门本科课程、

60 多门研究生课程以及 60 多门研究型课程。学校对威尔士本地经济贡献明显，服务威尔士地区 169 家企业，增加本地就业 6 887 人，新增 1 万个工作岗位，新增产值 4.5 亿英镑（潜在经济增长 30 亿英镑），为本地新增培训项目 35 个，成为欧盟排名前 5 的知识经济项目单位。

（三）强化高端应用科技研发，引领产业发展

斯旺西大学经过十多年的努力，形成了材料研究、腐蚀研究、涂层研究、数值与计算技术、运动图形计算、新型指纹识别技术、海藻生物技术、打印制造技术、纳米医疗技术、功能工业涂料技术、建筑发电站技术等十多个全球领先的优势研究领域。2005 年以来，斯旺西大学依托优势研发项目，助推了 6 项千万英镑级大项目，大量百万英镑级项目，每年科研资金到达 4 300 万英镑，其中仅纳米科学院就投入 5 000 万英镑，石油安全性研究项目 3 000 万英镑，太阳能涂料研究项目 2 000 万英镑……雄厚的资金投入和学校提供的良好的研究条件与氛围，为斯旺西大学进行高质量的研究提供了保障，科研实力不断提升。在英国大学学术研究评估（Research Assessment Exercise，简称 RAE）排位中，斯旺西大学从 2005 年的第 56 位提升到 2015 年的第 23 位。建立在雄厚研究实力上的高水平和高质量的科研产出为斯旺望西大学的科研成果转化（商务化）打下了坚实的基础。到 2016 年，校企合作共开展了 803 项知识产权商务化项目，有 8 个以上的研究领域处于全英的前 5 名，斯旺西大学的总收入到达 2.05 亿英镑，研发收入达 4 300 万英镑，其商务化项目的收入占整个研发收入的 9%以上，并且其知识产权商务化的收入还在以每年 550 万英镑的速度增加。

（四）重构财务运行管理体系，强化经费管理

斯旺西大学重构了基于商务化项目生命周期的财务管理流程，强化了各类经费的使用预算及经费使用过程的严格控制，提升了经费使用的效益，并有效推动了基于项目的商务化活动。此外，进行财务管理信息化改造，打造了面向项目的项目计费系统和面向个人的个人管理系统，方便项目负责人掌控项目的财务流程及经费使用情况，也方便职能部门对项目经费的使用进行监管。

（五）制定知识产权转化政策，保障科研权益

在2004年以前，斯旺西大学与社会联系很少，许多高水平的研究成果得不到转化，没有给学校和社会带来应有的效益。2004年以后，面对财政赤字，学校高度重视研发项目的知识产权商业化。斯旺西大学的知识产权商务化主要有四种模式：咨询服务、专利许可、项目孵化、创立衍生公司。通过知识产权商务化，使斯旺西大学在实现社会效益的同时，也获得了巨额的经济报酬，知识产权商务化的收入占到大学研发收入的比例达到8%以上，商务化已成为大学转型改革的重要部分。

学校非常重视研发项目商务化工作。一是建立了规范的商务化管理机构——改革与创新事业部（Research Engagement and Innovation Services），该机构负责统一管理学校的知识产权成果，包括发明的审查、专利申请、知识产权的转让和许可、股权的管理等。二是聘请了专业化水平高、市场意识强、信息渠道宽、公关能力强的管理队伍与专业知识渊博的教师分工协作，提高了成果的转化效率和效益。三是为了加强知识产权商务化工作，自主制定了斯旺西大学知识产权政策，斯旺西大学知识产权程序，斯旺西大学学生知识产权政策，斯旺西大学商务化政策咨询，斯旺西大学在研究、咨询和IP的商业活动中的利益冲突政策等鼓励研发技术发明、转让的政策，其核心内容是“职务发明归学校，给予发明人丰厚回报”，对教师及研究人员的科研创造、发现等权益进行了很好的政策保障及转化的政策引导。四是学校还采用奖金、带薪假期、允许校外兼职、鼓励创业等方式予以激励。在教师评价中，项目成果商务化作为重要评价内容，也有力地促进了教师对项目商务化的积极性。

（六）课程开发实行战略管理，适应市场需求

斯旺西大学对课程开发实行战略管理，由课程建设委员会判断课程是否符合学校的战略发展计划，是否符合政府需求，是否有设置意义，课程体系是否合理，是否具备外部竞争环境和师资资源等条件。课程开发历经市场需求认证、学生需求符合度认证等环节，保证课程与专业培养目标关联度，注重学生学习后的评价，确保学生获得预期专业知识与技能，并充分采纳企业政府、第三方机构的评价意见，重视与雇主需求的吻合度。课程服务于专业，专业适应市场、雇主和企业的要求，紧密契合市场需求，学生能学以致用，就业率排名节节攀升。

四、斯旺西大学改革发展的机制创新

斯旺西大学转型发展的经验表明：转型也存在诸多风险，对风险要有保护机制，需要在推进学校转型发展过程中建立以下四种机制。

（一）制定知识产权转化的项目审核机制，促进有效转化

斯旺西大学为了促进知识产权项目的有效转化，制定了包括经济前景、市场需求、制造技术、生产成本等 16 项知识产权转化的项目评审指标体系，[1]同时又从投资机会与条件、注册机会与条件、启动机会与条件、签约机会与条件等四个方面来评审知识产权商务化的金融回报的吸引力，从而建立了很好的知识产权商务化项目的筛选机制，保证具有价值的研发成果能进行商务化转化。

具体实施过程中，斯旺西知识产权与创新有限公司按照想法登记，外部专家评审，财务审计，专利注册与起诉，确定版权、数据权、设计权、商标等，授权应用，确定商业项目负责人或领导，准备投资，种子投资等 9 个环节来规范知识产权项目的审核流程，从而建立了很好的知识产权商务化项目的筛选机制，为全校教师和科研人员的知识产权商务化项目提供有效服务，保证具有价值的研发成果进行商务化转化。

（二）建立以学生为中心的教学考核机制，提升学生体验

斯旺西大学无论从专业设置，还是课程开设上，都以学生为中心，围绕提升学生的体验来做工作。因为不仅学生的学费是学校的重要财政收入，而且学生也是学校发展的参与者。学生的专业能力和水平、创新创业思维和能力培养、能否在高级别职位就业等，综合构成了学生在校的学习生活体验，要通过学生对学校的评价来反映。这些评价不仅会影响学生对高校的选择，还会直接进入大学排名系统。学生具有选择学校的权利和独立评价的权利。良好的学生体验会带来良好的学生评价，进而直接提升学校的大学排名、社会声望和收入。因此，学校把提高学生的体验放在很高的位置，全校自上而下都非常重视。

---

[1] Swansea University policy on Intellectual Property[O/L]. http: //www. Swansea. ac.uk/media/Swansea%20University%20policy%20on%20Intellectual%20Property.pdf.

英国政府为了保证和激励高等教育质量的提升，于 2015 年引入了历经七八年争论的 TEF（教学卓越框架）评价体系，以对各高等教育机构的教学质量进行排行。不同的 TEF 等级决定高校对学生不同的收费标准。TEF 针对教学质量，如科研上的 REF 排行一样，对高校的影响是巨大的。TEF 分为了四个阶段，目前只进行了第一阶段，后续的三个阶段将持续很长的时间。

斯旺西大学由于前期高度重视学生体验，比较顺利地通过了 TEF 的第一阶段评估，学生收费可以达到这个阶段收费区间的上限 9 000 英镑。而没有达到 TEF 相应级别的高校，只能降低收费标准。TEF 从制度上不仅保证了教学与科研具有同等重要的地位，以及高校对不同背景的学生须一视同仁，而且也从根本上保障了英国教育水平的国际化水准。

基于学生体验的教学考核机制对提高应用型人才培养质量显得十分重要。基于学生体验的教学离不开学生的积极参与和满意度，那种教师填鸭式教、学生死记硬背式学，学生不会实践、不能动手解决问题的教育教学方式绝不会获得学生的支持和满意。因此，要依据教师与学生的认知规律、学生学习参与度、学生对知识和能力的获得感和愉悦度等因素来建立教与学两方面的考核机制，建立包括对教师教学内容、教学方法、课程设计、课程考试、教师指导学生专业训练、指导毕业设计等的考核，以及对学生实验实训实习和专业技术技能达标的考核，保证转型背景下人才培养的质量。

（三）建立知识产权转化的收益分配机制，激励成果转化

斯旺西大学商务化的重点在于为行业企业提供技术支持，鼓励教师走出去解决企业的问题，实现校企合作，推动本地经济发展。教师及科研人员的科研成果在商务化过程中，创造者、所在学院、学校三方依据收入经费总额度的不同，按不同的分配方案进行分配。当项目转化收入经费总额在 2 000 英镑以下时，全部归创造者。当项目转化收入经费总额在 2 000 ~ 20 000 英镑时，创造者按 60%、所在学院按 30%、学校按 10%进行分配。当项目转化收入经费总额在 20 000 ~ 100 000 英镑时，创造者按 50%、所在学院按 35%、学校按 15%进行分配。当项目转化收入经费总额在 100 000 ~ 250 000 英镑时，创造者按 40%、所在学院按 40%、学校按 20%进行分配。当项目转化收入经费总额在 250 000 英镑以上时，创造者按 35%、所在学院按 35%、学校按 30%

进行分配[1]。

（四）建立基于工作业绩的绩效考核机制，激发员工活力

斯旺西大学认为转型成功的标志是教师及员工转型的完成，为此制定了一整套人力资源绩效政策，[2]激发员工活力。斯旺西大学按照商务化的要求，制定出台了员工能力与绩效政策、基于胜任力的具体职责、关键绩效指标（KPI）的定义、1～6 级普通员工试用程序、7～10 级专业人员试用程序、试用期终止、学术生涯路径政策、学术生涯路径的关键原则、学术人员年度专业发展准则、商业学术专长（A4b）知识开发能力的发展政策、学术人员年度总结指引、斯旺西大学的 APM 能力评估工具等 12 项制度，[3]明确各级员工的工作职责及职业发展路径与要求，促进教师及各级工作人员提升工作理念，增强职业能力，规范职业行为，激发工作活力。

---

[1] Swansea University policy on Intellectual Property[O/L]. http：//www.swansea.ac.uk/media/Swansea%20University%20policy%20on%20Intellectual%20Property.pdf.

[2] HR Equal Pay Policy[O/L].http：//www.swansea.ac.uk/media/HR%20Equal%20Pay%20Policy.pdf.

[3] Human resources policies and procedures at Swansea University [O/L].http：//www.swansea.ac.uk/personnel/policies-and-procedures/#recruitment=is-expanded&probation=is-expanded&employment-and-contractual-arrangements=is-expanded&pay-and-grading=is-expanded&equal-opportunities=is-expanded&health-and-wellbeing=is-expanded&leave-and-absence=is-expanded&performance-enabling-and-promotion=is-expanded&work-life-balance-and-family-friendly=is-expanded&conduct-grievance-and-ending-employment=is-expanded.

第四章　新型地方本科高校发展基本路径

新型地方本科院校改革发展是深化我国高等教育供给侧改革、破解高等教育结构性难题的深层次变革，引导新型地方本科院校向应用型转变是我国政府顺应经济社会发展需求变化做出的高等教育战略性结构调整。新型地方本科院校的多样化特征决定了在转型发展的实践路径上没有统一和唯一的模式。

结合《教育部、国家发展改革委、财政部关于引导部分地方普通本科高校向应用型转变的指导意见》"推动高校把办学思路真正转到服务地方经济社会发展上来，转到产教融合、校企合作上来，转到培养应用型技术技能型人才上来，转到增强学生就业创业能力上来，全面提高学校服务区域经济社会发展和创新驱动发展的能力"的要求，审视目前国内新型地方本科院校转型发展的实践，着力点和突破口各有侧重，其路径选择和特色各不相同，归纳起来有以下几类。

第一节　立足地方，服务地方经济社会发展，实现发展目标

地方本科院校的首要使命在于服务地方经济社会发展。新型地方本科高校在发展过程中，要立足于地方，紧密对接区域优势特色资源及产业，真正贯彻"以服务求支持、以贡献求发展"的理念，融入地方血液，植入地方元素，担负为地方经济社会发展培养应用型人才的重要使命。在为地方经济社会发展服务中，地方本科院校履行自身使命，实现自我价值，赢得办学资源、开拓办学空间、增强办学能力，激发了创造活力，提升了核心竞争力，在服务地方中凸显办学优势和特色，比如，攀枝花学院、成都师范学院、西昌学院、常州工学院、成都工业学院等高校在这方面有较突出的特色。

一、攀枝花学院立足攀西地区钒钛资源，对接攀枝花军民融合，助推攀枝花工业转型升级战略

攀枝花学院是位于川西南、滇西北唯一一所以工科为主的地方综合性普通本科院校。学院立足攀西地区，对接攀枝花军民融合，助推攀枝花工业转型升级战略，军工结合，大力实施钒钛材料、特种钢、石墨等相关学科专业建设工程，逐步形成了“植根攀西沃土，服务资源开发，坚持学产研结合，培养应用型人才”的办学特色。

（一）紧密对接区域行业产业开展学科专业建设

学校紧紧抓住四川省建设“西部经济发展高地”和南向发展的重要战略机遇，紧密结合攀枝花建设“钢铁（钒钛）国家新型工业化产业示范基地”“打造中国钒钛之都，建设特色经济强市”等发展战略，围绕攀枝花钢铁钒钛资源的综合利用，加强材料科学与工程、矿业工程、冶金工程学科建设；围绕攀西地区复杂地质条件下的土建施工和攀枝花建设省级次级交通枢纽和区域中心城市战略，加强土木工程学科建设；围绕攀枝花作为重工业城市对装备制造和信息与控制技术高层次人才的需求，加强机械工程、控制科学与工程学科建设。围绕攀西地区钢铁钒钛、煤炭、石墨和特色生物等资源的深度开发利用对高级专门人才的需求，加强化学学科和生物学学科建设等。为更好地服务于钒钛资源综合开发利用、优质钢材深加工与制造业、煤炭化工等产业链延伸，学校加大了材料科学与工程、机械设计与制造等与区域产业布局紧密相关的优势特色专业和战略性新兴产业专业的投入力度。目前，学校建有材料科学与工程国家级特色专业 1 个，电气工程与自动化、自动化、材料科学与工程等 7 个省级特色专业，材料学、控制理论与控制工程等 6 个校级重点学科（专业）。

（二）打造特色科研平台，大力开展应用研究

攀枝花学院紧密结合区域经济发展方式转变、经济结构调整的新形势，围绕钢铁钒钛、石墨、煤炭化工、干热河谷特色生物等开发利用和攀西地区复杂的地质条件下的建筑工程技术研究，加强特色科研平台建设，强化应用技术和工程技术的研究与成果转化，着力解决生产一线的技术难题。学校建有钒钛资源综合利用四川省重点实验室、四川省钒钛材料工程技术研究中心、

钒钛材料及复合技术和细鳞片石墨深加工省高校重点实验室等省级特色科研平台，建有攀枝花市钛材料重点实验室、先进制造技术重点实验室、土木工程结构技术研究中心、干热河谷特色生物资源工程技术中心等一批市级科研平台。近年来，以特色科研平台为载体，学校重点围绕钒钛磁铁矿综合利用、细鳞片石墨膨胀机理的研究、细鳞片膨胀石墨制备密封材料及电池电极材料、钢材表面气相化学沉积镀钛膜、岩土工程与结构工程技术等开展应用研究，并加快科技成果转化步伐，共承担直接服务于资源开发和地方发展的科研项目 84 项，多项研究成果已应用到实际生产中，产生了巨大的经济效益和社会效益。

二、成都师范学院聚焦教师培养主业，发挥教师教育职前职后一体化优势，服务区域基础教育

成都师范学院前身是 1955 年创办的四川省教育行政学校，历经四川省教育干部进修学院、四川教育学院等历史发展阶段，2012 年教育部批准改制升本，更名为成都师范学院，是四川省 15 所转型发展示范高校之一。

作为新型本科院校，改革发展是成都师范学院现实生存和未来发展的必由之路。学校上下经过认真的讨论分析，统一了认识，确定了要依据特色发展、错位发展、差异化战略，面向地方经济与社会发展需要，调整学科专业布局、优化人才培养方案；以学科专业建设转型，推动师资队伍建设转型、推动机制体制创新、推动办学功能转型；使“注重学理，亲近业界”的应用型人才培养理念贯穿人才培养全过程，推动产教融合、校企合作的内涵深化升级。

（一）实施错位发展战略，调整专业结构

成都师范学院结合四川经济社会发展和学校的实际，明确了应用型大学的目标，切实为成都平原经济区发展服务。

一是围绕基础教育改革和职业教育师资的需求，结合学校实际，聚焦师范培养主业，瞄准当前基础教育师资在量的需求基本满足的情况下质的提升和结构调整（包括学科结构调整知识结构调整）的新需求，以及信息技术与教育教学深度融合背景下对教师提出的新要求，调整专业结构，开展面向学前教师教育、农村中小学紧缺学科教师教育和职业教师教育的人才培养；彰

显教师教育办学优势和特色，提升学校对接、引领和服务基础教育和职业教育的能力，建成教师教育特色示范院校，践行学校办学宗旨。

二是非师范专业瞄准川渝片区产业特点，根据区域产业行业需求，建设一批与区域产业结构匹配度较高的应用型特色专业，实现专业群与区域产业链的紧密对接，提升专业集群服务经济社会发展的贡献度和学科专业竞争力。

（二）以教育信息化建设与应用为抓手，服务基础教育信息化发展需求，提升服务基础教育的能力

一是突出教育信息化发展战略地位，加强信息化基本建设。落实“以协同创新突破瓶颈，以应用驱动加强建设、以深度融合变革教学、以提升能力优化服务”的新理念。优化信息化建设体制机制，强化信息化支撑保障体系建设，提升师生信息化素养和信息化专业队伍技术、服务水平，建立高效规范的云服务体系、校园网运维管理体系和信息化教学服务体系。

二是推进信息化与教育教学的深度融合。加强教育信息化应用体系建设，全面提高师生教育信息化应用能力，开发整合各类优质教育教学资源，通过信息技术与教育各环节、过程、各要素的全面深度融合，变革学习方式和创新教育模式。

三是建成四川智慧教育联盟，协同推进基础教育信息化。搭建了 UGSE 协同创新模式，形成高校、政府、中小学校、企业四方协同推进教育信息化的强大合力；建立了四川智慧教育联盟，形成了高校、企业和中小学校在资源共建共享方面的优势，进一步扩大基础教育优质资源覆盖面，多种形式服务边远地区教师信息化能力提升和发达地区信息化与教育教学的深度融合，发挥师范院校对智慧教育的引领作用，形成推进基础教育信息化的基本路径，提升学校服务基础教育能力，践行学校办学宗旨。

三、西昌学院立足凉山彝区生态农业资源优势，着力农学、彝文国家级特色专业建设，助推彝区精准扶贫

西昌学院是四川民族地区的一所新型本科院校，由西昌农业高等专科学校、西昌师范高等专科学校、凉山大学、凉山教育学院合并组建而成。学院立足凉山彝区生态农业资源优势，积极融入地方经济，坚持专业建设与地方经济“互动对接”，提升服务地方能力。

一是按照攀西地区“构建水能、矿产、绿色、旅游四大产业集群”和凉山州“推进商务、物流、科技、健康、金融五大新兴产业”的发展思路和人才需求，调整专业结构，积极发展水利水电、工程管理、工业工程、材料科学、汽车维护、城乡规划、电子商务、旅游等专业。

二是着力打造应用性特色专业。把农学、彝文打造成国家级特色专业，目前，园艺、动物科学、水利水电工程、食品科学、汽车服务工程已建设成省级特色专业。作物科学、园艺学、彝语言文学等专业先后获得教授和研究员评议权，实现了专业建设的新跨越。

三是组建扶贫专家服务团队三十多个，全面推进科技、教育、旅游等扶贫工作。针对四川攀西生态优势和民族地区社会经济特点，形成自身科研特色，打造马铃薯、苦荞麦、烤烟、彝族文化四大科技特色项目，注重科技成果转化，在攀西地区建立示范推广基地五十多个，形成“一家一户示范基地、一村一片推广基地”的格局，发挥了科技成果的示范引领作用。组建“一村一幼”帮扶支教团队，组织志愿者赴彝族乡村幼儿园帮扶支教，开展中小学教师、幼师及学生培训。“一村一幼”帮扶活动被教育部评为精确扶贫工作典型案例。设立四川省大小凉山彝区（含凉山、攀枝花、乐山）旅游扶贫促进中心，编制二十多个产业规划和十三个彝区旅游扶贫行动规划。指导大小凉山彝区创建旅游扶贫示范区、示范村、乡村民宿达标户，培育旅游商品，策划乡村旅游节，开展旅游扶贫培训等。

四、常州工学院围绕常州市重点发展的十大产业链和十大新兴产业，形成了机械工程等十大专业群，融入地方经济发展

常州工学院是由原常州工业技术学院、常州市机械冶金职工大学和常州师范专科学校合并组建而成的地方本科院校，是教育部和江苏省卓越工程师教育培养计划试点高校、江苏省服务外包人才培养试点高校、江苏省 2011 协同创新计划高校。

常州工学院根据常州市重点发展的轨道交通、汽车及零部件、太阳能光伏、新能源等产业链和嵌入式软件、游戏动漫、创意产业等新兴产业的发展，先后增设了城市地下空间工程、车辆工程、新能源科学与工程、物联网工程、

数字媒体艺术、公共艺术等新专业，同时学校结合国家政策和地方产业发展方向，对部分不能适应经济社会发展要求且招生、培养、就业综合质量不高的专业加以调整、转型或淘汰。

目前，学校围绕常州市重点发展的十大产业链和十大新兴产业，形成了机械工程、电气工程、信息工程、光电工程、建筑工程、通用航空、经济管理、艺术设计、教师教育、语言文学等十大专业群，实现了专业与地方产业的对接。与此同时，学校还全面深化各专业集群与政府、行业企业全面化、机制化、深层次的“产学研”合作。如土木工程专业把专业教育嵌入行业发展、企业职业需求，精确进行人才市场的“细分”，确定专业的“目标市场”。该专业与南通四建集团、苏中建设集团、常州一建集团等企业协同开展“安全工程师”教育，开创了全国土木工程领域安全教育的先河；并与常虹钢构公司、南通四建集团、沪宁钢机公司等企业协同开设了全省首家土木工程（钢结构）专业方向。

五、成都工业学院打造无人机创新创业公共平台，携手郫都区政府领跑“菁蓉小镇”产业发展

成都工业学院是以机械、电子、信息技术、材料制造为主的应用型工科学校，在航空领域具有浓厚的文化积淀。2016 年，学校成立了无人机应用技术产业研究院。在国家“大众创业、万众创新”的理念下，为落实《中国制造 2025 四川行动计划》，以成都市打造“菁蓉小镇”这一具有国际影响力的创客小镇为契机，以成都工业学院科技优势和资源协调整合优势为基础，由成都工业学院、郫县人民政府共同打造全产业链开放式菁蓉无人机创新创业基地。该基地将无人机全产业链中的材料、研发、设计、生产、教育、应用、销售、监管、监测等元素聚集在无人机大街，形成了无人机创新创业的公共平台，吸引和培养无人机企业到菁蓉镇聚集，最终形成了产业放大。建设过程中实现了“政府引领、校地共建、市场运营、基金参股”的方式，政府提供场地和必要的政策保障，学院和郫县人民政府、协会以及第三方机构共同建立合资公司，对该基地进行公司化运营建设，在产业链条的要素中融入多方资金，实现基金参股，市场化运作。

第二节　深化产教融合，开展校企、校地合作，协同推进新型本科院校改革发展

产教融合、校企合作是地方高校与地方产业、行业企业充分发挥各自优势和特点，以服务地方经济发展和培养高素质人才为目标，协同育人，合作共赢。产教融合、校企合作是地方本科高校培养应用型人才的有效途径和必由之路。许多新型地方本科院校都积极搭建学校、地方、行业、企业等合作的平台，吸引和引导行业（企业）深度参与学校管理、专业建设、课程设置以及人才培养，积极争取地方、行业企业的经费、项目和资源在学校集聚，走出了一条产教融合、校地校企合作推动学校转型发展的道路，较典型的如常熟理工学院、重庆科技学院、徐州工程学院等。

一、常熟理工学院校地合作，以项目为载体，走互动发展之路，推动学校转型发展

常熟理工学院前身是创建于 1958 年的苏州师范专科学校，2004 年独立升本。根据对江苏省高等教育布局、苏南区域经济社会发展及学校自身情况的综合分析，常熟理工学院明确了改革发展的总体方向，即从教师教育类院校向理工应用类院校转型。学院紧紧抓住“校地互动发展模式，加强与地方政府的互动合作”这一转型发展的战略支点和关键路径，在全国新型本科院校中率先提出并实践“转型发展”，经过十年的实践探索，逐渐形成了颇具特色的校地互动模式，取得了初步成效。其具体做法如下。

（一）成立专门机构，推动校地互动

一是学校成立了专门的组织机构“合作与发展处”，负责校地互动发展的相关合作工作，代表学校与地方政府、行业企业、社区组织和团体等保持经常性的联系与沟通，为实现学校发展规划而寻找和统筹管理合作的项目。

二是形成三级工作网络。学校层面与市（区）政府建立全面合作框架，重点推进与苏南地区范围内的合作共建，推进与苏州各县级市全面合作框架构建；二级学院层面与有关乡镇建立全面合作关系，重点促进地方特色行业、

产业与学院现有学科、专业对接；教师创新团队层面与行业龙头骨干企业建立合作关系，主要通过横向科研项目、专业培训项目等形式开展合作共建。在三级工作网络（学校—市、县政府，学院—乡镇，创新团队—企业）的基础上，建立校领导分工联系地方制度，加强学校层面与地方的沟通；建立职能部门联席会议制度，加强各部门之间的分工协作。

三是探索建立校地长效合作的运行机制。一方面，学校积极与常熟市建立校地合作领导小组及办公室，出台相关文件推进校地合作规范化、常态化。另一方面，学校在重大项目中实践理事会、学术委员会等制度。如汽车工程学院理事会专门吸收了标致、奇瑞、捷豹、路虎、丰田 5 家汽车企业的研发中心及常熟职教中心作为成员单位；与国家海洋局东海分局共建“海洋工程技术研究中心”，聘请中国工程院院士担任学术委员会主任委员。

（二）以项目为载体，将校地合作互动落到实处

校地互动是一个总体的方向和路径，具体的合作往往是通过“项目”的形式展开的。学校紧紧依托合作项目推进校地互动。

一是建设“省市共建”项目，建设“行业学院”，改革应用型人才培养模式。自 2009 年起，学校先后与苏州市和常熟市签订了省市共建协议，政府投入资金，与学校共建阿特斯光伏科技学院、国际服务工程学院、艺术与服装工程学院、康力电梯学院、汽车工程学院、旅游学院、沙家浜行政管理学院等“行业学院”，以及现代农业技术研究中心、生态环境研究中心、车用绿色材料及其应用协同创新中心、苏南区域可持续发展研究中心等 4 个中心。行业学院，既是省市共建的项目，又是学校探索应用型人才培养模式改革的先锋，不同专业的学生可以根据自身特点和需求，申请加入行业学院学习。行业学院与所属行业共同设计行业课程，通过项目教学的形式强化“做中学”，在培养专业能力和职业技能的同时，强化知识技能的实践应用和职业素养的形成，并在潜移默化中提升学生的行业文化认同。这些行业学院和中心，成为学校与相关行业联系的纽带，有力推动了校地互动合作，实现了共赢。

二是推动“产学研合作”项目。2011—2013 年间，学校签订各类合作项目 364 项，与地方和科研院所共建 36 个产学研用合作平台；实现科技成果转化项目 7 项，获国家发明专利授权 69 项，科技成果转让和科技服务毛收入超过 1 500 万元。如：学校与常熟纺织机械厂有限公司合作科研项目，成为江苏

省重大科技成果转化专项资助项目，实现产值超过 1.8 亿元。学校还与全球著名公司美国赛灵思（Xilinx）合作共建了 FPGA 实验室，与美国国家仪器公司共建了 NI 智能虚拟仪器实验室；与地方政府、行业企业共建常熟国家大学科技园、水稻育种推广研究中心、海洋工程技术研究中心等。

三是实施“双百工程”计划。学校特别重视与行业企业共同培养应用型师资，以“双百工程”为抓手，制定相应激励措施，积极推进“百名企业家进校园，百名青年教师下企业”，通过基地建设、横向课题合作、合作育人项目培训等方式培养应用型师资。为探索完善产学研合作平台新机制，进一步提高教师应用实践能力与创新能力，增强对应用型人才培养的支撑力度，学校以实施“教师企业研修工程”为重点，将应用型师资建设逐步从面上的比例增长推进到应用能力素质的提升上来。

二、重庆科技学院与行业企业密切合作，实施产教融合，推进人才培养模式改革与创新

重庆科技学院的前身是分别建于 1951 年的重庆工业高等专科学校和重庆石油高等专科学校。2004 年经教育部批准，两校合并组建了重庆科技学院。合校升本以来，学校一直重视延续与行业的血脉联系，积极建立与政府、行业、企业交流合作的良性机制，与行业（企业）密切合作，实施产教融合，推进人才培养模式的不断发展和革新，形成了以“五结合、五重点”为核心的人才培养模式，即课程体系设置与岗位需求相结合，重点考虑岗位实际需求；基础理论教学与基本技能培养相结合，重点培养学生的基本技能；专业理论教学与实践教学相结合，重点强化实践教学环节；通识教育与职业教育有机结合，重点培养学生的职业素质能力；校企合作培养、工学结合，重点培养学生的工程意识和实践能力。其具体做法如下。

（一）围绕职业核心能力制定人才培养方案

人才培养方案修订时，深入行业企业调研对应用型人才的需求和要求，并邀请企事业单位的专家一同参与讨论修订人才培养方案，将职业核心能力培养贯穿于人才培养的全过程。降低总学分，提高选修课和实践课比例，工科类实践教学学分占总学分的 30%左右。参加与专业有关的竞赛活动获得名次，或者参加与专业相关的技能培训获得专业技能证书，都可折合学分。

（二）以职业核心能力为主线重构课程体系

按照职业核心能力这条主线，加大专业课程整合力度，注重课程内容与职业标准对接、教学过程与生产过程对接。强化学生职业核心能力、国际化能力、自主学习能力、研究能力的培养。卓越工程师教育培养计划专业达到 17 个，共设置了 125 门校企合作课程，开设了 17 门专业综合实验课程，54 门双语课、全英文课程，增开自主学习课程、研究型课程共 79 门。

（三）发挥企业在职业核心能力培养中的作用

企业是产教融合校企合作的重要推动力量，是职业核心能力培养标准的制定者和评判者，亦是职业核心能力培养中的参与者与实施者。唯有肯定企业在职业核心能力培养中的重要作用，才能真正实现产教融合的五大要求，即专业设置与产业需求对接、课程内容与职业标准对接、教学过程与生产过程对接、毕业证书与职业资格证书对接、职业教育与终身学习对接。重庆科技学院在应用型人才培养中做到了“五共同”“一个全过程”，即企业和学校共同制定人才培养方案、共同组建教师队伍、共同搭建实践教学平台、共同实施教学、共同评价人才培养质量，企业参与人才培养全过程。

（四）校企共建真实工程实践环境

重庆科技学院根据工学结合、知行合一的具体要求，积极搭建学生实验实训实习基地。一是校企共建教学科研平台。在校内与中石油集团公司、重庆钢铁股份公司、中冶赛迪股份公司、重庆市安监局等一起，共同建立了“石油天然气钻采集输技术与装备教学科研综合平台”“冶金技术与装备教学科研综合平台”“国家工程中心冶金设备重点实验室”“化工技术及装备教学科研综合平台”“安全工程教学科研综合平台”。在学校外部，和重庆钢铁股份公司、中国石油集团公司等共建了 3 个“国家级工程实践教育中心”。学校与中石油、中石化、中海油、武钢、西南铝、重钢、美国卡万塔能源公司、美国国际钻井承包商协会（IADC）等百余家国内外知名企业签订的实习基地及产学研合作协议共 200 余个，在企事业单位建立了就业基地 500 余个。二是和企业一起建立培训中心、相关专业和二级学院。重庆科技学院与中石油集团公司联合共建石油工程技术研究与培训中心；与重庆市科委、重庆钢铁集团、美国卡万塔能源公司联合成立了重庆垃圾焚烧发电技术研究院，开发培育出垃圾发电专业方向；与重庆市安全生产监督管理局联合举办了重庆安全工程学院，重点培养高端应用型安全工程人才。

（五）校企共建“双师双能型”教师队伍建设

学校采取四项措施打造“双师双能型”教师队伍：一是实施青年教师“三种经历”（青年教师须到企业实践锻炼经历、任辅导员经历、到国内外高校进修经历）计划；二是实行教师实践教学能力考核和实践教学资格认证制度；三是注重引进具有企业工作经验的硕士、博士到校任教；四是直接聘请企业工程技术人员、管理人员担任学校兼职教师和硕士生导师。目前具有工程实践背景和执业资格的教师占专业教师的47.3%。

三、徐州工程学院实施产学研合作、校企联合培养、订单式培养的模式

徐州工程学院是2002年经教育部批准由彭城职业大学和徐州经济管理干部学院合并建立的一所全日制普通本科院校。2007年6月，经江苏省人民政府同意，徐州教育学院整体并入徐州工程学院。学校是教育部“卓越工程师教育培养计划”实施高校、中德应用型高等教育联盟成员、国家工程实践教育中心首批入选高校、中德能源与矿区生态环境研究中心理事单位。学校与美国、俄罗斯、德国等13个国家和地区的20所高校和机构建立了合作关系。

学校围绕工程应用型创新人才的需求，以实际工程和应用为导向，以工程实践和项目驱动为手段，以能力和素质培养为关键，坚持产学研协同育人，培养应用型创新人才。实施产学研合作教育模式，采取校企联合培养、订单式培养。

2008年以来，徐州工程学院与徐工集团工程机械有限公司、维维集团股份有限公司、中软国际有限公司等企业深度合作，对机械设计制造及其自动化专业、食品科学与工程专业、计算机科学与技术专业实施“卓越工程师教育培养计划”。同时，学校与徐州绿健乳业有限责任公司、徐州万国生物能源科技有限公司等企业共建省级工程技术中心 7 个。学校与四季沐歌太阳能技术有限公司从2009年开始合作，探索产教融合、校企合作培养人才，面向全校招收“四季沐歌班”学生，由四季沐歌和学校共同承担课程传授，校、企提供创新实践环境。自 2012 年起，食品科学与工程、机械工程及其自动化、

信息技术与工程专等专业招收卓越人才培养计划班。维维集团等近10家企业参与培养，采用3+1培养模式，即在校学习3年，在企业1年。学生在企业参加生产实习、综合训练、毕业设计等教学环节，还可参与产品、机器调试等项目研发，培养了专业创新能力和协同沟通能力。学校还与苏宁电器集团公司徐州地区管理中心、江苏蓝丰股份有限公司等企业签订协议，在物流工程和应用化学等专业实行定向培养，实现订单培养、零距离就业。

第三节　围绕产业链、创新链调整专业设置，实施专业群建设，带动学校改革发展

新型地方本科高校根据已有办学条件和积累的办学经验，紧密对接区域产业需求，按需重组人才培养结构和流程，改造、提升、优化传统专业，打造专业集群，通过专业集群建设和专业方向复合交叉带动学校改革发展，如重庆第二师范学院、广西的钦州学院、四川旅游学院等在专业群建设上就有突出的特色。

一、重庆第二师范学院围绕学前、小学教育专业，延伸专业方向，打造专业集群，服务重庆现代服务业发展

重庆第二师范学院是在原重庆教育学院基础上改制建设的，具有悠久的办学历史和鲜明的办学特色，成为重庆市中小学教师和教育管理干部培养培训的主要基地，也是首批“重庆市服务外包人才培训基地”之一。学校以“立足重庆基础教育、服务教师专业发展”为办学宗旨，主动适应我国经济结构战略性调整和重庆经济社会发展需求，审时度势，以主动对接重庆产业集群发展构建专业集群，重构应用能力本位的课程体系，努力探索应用技术型高等院校发展之路。具体做法如下。

（一）打造专业集群与专业体系

重庆第二师范学院抓住重庆市正致力于打造长江上游地区金融、商贸物流、科教文化信息“三大中心”，建设西部地区现代服务业高地和国家中心城市，对教育服务、商贸服务、创意服务、信息服务和健康服务领域的高层次

应用型人才在规模、结构、质量上都提出了新要求的机遇，根据已有办学条件和发展面向定位，着力打造教育服务、商贸服务、创意服务、信息服务和健康服务五大专业集群，通过专业集群建设和专业方向复合交叉带动学校转型发展。一是变革专业设置和建设的体制机制。改变现有按照学科专业构建的系院结构，在五大专业集群基础上根据现代服务业价值链，调整专业建设和管理机构。二是探索专业动态化设置、建设和管理新模式。根据现代服务业产业链的纵向延伸灵活设置方向，根据现代服务业产业要素变化自主设置新专业，以现代服务业产业链环为基础，横向设置复合型专业。三是从专业建设上探索专业与职业衔接互促机制，实现学生与学徒、职员与学员在专业依托上的无缝对接。

（二）集成专业链环

根据重庆市统筹城乡教育均衡发展的战略需要，学校以做精做优学前、小学教育为目标，与市内高校错位发展。一是充分发挥重庆学前教育学院、重庆学前教育发展中心的研究咨询、培养培训功能，培养培训一线幼儿园骨干教师，为“三年行动计划”后重庆市学前教育发展出谋献策，增设幼儿食品营养、幼儿服装设计、幼儿玩具设计等专业方向，倾力服务幼儿成长。二是小学教育注重全科教师培养，充分发挥重庆市教育创新试验区的作用，既着眼于当前农村贫困地区教师缺乏的现状，又着眼于城市教育高度发展后小班化的需求，以“高素质、宽基础、强技能”为理念，实施职前职后一体化小学教师培养，在重庆乃至西部起到示范引领作用。三是探索中等教育与高等教育、普通教育与继续教育交互衔接的专业建设模式，形成 3 年职业高中与 2 年高等师范专业对接的职教师资专业建设机制。

（三）集萃专业内核

学校积极探索师范类专业和非师范类专业协同互促的专业建设模式。一是从专业建设层面探索将师范“学为人师、行为世范”的精神内核融入所有专业的职业精神培养中，培养具有高文化品位、高技术含量、高增值服务、高智力密集、高服务质量的现代服务业的高层次应用型人才。二是探索非师范专业对小学教育全科教师培养内涵创新和学前教育专业横向延伸的专业支持路径。三是探索师范类院校的教师培养与非师范专业的软件工程师、营销师、会计师、设计师等高层次现代服务业人才的专业建设相融互促模式。

二、钦州学院构建涉海学科专业群，培养涉海应用型人才，服务广西海洋经济发展

钦州学院是广西一所公立普通本科院校，是广西唯一一所获得国家高级海船员培养培训资质和国家一级渔业船员培训资质的本科高校，其前身为1973年创建的钦州地区师范学校。2006年升格为钦州学院，是北部湾经济区涉海学科专业群、培养涉海应用型人才的新建地方本科院校。2013年率先成为教育部应用技术大学改革试点战略研究高校之一。

发展海洋经济是广西培育新的经济增长点的关键措施，做大做强海洋产业是广西北部湾经济区建设成为经济新高地和发展新一极的重要战略举措。钦州学院顺势而为，提出了“构建涉海学科专业群，服务广西海洋经济发展”的目标，强化顶层设计和引领工作，明确了以社会需求为导向，以服务区域经济社会发展为宗旨，建设地方性、海洋性特色鲜明的应用型大学的办学定位。在涉海学科专业群方面主要做了以下工作。

一是学校在地方政府和企事业单位的支持下，2010年成立了广西首个海洋学院，以此为契机，以每年增加1~2个涉海专业（或专业方向）的速度发展。自升本以来，学校先后设置了轮机工程、航海技术、海洋科学、海洋生物制药、海产品储运与加工、水产养殖、港口机械工程、港口物流等11个涉海类专业（或方向），初步形成了包括机械工程及自动化（港口机械）、航海技术（本、专科）、轮机工程、轮机工程技术（专科）、地理科学（海洋遥感与信息处理方向）在内的“海洋交通运输学科专业群”，以及包括水产养殖学、水产养殖技术（专科）、食品科学与工程（海产品储运与加工方向）、海洋化学方向、海洋生物技术方向、海洋生物制药方向在内的“海洋科学学科专业群”。

二是整合资源，大力推进涉海学科专业群的平台建设。学校整合教育资源，成立了“海洋学院”。随着学科专业的发展，2013年又从海洋学院中分立出“海运学院”，打造了一批涉海学科专业科研教学发展平台。在广西区教育厅、广西区市海洋局的支持下，学校建成了广西高校重点研究机构：“北部湾海洋保护与开发利用实验室”“北部湾人文研究中心”、广西高校“中国—东盟国际物流人才培养创新试验区”；立项建设了自治区级实验教学示范建设中

心——滨海旅游教学示范建设中心实训基地、港口物流实验室；在市政府的支持下，利用意大利政府 1 000 万欧元贷款建设了“北部湾海洋研究与教育中心”（下设海洋环境监测研究室等 15 个研究室和实验室）等涉海学科专业科研教学发展平台。学校与广西人文社会科学发展研究中心合作共建特色研究团队“北部湾海疆与海洋文化研究团队”。“北部湾海洋保护与开发利用人才小高地”被确定为钦州市人才小高地。学校与钦州市检验检疫局共建国家级实验室，与钦州市食品药品监督管理局共建钦州市食品药品安全应急检验检测实验室；与广西海事局共建“船员培训中心”；与地方海洋局共建海洋实验室；先后与国家海洋局第一海洋研究所、中国海洋大学、广西大学、沿海三市海洋监测机构、中石油广西分公司、钦州港口集团等一批科研、教育机构及企事业单位沟通，实施合作办学，共建科研实验基地和教学实习实训基地。

三、四川旅游学院根据“大旅游”产业链不同环节需求构建应用型专业集群，服务区域旅游业发展

四川旅游学院是 2013 年经教育部批准设立的新建地方本科院校，在专科阶段，学校就致力于“旅游餐饮业高级技能应用型人才”的培养。经过多年的探索和实践，学校明确了办学的定位和理念，即为区域“大旅游”发展服务，为“大旅游”产业发展服务，形成了学校的办学特色和核心竞争力。

学校围绕“大旅游”产业链，紧密对接“大旅游”辐射效应下的实际需求，按照“旅游引领、多科交融、竞争创新、共同发展”的思路，构建了五大核心专业群。

1. 食品科学与工程专业集群

该专业集群依托四川省协同创新中心“川菜产业化和国家化协同创新中心”，以旅游餐饮行业实际需求为基础，融合学校传统烹饪资源，着力培养既具备食品科学与工程技术知识和现代食品安全检测技术，又具备食品烹饪行业新产品开发、工程设计、生产技术管理、现场安全控制和预防能力，同时掌握中西餐烹饪原理和方法的应用技术人才。该专业集群包括食品科学与工程、食品质量与安全、烹饪与营养教育、生物工程、酿酒工程等专业。

2. 旅游产业核心专业集群

该专业集群依托四川省协同创新中心“川藏旅游产业竞争力提升协同创

新中心”，以“大旅游”行业需求为基础，结合“大旅游”行业及区域产业特点，积极推进乡村旅游、休闲旅游、绿色旅游等新兴旅游业态的发展。开拓国际化空间，与国外先进院校接轨，着力培养具有社会责任感，拥有技术、生产、服务、商业管理等综合专业应用与创新能力的应用型人才。该专业群包括旅游管理、会展经济与管理、酒店管理、休闲体育、城乡规划等专业。

3. 旅游产业支撑专业集群

该专业集群在“互联网+”的战略驱动下，以智慧旅游相关领域实际需求为基础，充分借助智慧旅游技术应用创新研究中心的功能，积极与旅游、酒店、休闲运动类专业集群结合，开展“智慧酒店”“智慧旅游”“互联网+休闲运动”等复合型、应用型人才的培养。该集群包括信息管理与信息系统、建筑电气与智能化、物联网工程、数字媒体技术、物流工程、工程造价、电子商务等专业。

4. 旅游产业延伸专业集群

该专业集群大力实施“旅游业+”的培养理念，紧贴“大旅游”行业，积极开展旅游延伸产业领域的拓展培养。该集群包括旅游管理与服务教育、文化产业管理、环境艺术、风景园林、国际商务、保险学、运动康复、工业设计等专业。

5. 旅游产业学科基础专业集群

该集群为学校大旅游学科群的构建提供了基础支撑，与其他院校形成错位竞争。一方面专业建设与“大旅游”行业紧密结合；另一方面要为全校学生提供相关通识教育课程，提高学生的综合能力。包括贸易经济、会计学、财务管理、商务英语、日语、法语等专业。

第四节　创新应用型技术技能型人才培养模式，提高应用型人才培养质量

建立以提高实践能力为引领的人才培养流程，实行中外合作培养、校企协同育人的人才培养模式，实现专业链与产业链、课程内容与职业标准、教

学过程与生产过程的对接。加强实验、实训、实习环节，实施以学生为中心的启发式、合作式、参与式教学，深化人才培养方案和课程体系改革，专注于培养学生的技术技能和创新创业能力。这类院校以合肥学院、上海工程技术大学、黄淮学院为代表。

一、合肥学院实施中外合作、产学研结合方式培养应用型技术技能型人才

早在2003年，合肥学院就在研究德国应用型大学特点的基础上，结合中国国情和学校实际，借鉴德国应用科学大学先进的办学理念，探索出一条符合学院实际的应用型高校发展之路。学院在应用型高校建设和应用型人才培养方面的探索和改革，为中国高等教育分类指导、特色发展作出了重要贡献，得到社会的广泛关注和高度评价。2015年10月30日，在“中德共建合肥学院三十周年展”上，两国总理对合肥学院国际化办学成绩给予充分肯定。李克强指出：“合肥学院30年来的发展壮大是中德务实合作的成功典范”。默克尔指出：“合肥学院是中德近30年合作的光辉典范”。李克强还现场宣布：中国政府将在合肥学院建立中德教育合作示范基地、基金，并寄予“再创新的三十年辉煌”的期望。学校应用型人才培养的具体做法如下。

（一）大力实施中外合作办学

合肥学院的对外合作与交流始于20世纪80年代，至今已有三十多年历史。1985年，安徽省与当时的联邦德国（西德）下萨克森州（以下简称下州）签订了友好省州合作协定，合肥学院是当时中德教育文化交流中德方重点援助的两所应用型大学之一。下州无偿援助了400万马克，其中300万马克用于实验室建设，100万马克用于教师培训和学科建设。下州的汉诺威、奥斯纳布吕克、东弗里士兰、希尔德斯海姆等应用科技大学分别与学院合作共建机械制造工程、电子技术、生物工程、化学工程、建筑工程、经济与企业管理等专业。在德方的支持下，学院建成了一批实验室，70余名教师赴德进修。

20世纪90年代后期，学院与下州高校的合作由单一的受援逐渐向教育、科研合作交流及人才培养转变，开始互派教师赴对方学校讲学，互派留学生，取得了积极的效果。目前，学院与下州所有应用科技大学达成多项新的合作

交流协议，与多所应用科技大学按照“2+3”“3+1”等模式合作培养机械、电子、计算机、建筑、管理、德语等专业的人才。据不完全统计，德方先后有270多位教授来合肥学院讲学，常年有20位语言老师在学院任教，有160多名德国学生来学院进行了毕业设计（论文）工作，100多位艺术设计专业德国学生与学院学生共同进行课程设计。学院近20位教师赴德国攻读博士、硕士学位，30多位教师赴下州高校讲学，开展科研活动；500多名学生在德学习。近年来，学院还与下州高校合作申报了欧盟亚欧链项目和DAAD项目，共建了中德环境技术转化中心。与此同时，这种合作交流也拓展到下州以外的高校，学院先后与霍尔布隆应用科学技术大学、罗伊特林根大学、罗斯托克大学建立了合作交流关系，与奥地利雷本大学、考夫施泰茵大学开展项目合作和学术交流。

1998年以来，学院进一步拓展合作办学渠道，积极与韩国高校开展合作交流。目前学院与韩瑞大学、韩南大学、培材大学、汉城大学、顺天乡大学、汉拿大学、汉巴大学、翰林大学、京仁教育大学、建阳大学、汉阳大学、协成大学等 12 所大学建立了友好关系。与韩瑞大学合作培养的“2+2”对外汉语专业和与汉拿大学合作培养的“1.5+1.5”网络系统管理专业和旅游专业已于2006年开始招生，与顺天乡大学合作培养的“2+2”朝鲜语专业于2007年开始招生，第一批学生已赴韩国留学，2009年对外汉语专业作出调整，该专业学生将分别至韩国的韩南大学和翰林大学进行本科后两年的学习。学院先后派出多名老师赴韩国教授汉语，目前有5位老师在韩攻读学位，200多名学生在韩学习；每年均有50多名韩国留学生在学院学习汉语，常年有10多名韩国教师在学院教授韩语。

除此之外，学院还与日本久留米大学，美国北亚利桑那大学、西班牙瓦伦西亚理工大学、意大利都灵理工大学、意大利米兰工业大学等高校开展了合作与交流，形成了学院多方位、多层面的国际合作交流的局面，巩固了学院国际化的办学定位，大大提高了学院的办学水平。

（二）紧密围绕地区主要产业行业建立创新平台

学院先后围绕安徽省和合肥市的关键行业和支柱产业，与地方政府、科研院所、行业企业合作建设了省、市级研发平台4个，学院自建研发平台24个，参股企业（嵌入式实践平台）2家。部分创新平台已从联合开发等合作模式转变为共建实体模式，如由安徽省固体废弃物能源化利用工程技术研究中心与企业共同组建的“合肥环境工程研究院”、由合肥学院中德合作转化中心与企业合作成立的“安徽合大环境检测有限公司”，后者已成为学院培养应用型人才的重要实践平台，并成为合肥市企业股权和分红激励首批试点企业和合肥市创新型企业。

（三）积极推动政、产、学、研的深层次合作

突破以政、产、学、研为主体间的壁垒，充分释放各自的“人才、资本、信息、技术”等创新要素的活力。合肥学院和深圳市建筑装饰集团有限公司的合作从单个委托类项目开始，逐步到企业“进驻”学院建立研发中心，到学院师生参与深装集团的“水岸星城”四星级酒店等多个项目的设计实践，再到和企业合作实行订单式联合培养。在联合培养过程中，由深装集团和合肥学院共同制定人才培养方案，深装集团的设计师亲自参与授课，学生在校期间就参与设计实践，将企业项目引入教学中，实施“3+1”或“2.5+1.5”教学模式。2012 年底，在长期合作的基础上，嵌入式实践平台——安徽深装合大工业设计有限公司正式挂牌成立。公司在双赢的基础上，通过“双进双培”“双聘双挂”等措施，为教师科研教学水平和学生创新能力的提高提供有效途径。这不仅为合肥学院在工业设计领域的研究与开发搭建了一个重要的平台，也标志着合肥学院应用型人才培养模式的改革与探索进入了一个崭新的阶段。

（四）积极搭建实践基地

学院已与合肥经济技术开发区、合肥高新技术产业开发区等单位，以及安徽叉车集团公司、科大讯飞信息科技公司、韩国荣成套设备股份公司、三一重机等近 200 家知名企业建立了稳定的协同合作关系。在协同合作中，学院采取了整体优化配置、统筹管理的模式，即分析企业经营模式，结合学生实践的目的和企业运作的目标，由学院筹划并集中精力在企业建成了若干个综合性产学研基地，初步实现了学生实践基地、教师科研和培训基地、学生就业基地为一体的格局。

（五）构建“五个结合”的实践教学体系

构建了实践教学与课程内容相结合、与生产劳动相结合、与科学研究相结合、与课外科技创新相结合、与社会实践相结合的实践教学体系。通过让

学生参与生产实践、小课题研究、科研项目研发等活动，实现学生认知实习—生产实践—毕业实践—毕业论文（设计）四位一体，一方面完成学校规定的实践教学环节，另一方面有利于企业跟踪学生，挑选企业发展后备力量。通过一系列产学研协同实践教学模式的改革，合肥学院在提升应用型人才培养质量方面已取得初步成效，学生的自主学习能力、科技创新能力、社会实践能力和就业竞争能力不断提高，得到了社会的广泛认可。如企业与学院学生设计的老人助行器，已在欧洲市场取得 500 万欧元的销售业绩；学院学生给德国大众汽车公司设计的汽车轮毂，被德国大众广泛应用到市场上。

二、上海工程技术大学借鉴德国“双元制”模式，校企合作，工学结合培养应用技术技能型人才

上海工程技术大学主要借鉴德国“双元制”模式，工学合作育人，采用“3+1”培养模式：学生在校学习 3 年，在企业累计学习 1 年。学校把学科链专业链对接到产业链，用协同办学、协同育人、协同创新的方式开展学研合作，实现学校与政府、行业、企业、区域及其他高校的合作联动。其应用型人才培养的具体做法：

（一）“卓越工程师教育培养计划”为抓手，创新了人才培养模式

一是以“需、特、强”为原则遴选试点专业。遴选主要依据上海产业发展需求和专业自身优势，注重学科、专业规划与产业规划的紧密对接，以“需、特、强”为原则，学校确定了优先发展“交通运输工程”学科领域的专业，包括本科和硕士两个层面，三个专业与方向，即：本科工程型专业与方向包括车辆工程（汽车工程、城市轨道交通车辆工程）、飞行技术；硕士工程型专业主要是车辆工程。该学科专业依托上海汽车工业（集团）总公司、上海航空股份有限公司、上海申通地铁集团有限公司和东方航空公司等企业办学，所有专业按照行业提出的工程师要求进行培养。近五年来，学校为上海航空企业输送毕业生 1 500 人，向城市轨道交通行业输送毕业生 1 234 人，向上海汽车制造及运输业输送人才 1 350 人，就业率达 95%以上，毕业生受到了用人单位的普遍好评。

二是建立校企联动、多层次协调的组织体系。学校创立了学校与行业、

企业联合培养人才的机制，并基于试点专业长期的校企合作办学背景，建立了校企联动的多层次组织体系，由学校与行业、企业共同研究，共同制定培养目标，共同建设课程体系和教学内容，共同实施培养方案，共同评价培养质量。学校还成立了“卓越工程师教育培养计划”领导小组，成立了由学院领导和相关企业领导担任主任、由学院专业负责人为成员的院务委员会，成立了由相关学院和相应合作企业的教授、高级工程师及业务主管组成的专业建设委员会，成立了工程实践教育中心。

三是确立了科学的培养目标和培养学制。依据“卓越工程师”教育培养目标要求，学校将本科工程型定位为培养造就具有工程创新能力的一线工程师。学制分为两类：一类是 3+1 年；一类是一年三学期制，其中在企业的学习时间累计超过 1 年。硕士工程型定位为培养具有良好的技术应用、科研开发、工程实践和创新能力的硕士工程型人才，学制为 1.5+1 年，其中在企业的学习时间不少于 1 年。

四是制定了凸现工程特色的教学计划。本科工程型在培养方案和课程设置上充分体现“工程”特色。根据“卓越计划”的培养标准，以交通运输行业为背景，以强化工程实践能力、工程设计能力和工程创新能力为核心，重构课程体系和教学内容，根据具体行业发展需要设计和完善知识体系，通过丰富的工程实践活动、大学生创新活动计划项目、相关国家或市级技能竞赛、开放性的综合实验、高质量的学术报告等资源，以及完全结合企业工程实际的毕业设计（论文）等措施，使学生获得较好的创新意识培养和工程创新能力训练。

（二）以“工学结合”为核心积聚庞大的企业资源库

通过产学合作教育的实践，总结出了“工学交替、计划完整、定岗工作、过程监督、全面考核、略有报酬、时间保证”28 字产学合作教育特征。

一是学校实行 6 ~ 8 周的产学合作教育工作学期，设置了 6 个学分。学校每年投入专项资金超过 100 万元，保障近万名学生到企业进行定岗工作。

二是校企联动，为产学合作教育搭建平台，学校与上海龙头企业中国东方航空股份有限公司、上海航空公司等三千余家企业建立了长期的产学研战略合作关系。

三是区校联动，为产学合作教育提升动力。学校与上海松江区、长宁区及宝山区积极合作，开展区校联动，如松江区人保局每年提供大量企业岗位资源。

（三）以实施“完全学分制”为契机，推动合作教育深层发展

学校采用“一学年三学期五学段”的“完全学分制”来推动课程体系和教学模式的变革，每学期分为前后等几个学段集中安排理论和实践学习时间，学生可任选一个学期作为产学合作教育工作学期，实践和理论学习交错安排，避免了都在期末集中实践带来的拥挤，让学生的校企学习两不误，形成到企业参加定岗工作学生不间断的局面，努力满足雇主单位用人需求和学生工作学期的连贯性。

三、黄淮学院实施“产学结合、工学交替”的人才培养模式，促进应用型技术技能型人才培养

黄淮学院是在原驻马店师范高等专科学校、中原职业技术学院的基础上合并升格的一所新建地方本科院校。学院围绕转型发展、全面提升这条主线，提出了“校企合作、产教融合”“能力本位、重在实践”的“两大突破”，建构了“产学结合、工学交替”的人才培养模式，通过构建合作发展联盟，推动学校战略转型。

（一）强力推进校企“双主体”人才培养模式改革，实现校企协同育人

为推动“工学结合、教学做一体”的人才培养模式改革，按照“专业对接行业、实训扎根基地、科研结合产学、项目推进创新”的基本思路，大力加强校企、校市、校校、校会、校所等之间的密切合作。在学校原有校企合作的基础上，与用友新道、中兴、思科、河南天中联集团有限公司、华为集团公司等国内外 100 多家行业、企业、科研院所签约组建黄淮学院合作发展联盟，探索建立新型学校治理结构，打造了多主体合作、多团队协作、多模式运作的教育、科研、服务一体化协同创新大平台。按照“共建、共管、共享”的原则，与企业合作组建了“华为信息与网络技术学院”“黄淮学院博发电子商务学院”“银泰汽车学院”“用友新道经济管理学院”“天中联食品工程学院”“昊华骏化学院”等二级学院，成立了专业改革建设指导委员会，共同

制定培养方案，确定培养目标，制订教学大纲和教学计划，把“校企双主体”落实到专业人才培养的全过程。

1. 积极推进“两对接”的应用型教学模式

根据“课程内容与职业标准对接、教学过程与生产过程对接”的总体原则，学校依托大学生创新创业园、科技产业园、梦工厂和各级各类工程技术开发中心等合作联盟单位，建立起技术先进、设备完善、环境逼真的工作室或教学车间，把教学内容融入设计或生产过程。在教学内容的改革上，学校以岗位对接为目标，面向职业和实践，选定并重点讲授那些有利于学生职业发展的核心性、基础性的课程知识，并及时增加行业企业领域的教学内容，做到“社会需要什么，学校就教什么”。目前，学校在校内建立了“物联网”“嵌入式”“微建筑”“启元造价”“动画制作”等52个工作室，在校外企业建立了32个教学生产车间。

2. 实施“双聘人才引入计划”和“教师实践能力提升计划”

一方面，学校从行业企业聘用兼职教师，全过程参与应用型人才的培养。目前学校的教师队伍中有 100 多位国内行业专家、企业能手担任兼职教授，实现了“行业专家走进课堂，校企携手推进应用”。另一方面，学校每年选派100名实践性需求较强的专业教师到联盟单位企业生产一线和相关机构，参加不少于3个月的专业实践、科技开发、“横向”课题合作、企业兼职等，进行实践技能和职业素养培训，支持教师考取行业特许资格证书，并对双师型教师在职称评聘中优先考虑，激励教师提升创新实践能力。

第五节　强化创新创业教育，提高学校创新驱动发展的能力

创新创业教育已经成为我国高等教育教学改革的热点，地方本科院校在深化创新创业教育改革、培养“大众创业、万众创新”生力军等方面肩负着重要的历史使命。新型本科院校创新创业教育质量和水平对国家创新驱动发展战略和“大众创业、万众创新”的推进具有重要和深远的意义。比如四川传媒学院、滁州学院在创新创业教育方面，都形成了各自的特色。

一、四川传媒学院形成了创新创业能力培养的“五全模式”

四川传媒学院是以传媒类专业为主的应用型本科高校。近年来，学院围绕大学生创新创业能力的培养来设计教学内容和活动，将传统的学业活动与创业活动相结合，将学习过程与创业实践演练过程相结合，将模拟化的项目运作与直接参加一线生产经营和管理相结合，形成了独具特色的应用型传媒人才创新创业能力培养的“五全模式”。

（一）实现创新创业教育 四个方面的“全面覆盖”

一是学生年级维度，从大一到大四分阶段进行，大一有意识（开设管理学、营销学、社会学、职专文化等课程）、大二有规划（开设频道编辑、大型节目、导播等课程）、大三有行动（根据特长进入校内外的工作室学习和创作）、大四出成果（以毕业设计检验学生的创新创业能力）。

二是学生素质维度，实现“体系化培训（创新创业课程体系）、基地化支撑（3个校外影视拍摄基地、校媒共建50多个媒体实习基地）、多元化投入（学校、社会、政府）、项目化资助（国家、省、学校立项）、社会化（孵化联盟、创业基金、联合实验室、大学生俱乐部）和制度化保障（双师型教师引入制度、双创项目资助制度）”的协调推动。

三是学生专业维度，独创影视传媒人才培养“五自培养目标（自己编辑、导演、组织演出、拍摄、后期合成）”和“12字课程体系”（如表4-1）。为达到目标，学校首先引进影视行业一线专家充实到专业教学中，如先后引进四川电视台、峨影长、上海电视台、战旗文工团等多家媒体和演艺单位的300多名专家担任“双师型”教师；其次购置高端数字设备打造国内领先水平的实验实习实训室113个；最后落实“12字”课程体系。

表4-1　应用型传媒人才创新创业能力培养的“12字课程体系”

关键词	主要课程	对应职业能力	关键词	主要课程	对应职业能力
采	新闻采访写作、影视文案写作、分镜头剧本写作、电视节目策划	文案策划 媒体采访	编	非线性编辑、苹果视频编辑、大洋编辑系统、索贝编辑系统、调色系统等	后期编辑

续表

关键词	主要课程	对应职业能力	关键词	主要课程	对应职业能力
服	人物造型设计、色彩搭配	服装师	化	影视化妆、影视礼仪等	化妆师
播	播音主持、普通话等级、镜头前采访、网络虚拟主持	主持	摄	摄影艺术、数字摄像、演播室多机位、大型节目转播	摄影师
道	道具制作、影视道具鉴赏	道具师	音	音乐音响、音频剪辑软件运用	音频剪辑
录	影视录音、现场采音	录音师	美	舞台造型艺术、舞美设计	舞美师
演	表演艺术、台词	演员	照	影视照明、室内灯光	灯光师

四是从学生创业空间维度，构建“校内、校外和互联网”三类实践创新空间。校内空间主要是策划、设计和建设一流的校内创新创业空间，包括重点实验室、工作室、创新创业中心、影视拍摄基地等。校外空间主要是让学生参与到社会化公司项目的运行体系中，参与完全市场化的影视节目或影视剧拍摄，实施产学研合作的模式。此外，还依托学院影视剧制作中心，利用社会资源，寻求项目合作等为学生搭建创作实践平台。互联网空间主要是利用互联网这个便捷平台。

（二）实现影视传媒类专业项目指导教师“全面双师型”

一是确立以“师范性、实践性、创作学术性”为主要特质的“双师型”教师“三项培养标准”。师范性是授课教师应具有教师资质并通过职业教育教学能力考核。实践性是双师型教师应具有国家职业资格证书及影视行业从业经历或实践经历。创作学术性是教师在影视创作方面持续有作品、出成果，对相关领域专业技术娴熟、精通。

二是建立“双师型”师资队伍培养长效机制，将应用型师资分为“新手”“双师双能型”“专家”三个层次。首先，通过多种途径培养锻炼“新手”，培养其实验实训指导能力；其次，采取引进和培养相结合的方式，打造“双师双能型”队伍；再次，聘请行业内一线专家做专兼职教师。

（三）实施传媒人才创新创业能力培养的“全产业链实训”

凸显传媒行业属性，构筑“传统媒体实训模块、新媒体实训模块和融合媒体实训模块”三大模块。每个模块设置一级能力目标（媒体入门、兴趣培养、基本技能、专业能力、创新应用），24门实训课程分布在三级知识框架中，实现24项能力的培养。

（四）开展传媒人才创新创业能力培养的“全方位成果孵化”

根据影视传媒行业发展的新特点和学校实际，学校探索了教学研究机构、影视剧制作中心、校园广播电台与社会影视剧制作机构思位一体的、互动式全方位成果孵化模式。

（五）实现创新创业教学文化氛围的“全引领”

学院深入研究“应用型教学文化”，并针对影视传媒类专业学生创新创业教育的实践，提出了“项目进课堂，教学在现场”的育人理念，打造“鼓励探索、支持创新、允许失误、宽容失败”的创新创业教育文化，建立促进机制，发挥文化育人功能。

二、滁州学院构建了全过程、全方位、全覆盖的教学、实训、服务的创新创业教育“三大体系”

滁州学院是安徽省省属全日制普通本科院校，前身是创办于1950年的滁州师范学校，2004年5月经教育部批准，升格并定名为滁州学院，目前是安徽省首批地方应用型高水平大学建设学校、国家级大学生创新创业训练计划实施高校。学校依托应用型学科和专业平台，构建了全过程、全方位、全覆盖的教学、实训、服务的创新创业教育“三大体系”，在双创教育方面进行了积极探索，并取得了较好成效。

（一）实施“三阶段”培养，构建“全过程”的创新创业教学体系

一是“创业启蒙”阶段，加强学生创新创业意识的培养。学校面向全体学生开设“大学生职业发展与就业创业指导”必修课；充分利用校内外资源开设“创业型企业财务管理”“商务谈判”“市场营销学”“项目管理学”等经营管理课程，完善学生创新创业方面的知识结构；通过邀请知名专家、企业

家、创业成功者、优秀校友等来校举办讲座和报告会等，启发创业意识和热情。

二是“专业融合”阶段，将创新创业教育融入专业教学各环节。学校修订完善人才培养方案，优化以创新实践能力培养为导向的专业课程体系和实践教学体系；积极推行问题导向、任务驱动、项目教学、案例教学等教学方式方法；加强实践教学环节，大力开展科技创新、发明创作、学科竞赛等创新实践和活动，培养学生创新精神和实践能力；注重学业考核评价的导向性，探索“赛考结合、训考结合、成果与考核结合”的课程考核和评价机制。

三是“实训强化”阶段，大力开展创业训练和实践活动。学校一方面开展创业模拟实训，另一方面推进创业孵化。

1. 实行“三平台”联动，构建“全方位”的创新创业实训体系

打造“学科竞赛、创业训练、创业实践”三个平台，着力构建实训体系。“学科竞赛”方面，学校制定了学科竞赛管理办法，建立起激励机制，将各类竞赛项目纳入人才培养方案，赋予学分，对取得的奖项、成果给予奖励。加强各类实验室、实践平台和基地建设，加大开放力度，满足学生开展学科竞赛需要。“创业训练”方面主要以大学生科技创新项目为抓手，激发学生创业潜能。学校将该类项目纳入学校本科教学质量工程，加大经费投入，校内外所有实践平台和基地免费向学生开放，加强项目过程管理和项目指导与服务。“创业实践”方面主要打造创业实践平台，增强学生创业能力。学校建有 12 个大学生创业孵化基地，为基地配备了基本办公设备，设立了管理服务办公室、洽谈室、创业孵化室等，设施齐全功能完备。3 年来，学校依托电子商务、信息科技、教育培训、企业咨询等专业优势，先后有 89 个创新创业项目入驻，16 个企业注册。

2. 坚持分类指导，构建“全覆盖”的创新创业服务体系

学校根据创新创业教育特点和工作需要，成立了大学生应用能力发展中心、大学生创新创业教育与服务中心、毕业生就业指导中心、大学生事务中心等中心，加强对学生创新创业活动的组织、指导和服务，形成了面向对象的分类别、个性化、“全覆盖”的创新创业指导服务体系。

下篇

新型本科院校改革的实践经验
——成都师范学院的探索

第五章　突出重心，加强师范生师德养成教育

道德水准的高低，关系到一个教师能否行为示范，能否成为学生尊崇的对象，能否成为社会敬仰的楷模。道德教育师范生人才培养的重要内容，处于整个师范生人才培养的核心位置。成都师范学院把师范生师德培育摆在核心位置，探索了一系列行之有效的方法和模式。

第一节　师德养成教育模式的提出和理论依据

师德培育不能漫无目的，需要在一定的理论视野中探索和认识师德培育的基本道路。为此，成都师范学院首先在理论上进行了梳理。

一、师德养成教育模式提出的背景

师德是教师成长的基础，是教师首要的专业素质，是教育永恒的主题。它既制约着教育教学的效能，也对教育教学起着方向性的指引作用。在推进社会主义文化建设、构建和谐社会的新时期，师德建设显得尤为重要，已成为提高教师队伍总体素质和教育教学质量的关键所在。

为进一步加强中小学教师队伍建设，全面提高教师队伍的师德素质和专业水平，2008 年，教育部、中国教科文卫体工会全国委员会重新修订和印发了《中小学教师职业道德规范》(以下简称《规范》) 的通知。在广泛征求意见的基础上，2008 年《规范》将 1997 年国家教委和全国教育工会联合印发的《规范》的八条规范——“依法执教”“爱岗敬业”“热爱学生”“严谨治学”“团结协作”“尊重家长”“廉洁从教”和“为人师表”修订为六条规范，即“爱国守法”“爱岗敬业”“关爱学生”“教书育人”“为人师表”和“终身学习”。新的《规范》对中小学教师的职业道德起指导作用，是调节教师与学生、教师与学校、教师与国家、教师与社会关系的基本行为准则。在新形势下，修

订并重新印发《规范》，对于激励和引导广大教师树立崇高的职业理想、自觉规范思想行为和职业行为、做让人民满意的教师具有重要的现实意义。

《国家中长期教育改革和发展纲要（2010—2020）》颁布以后，我国高等教育着力提高人才培养水平；着力深化教育体制改革，增强办学活力和发展动力；着力推进高等教育内涵式发展，促进高等学校办出特色、办出水平。高等师范院校是人民教师的摇篮，是我国进行教师职前培养的主要基地。师范院校的人才培养目标就是要培养具有较好的专业学科知识和综合素质，以及具有作为人民教师的职业道德的师范生，使广大师范生能够真正地从职业观和价值观取向上认同教师职业，为成长为合格的人民教师打下良好的基础，这是师范院校的教育责任和神圣使命。

作为四川省教师教育的重要基地，原四川教育学院对基层学校教师的诉求和基础教育教师的现状以及教师的职业特点和教师职业道德有着深刻的认识和了解。作为四川省教师教育的重要基地之一，为了培养高素质的合格的人民教师，加强师范生的教师职业道德教育，四川教育学院在教师教育中提出将师范生的师德养成教育作为“育人工程建设”的理念，并以此作为彰显教师教育特色的一项重要内容。

2012 年，具有丰厚教师教育底蕴的四川教育学院进入了一个全新的历史发展时期。2012 年 3 月，经教育部批准，四川教育学院成功改建为成都师范学院，一所拥有 56 年办学历史的师范院校在新的历史时期步入了教师教育的新征程。作为新型师范院校的成都师范学院以此为契机，大力加强教师教育建设，凝练办学内涵，提高教育教学质量，不断推进师德教育的科学发展。

二、师德养成教育模式的形成和发展

作为四川省教师教育的重要基地，成都师范学院一直以来致力于教师教育的改革与探索，在办学的理论与实践中形成了师德养成、学科教学和教师职业技能“三维一体”的教师教育专业化培养体系。在实现教师教育一体化的过程中，成都师范学院积极探索师范生师德教育的有效途径与方法，创新师德教育新模式，以师德养成教育为核心，构建了全过程、全方位的养成教育新模式。

在新的历史时期，为深入贯彻教育部关于“强化特色，注重创新，坚持内涵式发展”，“加强师德建设”和“大力提升人才培养水平”的若干意见，凝练成都师范学院教师教育的办学特色，为根据师范教育的特点和师德建设的新要求，推动成都师范学院师范生师德养成教育工程建设，成都师范学院在经过大量的调研和论证的基础上，针对新时期师德养成教育的新特点和新情况，充实内容、完善措施，制定了《立德、融通、践行、内化——四川教育学院师德养成教育工程方案（修订）》（以下简称《方案》）。所谓“立德、融通、践行、内化”，就是要求从“立德”树人的高度，将师德养成教育内容全面“融通”于师范专业人才培养方案，落实到教育教学的各个环节，特别是通过师范生的主动“践行”体验，将师德“内化”为自己从事教育事业的崇高品质。《方案》把师德养成教育作为高等师范院校人才培养的一个重要目标，切实落实到人才培养方案的各个环节，融入理论教学、实践教学以及学生活动各个方面，同时结合营造富有师范特色校园文化所产生的潜移默化的影响，构架了一个全方位、全过程的师范生师德养成教育的途径及环境，促使师范生在各种教育的引导和影响下，形成良好的教师职业道德，在现代教师教育和师范生培养中具有重要的借鉴意义。

2011 年，《师范生师德养成途径的有效性研究》被确定为四川省教育厅思想政治教育研究重点课题。在总结师范生师德养成教育的有效经验的成果基础上，专著《师范生师德养成教育研究》已于 2012 年由中央文献出版社出版，《师范生基本素养与师德养成》已于 2013 年由四川大学出版社出版，并先后有数十篇师范生师德养成教育学术论文在全国有影响力的期刊上发表。

三、师德养成教育模式的理论依据

师德养成教育模式的提出和发展、完善有着深刻的理论依据，主要包括马克思主义认识论依据、伦理学依据、教育学依据以及行为学依据。

（一）师德养成教育模式的认识论依据

坚持历史唯物主义的基本立场，是确立师范生师德养成教育模式的基本理论根据。实践的观点是唯物史观的首要的、基本的观点，建立在实践范畴的基础上，马克思主义经典作家实现了价值观认知和行为的统一。师德自觉以教师职业道德价值观念认知为前提，因此，在师德教育问题上遵循唯物史观，就是要立足于社会实践，探讨师德教育是否可能以及如何进行，从而把握教育模式的规律性，体现教育模式的科学性。

与一切旧唯物主义和唯心主义不同，马克思主义理论坚持从实践出发去认识世界，即“不是在每个时代中寻找某种范畴，而是始终站在现实历史的基础上，不是从观念出发来解释实践，而是从物质实践出发来解释观念的形成。”[1] 由于感性存在是基于物质实践生成的，即“这种活动、这种连续不断的感性劳动和创造、这种生产，正是整个现存的感性世界的基础”[2]，因此，马克思主义理论从实践出发便能够真正通达感性存在，从而获得关于感性存在的“真正”知识。诚如马克思所言：“在思辨终止的地方，在现实生活面前，正是描述人们实践活动和实际发展过程的真正的实证科学开始的地方，关于意识的空话将终止，它们一定会被真正的知识所代替。”[3]

马克思主义理论要求从标志一个时代主要特征的主导性实践活动出发，把握这个时代的人们所结成的生产关系的总和，即经济结构，并以此为基础，把握这个时代的法律和政治的上层建筑和一定的社会意识形态。正如恩格斯指出的：“必须重新研究全部历史，必须详细研究各种社会形态存在的条件，然后设法从这些条件中找出相应的政治、司法、美学、哲学、宗教等等的观点。”由此形成的理论便具有了基于历史的、具体的实践而形成的整体性特征。具体来说，这就是马克思主义理论从实践出发，一以贯之地说明“感性世界”，从而具有逻辑一贯性和整体性的特征。但这种整体性绝非如旧理论那样具有包罗万象的绝对性特征，相反，它承认自己因把握对象的历史性和具体性特征而造成的“具体”本性。[4]

在认识论论域，瑞士著名心理学家皮亚杰的“发生认识论”具有重要的影响。作为发生认识论的一般性观点，皮亚杰强调认知是借助身体动作与环境相互作用的结果。他反对和批判唯理论与经验论关于认识的问题朝向了两个相反的极端，并明确地说，“我的核心思想始终是相互作用”[5]“认识既不是如传统经验主义所假定的主体受教于它以外之物，也不是像先验主义或天

[1] 马克思恩格斯选集：第一卷[M]．北京：人民出版社，1995：77．

[2] 马克思恩格斯选集：第一卷[M]．北京：人民出版社，1995：73．

[3] 马克思恩格斯选集：第一卷[M]．北京：人民出版社，1995：206．

[4] 吴海龙．实践认识论与马克思主义理论整体性的“具体”本性[J]．求索，2012（3）：104-106．

[5] 赵晶、石向实．社会认知具身化：解释、研究领域与问题[J]．心理研究，2011（4）：28-33．

赋论所坚持的认识源于主体内部生成的结构，而是起源于主客体之间的相互作用。作为身体本身和外界事物之间的接触点的中介物并不是知觉，而是可塑性要大得多的身体活动（动作）本身”[1]。显然，皮亚杰强调基于动作的相互作用，使身体与环境成为彼此关联、不可分割的整体系统。用当前的术语解释，即认知是具身的，是具体身体参与其中，又受到身体所处环境影响的整体过程和结果。伴随动作协调与反省抽象的动态连续性相互作用，个体认知在与环境的相互作用中发展。基于特定环境影响的动作协调为反省抽象提供了大量的感性经验，反省抽象则促使感性经验逐步向概念或认知结构发展，而认知结构又可以同化个体与环境互动产生的大量动作及其协调经验，增强个体动作协调的手段目的性，使个体更加有效地适应环境。

对于皮亚杰的“发生认识论”，应当着重领会皮亚杰认识的动态相互作用特征的核心观点，这能够为我们深入解释身体及其动作与环境交互作用进而推动认识动态发展的机制提供一种值得重视的思路。[2]

师德养成教育模式重视受教育对象在社会实践以及个体认知与环境的相互作用中发展的规律，且不将这一模式局限于课堂教学，而是通过主体实践活动和校外社会实践固化对于师德价值观的认知，从而为师德行为提供必要的认知基础和心理积淀。

（二）师德养成教育模式的伦理学依据

师德教育是关于教师职业伦理价值观的教育，目的在于培育教育对象的价值观念，并旨在形成其价值自觉，使其成为职业价值观的自觉践行者。因此，按照伦理学原理，把握价值思维方式，是建构师德教育模式的重要理论支撑。

有学者研究指出，价值思维具有三个突出的特征：其一，价值思维是全面的关系思维。价值本身也是一种关系现象，作为一种特定的“关系态”或“关系质”产生和存在。价值是一种关系事实，价值思维以价值作为一种关系事实的确认为前提，是一种关系思维。其二，价值思维是动态的实践生成思

---

[1] 让·皮亚杰．生物学与认识[M]．尚新建，等，译．北京：生活·读书·新知三联书店，1989：22．

[2] 刘丽红．皮亚杰发生认识论中的具身认知思想[J]．科学技术哲学研究，2014（1）：51-55．

维。价值思维着眼于价值在实践中的不断被创造、不断生成的历史实际来思考价值问题。价值思维的方式、模式、方法、规则等，都是主体的价值生活实践的结构、方式、形态、过程等在人们头脑中的全方位、立体化、动态化的概括和反映，是主体变革世界的活动中所体现着的“实践逻辑”或“行动的推理”的抽象。其三，价值思维是属人的主体性思维。“主体的尺度”既是思维的立足点和根据，也是决定思维方向、进程的主要因素。价值思维是一种主体自我相关的思维，一种主体自我指涉的思维。在价值思维中，师德教育模式应从“培训范式”转变为“交往范式”。交往范式背后的假设是：师范生是教师专业伦理精神的主动学习者和反思行动者，而不是被动的需要改变的对象。[1]因此，应实现师德教育范式的转换，从“培训范式”转变为“交往范式”是凸显主体生命意义的题中之义。

师德教育范式的这种转换主要表现在三个方面：第一，价值目标定位要从国家本位和社会本位的片面至上转向社会需要与生命意义的兼顾。培训范式价值目标以国家和社会的利益作为绝对优先的价值取向，师德教育更强调道德律条对教育对象行为的控制和约束；交往范式将师德教育的价值目标定位于社会需要与生命意义的兼顾，基本价值目标在于追求个体生命卓越的凸显与生发。在价值思维的关系视域中，伦理问题是个体置于与他人、社会的关系中如何处置自身生命的问题，由此，师德教育的过程是引导个体德性生成、提升个体生命存在的尊严的过程，是一个在与他人、社会关系中让个体的生命存在之“真”、存在的价值与尊严显现的过程。第二，在师德教育过程中，对生命的处置方式上应从规训、抑制转向对生命的尊重和激发。培训范式对师德教育中生命的处置采用规训、抑制的方式，而规训从本质而言是一种“要求抑制和牺牲”，意味着个体必须用抑制来适应道德理想的要求。“这种努力的必然结果是形成人格的两个精神体系”[2]，即人格的两面性——这是造成道德虚伪现象的根本原因。而交往范式的存在基础是生命的关怀。师德教育是一种生命主体间的心灵交流活动，是一种生命与生命之间的对话。“最好最深刻的道德训练，恰恰是在人们在工作和思想的统一中跟别人发生适当

---

[1] 蒋文昭．基于价值思维的师德教育范式的转变[J]．江苏高教，2009（6）：119．

[2] 埃里希·诺依曼．深度心理学与新道德[M]．高宪田，等，译．北京：生活·读书·新知三联书店，1998：134．

关系而得来的。”[1]在关系向度层面，个体对生命意义的明晰是在个体与他人关系中展现的，需要在交往活动中伴随理性的开发逐步生成。师德教育应是教化者和受教化者的生命相互共生的过程——在这个过程中，教化者和受教化者双方的道德自觉都会不断地得到升华和提高。第三，在师德教育方法上，要从独白转向对话。培训范式中，受教化者被视为需要改造、控制、规训的对象，教化者则以权威的姿态成为个体道德行为、评价、控制、改造与规训的中心。个人的“生活立场”和道德情感等成为德育过程要排斥的东西，由此，表达个人的需要和自由思想的话语权被消解或取代。而交往范式着眼于把独白式的师德教育方法转变为教化者和受教化者之间的对话，对话建立在对个体道德追求差异性的宽容与尊重的基础上，通过相互交谈产生视界融合，形成对文本的意义建构和体验的交融、共通，求同存异，敞开彼此的道德视界，启迪道德理性和道德智慧的生成。[2]

师范生师德养成教育模式建构的出发点，正是为了克服传统教育模式的教育者与受教育者的主客体关系，正视师德价值观多元的客观现实状况，不再将师德教育仅仅视作课堂教学——仅将学生视作课题，将教师视作想当然的权威性主体，而是在尊重师范生的主体性和个体差异的基础上，通过师德培育主题活动和社会实践践行激发学生的主动性，在主题活动和与中小学一线教师的访谈交流中体悟师德现状，从而促进和内化师德价值观。

（三）师德养成教育模式的教育学依据

师德养成模式之所以强调全过程、全方位，是有着深刻的教育学原理依据的，其中最重要的依据是“德育就是生活德育”。

马克思实践唯物主义认为，物质生活形成于人类社会的物质生产活动。物质生产是人对自然的主客体改造，而人对自然的主客体改造本身不直接具有人与人的道德关系的内容。但物质生产的过程是人与人合作共同作用于自然的过程，它“以个人之间的交往为前提的”。[3]道德作为调节人与人、人与

[1] 赵祥麟，王承绪．杜威教育论著选[M]．上海：华东师范大学出版社，1981：4-5．

[2] 蒋文昭．基于价值思维的师德教育范式的转变[J]．江苏高教，2009（6）：119-120．

[3] 马克思恩格斯选集：第一卷[M]．北京：人民出版社，1995：5．

社会之间关系的规范，产生于人与人之间的社会交往。只要有交往、有合作，就需要道德。“从历史的源头来考察，道德从根本上源于生活的需要，源于以物质生活为基础的社会性交往。”[1]生活之于道德的本体意义，意味着道德蕴含在生活之内。对于个体来说，生活是生命的展现，是生命实践的结果。人在实践、生活中生成道德——过什么样的生活，就有什么样的道德。马克思主义实践论，把实践看作生活世界的本体，生活世界是根据每个人的意愿、实际境遇去创造、建构的。生活世界不是外在于人的自在存在，而是由人的实践活动所塑造的有意义、有价值的世界。

德育的核心是自觉建构。“道德生活”与生活中自发、自在、无意识的德育影响相比，德育应该是有目的、有意识的自觉活动。德育指向生活，并非指向所有的生活，而只能指向道德的生活。道德的生活，存在于各种社会生活之中，融入、渗透于各种社会生活之中，并通过各种社会生活显现出来。真实的生活是复杂的，但道德教育作为有目的引导，就是要以道德的维度审视现实生活，批判反思不道德的生活，自觉按照道德的要求，建构道德的生活，发挥道德教育在个体德性成长中的独特引领作用。[2]

具体而言，“德育就是生活德育”要求高等师范院校要建构良好的师范生师德教育环境。德育环境，是指相对于个体思想道德发展及学校德育活动而言，围绕在其周围并对其产生影响作用的各种客观因素的总和。这些影响因素并非孤立的因子，而是相互影响、互为耦合的复杂性系统。只有其构成要素之间具有某种内在一致性，系统才具有统一性、平衡性和稳定性，并有利于个体思想道德发展和学校德育活动的开展。因此，学校德育环境的生态建构，就是通过有计划、有目的、有系统的实践干预和影响，努力协调与整合学校德育环境内部各种构成要素之间的关系，从而构建一个具有内在一致性的、和谐的学校德育生态环境。德育生态环境整体构成的系统性主要体现在三个方面：一是构成要素的多样性。就学校德育生态环境而言，既包括校外德育环境，也包括校内德育环境。二是构成要素之间存在多维互动的有机联系，即相互影响和制约。例如，校内德育环境的建构往往受到校外德育环境

---

[1] 唐汉卫．生活道德教育的理论论证[J]．山东师范大学学报：人文社会科学版，2007（4）：81．

[2] 冯建军．“德育与生活”关系之再思考——兼论“德育就是生活德育”[J]．华中师范大学学报：人文社会科学版，2012（4）：132-139．

“大气候”的影响，良好的校内德育环境亦可对校外德育环境的构造发挥示范和引导；同时，校内、校外德育环境系统之间又相互作用，相互影响。三是构成要素与德育环境整体之间相互反映与影响，这一点反映在德育环境要素与环境整体之间的内在一致性上。学校德育关注的根本点将从关注德育对象个体转向德育对象在特定德育生态环境中的和谐发展与健康成长。为此，学校德育生态环境的系统和谐将为德育对象的发展提供重要的基础与背景、中介与素材、问题与答案。因此，学校德育工作的职责和使命也将从单纯的德育活动转向两个方面的任务：一是和谐的学校德育环境生态建构，即创造环境的生态和谐；二是培养德育对象在德育生态环境中的和谐发展，即营造人与环境的生态和谐。这正是学校德育环境生态建构蕴含的深刻意义。[1]而师德养成模式的重要指向即是构建立体而非单一的德育环境，即构建多维而非课堂教育一维的环境。

（四）师德养成教育模式的行为学依据

道德行为的形成既是道德心理反应模式建构过程的完成，也是道德理性的支配地位得到确立的结果。英国哲学家休谟认为，道德的认知、情感系统和道德行为本来就是一个完整的整体，道德行为就是对这个认知系统和情感系统的模仿和再现。

有学者研究指出，道德行为形成具有四方面的要素，需要经过四个相应的阶段。① 道德反应是第一个要素、第一个阶段。道德反应就是人对客观世界做出的道德回应和道德解释。道德反应是“同情式的反应”，其从伦理学的角度看有两个特点：一是人的痛苦大于快乐的反应；二是人的伦理本性的反应。当人需要做出道德反应时，通常是与对社会的道德规则的遵守和不遵守的感觉结合在一起的，遵守道德规则往往意味着个人利益的损失，不遵守社会的道德规则虽然不存在个人的自我利益牺牲，但是此种反应已经偏离了道德规范，会引起内疚、歉意等痛苦情感。② 道德判断是道德行为形成的第二

---

[1] 有学者提出，德育生态环境通过支撑与制约、熏染与陶冶、引发与导向、检验与反馈等作用机制发挥其德育影响。学校德育环境的生态建构需遵循生态学的理念与原则，构建国家、社会、家庭与学校的“生态联盟”，实现学校内、外德育环境的“无缝对接”。

冯秀军．现代学校德育环境的生态建构[J]．教育研究，2013（5）：109-111．

个要素、第二个阶段。道德判断的作用，就是把前一阶段出现的冲动引导为道德冲动。道德判断尺度和标准有两个：其一，社会的道德规则；其二，人的认知水平。道德判断所反映的人的价值序列、逻辑序列、情感序列代表了人的理性至上原则的确立，标志着人在道德认知方面的成熟，人对道德与不道德的判断更依赖于已经达到的认知水平，而非“感觉”“印象”等不确定因素。③ 道德激励是道德行为形成的第三个要素、第三个阶段。道德激励包括道德需求的出现和个体满足道德需求的策略两个方面。这两个方面都与人对道德需求的选择和对道德结果的认识相关联。④ 道德实践是第四个要素、第四个阶段。道德实践效果的“标杆”作用和“蝴蝶”效应是从对社会的影响方面产生的。在这个阶段，人不会满足于以道德的纯粹理性方式观察、认识和解释世界，而是要以道德的实践理性方式认识、把握和改造世界，人此时站在理性至上的起点上成功地构建起完整的心理反应模式。这四要素、四阶段是一个完整的系统，系统的四要素、四阶段的架构和层次排列有序，循序渐进，先后有别。在系统运行过程中，个体关于道德价值观的自主性、独立性、选择性不断得以强化，进而促使个体的道德行为有规律地展现出来。[1]

因此，师德教育应当从道德行为形成所应具有的要素和遵循的渐次阶段出发，对于每一种要素、每一个阶段皆应全方位观照，这是道德价值观认知可能转化为道德行动的必要环节和条件。师德养成教育模式正是在对道德行为如何可能的要素和阶段审视的基础上提出、建构和发展的。

第二节　一体化教师专业发展中的师德教育与培养

《国家中长期教育改革和发展规划纲要（2010—2020 年）》提出了“造就一支师德高尚、业务精湛、结构合理、充满活力的高素质专业化教师队伍”的重要任务。《国家教育事业发展第十二个五年规划》指出，要“创新教师教育培养模式，加强师范生师德和文化素质教育，注重通过文化熏陶培养教师气质”。随着我国教育事业的不断发展，加强教师队伍建设，培养高素质的师范生具有重要意义。在新的历史时期，教育部进一步提出了加强中小学教师

[1] 马进．论道德行为形成的四要素、四阶段模式[J]．道德与文明，2009（2）：45-47．

队伍建设、加强和改进师德建设，提高师德水平和教师业务素质为核心的新要求。特别是2013年6月，教育部强调了“师德红线”的师德考核问题，指出将在大力弘扬教师高尚情操的基础上，建立教师师德长效机制，出台教师注册考核的系列文件。

成都师范学院作为四川省教师教育的重要基地之一，在长期办学的理论与实践中形成了“师德养成、学科教学和教师职业技能”三维的教师教育专业化培养体系。特别是师德养成教育已成为学院彰显教师教育特色的一项重要内容。

立足教育事业，推进社会主义文化建设的大发展，为社会主义建设培养合格的接班人是高等院校的神圣职责，为国家的教育事业培养未来合格的人民教师，是师范院校的光荣使命，也是高等教育人才培养的文化自觉。成都师范学院在五十多年的办学实践中，深化教育教学改革，研究教师教育规律，丰富师德养成教育的内容，创新师德养成教育的方法，探索师德养成有效途径，在师德养成教育工作中取得了一定的成效。

一、凝聚养成合力，提高教育效能，构架全方位的师范生师德养成教育新模式

始建于20世纪50年代的成都师范学院是四川省教师继续教育的主要基地，自建院以来就承担着全省中小学在职教师学科职后培训和中小学校长、教育教学行政管理干部的培养任务。学院对基层学校教师的诉求，对基础教育教师的现状，对教师的职业特点和教师职业道德有着深刻的认识和了解。长期的教师教育工作实践使我们懂得，师德是教师成长的基础，师德是教育永恒的主题，师德是教师首要的专业素质，它既制约着教育教学的效能，也对教育教学起着方向性的作用。师德是成就优秀教师的基础，在推进社会主义文化建设、构建和谐社会的新时期，师德建设显得尤为重要。师德建设已成为提高教师队伍总体素质和教育教学质量的关键。

为了培养高素质的合格的人民教师，成都师范学院在教师教育中提出了把师范生的师德养成教育作为“育人工程建设”的理念。高等师范院校是我国人民教师的摇篮，是我国进行教师职前培养的主要基地。师范院校的人才培养目标就是要培养具有专业学科知识、良好综合素质以及职业道德的师范

生，使广大师范生真正从职业观和价值观取向上认同教师职业，为成长为合格的人民教师打下良好的基础，这是师范院校的教育责任和神圣使命。

在新的历史时期，为深入贯彻教育部关于“强化特色，注重创新，坚持内涵式发展”“加强师德建设”和“大力提升人才培养水平”的若干意见，凝练学院教师教育的办学特色，根据师范教育的特点和师德建设的新要求，推动学院师范生师德养成教育工程建设，在大量的调研和论证的基础上，学院针对新时期师德养成教育的新特点和新情况，充实内容、完善措施，制定了《立德、融通、践行、内化——成都师范学院师德养成教育工程方案（修订）》（以下简称《方案》）。所谓“立德、融通、践行、内化”，就是要求要从“立德”树人的高度，将师德养成教育内容全面“融通”于师范专业人才培养方案，落实到教育教学的各个环节，特别是通过师范生的主动“践行”体验，将师德“内化”为自己从事教育事业的崇高品质。

《方案》针对师范生的特点和养成教育的规律，对师德养成教育的途径、方法和内容进行了积极的探索和创新，既是对师德养成教育经验的总结和提升，又是对师范院校师德养成教育工作的一种引领。

《方案》针对师范生的特点和养成教育的规律，对师德养成教育的途径、方法和内容进行了积极的探索和创新，可以概括为以下几个方面。

（1）一个理念：站在人才培养高度，通过实施“育人工程”建设，实现全面的师德养成教育。

（2）两项措施：实行“师范生师德养成教育指导双导师制度”，以及建立“师范生师德养成教育成长记录册”。

（3）三个原则：养成是核心、参与是关键、指导是保障。

（4）五个模块：课堂教学渗透，主题活动强化，实践践行体验，环境文化熏陶，过程评价检验。

《方案》本着“养成是核心、参与是关键、指导是保障”的三项原则，通过优化整合“设置五个模块，建设五个载体，强化五种功能”，实现养成教育目标。即通过理论教学作为教导载体，凸显渗透功能；主题活动作为参与载体，凸显强化功能；实践教学作为践行载体凸显体验功能；环境建设作为文化载体凸显熏陶功能；过程评价作为测评载体凸显检验功能。五个模块构成了一个立体的、全方位的师德养成教育架构，通过凝聚养成合力、提高教育功能，实现全方位的师范生师德养成教育目标。五个模块具体如下。

（1）理论教学。通过在学科理论教学中渗透教师职业道德规范要求及师德养成的相关内容，引导学生树立高尚的理想情操和养成良好的道德品质，提高对教师职业道德的认知。

（2）主题活动。根据养成教育目标设置师德活动主题，开展有关师德养成教育活动，搭建平台，营造环境，使师范生通过自己的参与体验，内化和提升道德品质。

（3）实践教学。通过师范生专业见习、毕业实习及其师范专业实践教学活动的实施，强化师范生对教师职业特点、行为要求的角色认知和师德规范的践行体验，从师德认知到外化行动，培养良好的师德修养。

（4）环境建设。依托教师教育文化资源，加强校园文化建设，形成一种环境优美、学风浓郁、制度有力、精神昂扬的大学育人条件。通过育人环境，陶冶情操，净化品德，使师范生在潜移默化中接受师德的感染和熏陶。

（5）过程评价。通过对师范生个体参与师德养成教育的过程和日常行为作出记录和评价，实现对师范生的师德养成教育的参与程度、认知水平、师德素养和师德行为能力的过程性考核。

五个模块在维度上形成了横向的单元目标；通过制定年度阶段性目标，在每个学期设置师德养成教育理论教学、实践教学、第二课堂等各个模块的相关内容，全面地、循序渐进地推进养成教育，将师德养成教育连续贯穿于师范生在校学习期间的整个过程，形成了不断深化的纵向目标，从而构架出一个全方位、全过程的师范生师德养成教育体系，形成有力的聚心指向，达到良好的教育效果。

同时，在师德养成教育的实施过程中，成都师范学院积极推行“两项措施”作为重点保障，即 “师范生师德养成教育指导双导师制度”，由各系确定本系指导教师和主要由优秀校友组成的校外优秀教师组，负责指导本系院的师范生的师德教育。选拔出来的导师，需要具备宽深的专业知识、一定的教师教育理论、良好的德行和身心素质、饱满的工作热情和责任心，以及对学生、对人才培养事业的爱心，能真正做到“为人师表”，当好大学生的领路人；同时，为保障过程性评价的实施，学校还建立对“师范生师德养成教育成长记录册”实行过程记录的制度，对师范生的师德养成作出过程固化，形成对师德养成教育的客观记录，在学生毕业时进入学生档案，作为师范生将来入职教师行业的师德考核依据。

二、夯实教师教育专业化基础，将师德养成教育作为师范生培养的核心，全面提高人才培养质量

20世纪以来，随着我国教师培养和教师培训一体化的“教师教育”模式的推进，成都师范学院在师范教育改革的实践中，充分利用长期积淀的教师教育的优质资源，认真总结教师培训的丰富经验，特别是将学院凝练和总结出来的教师职后师德教育的有效方法延伸至教师的职前培养，实现职前职后一体化教育。在教师教育的职前培养和职后培训中，学院始终围绕中小学教师综合素质的提高，夯实教师教育专业化基础，将师德养成教育作为我院教师教育的重点，作为师范生培养的核心。2010年《国家中长期教育改革和发展规划纲要》(以下简称《纲要》)出台以后，学院更把该项工作作为落实《纲要》的一项重要举措，把它作为一项特别的系统的“工程”来建设和打造。

长期以来，通过师范生师德养成教育的实施，学院在师范生师德养成教育工作方面取得了初步的成效。

一方面，提高了师德养成教育的认识水平，撰写和发表了一批高质量的研究论文，整理出了《建设方案》《理论研究》《活动实施》《活动纪实》《师德培养手册》等成果汇编，获得了四川省教育厅高校校园文化建设成果奖。同时，由学院承担的《师范生师德养成途径的有效性研究》被确定为四川省教育厅思想政治教育研究重点课题。2016年，学院承担的“四川省2013—2016年高等教育人才培养质量和教学改革项目”——《高等师范院校“教师职业道德”课程综合改革》顺利结题。通过理论研究，推动了我院师范生师德养成教育工作向纵深发展。

另一方面，通过职前职后教育，成都师范学院培养了一大批优秀的教师。一批批师德高尚、素质良好的师范生走出学校，活跃在四川省基础教育的第一线，担任各级各类学校的教学与管理工作。特别是农村边远落后地区的教师，在艰苦清贫的条件下默默耕耘，守望教育，受到了社会的广泛认可和好评，成为四川省基础教育的重要力量，涌现出了如全国优秀教师、抗震救灾先进个人、映秀小学校长董雪峰，汶川大地震中的“最牛校长”叶志平等众多优秀教师。据不完全统计，改革开放以来，学院毕业生担任各市、县教育局长的有128人，担任各校校长的有698人，省级以上优秀教师559人。从成都师范学院毕业的校友遍布四川省内外基础教育中小学校的各个岗位，特

别是农村基层、艰苦边远地区和民族地区的学校。

成都师范学院广大师范生以自己崇高的品质和自觉行为，认真践行师德，崇尚进步，勇于担当，乐于奉献。结合师范生师德养成教育，在2008年抗震救灾的实际行动中，学院广大师范生积极踊跃报名参加在“5·12”地震中受灾严重的什邡市洞底镇先锋村“帐篷学校”的支教服务工作，历时一个多月，受到了中宣部、教育部、共青团中央、全国学联和中央文明办的表彰。2013年“4·20”芦山地震后，学院接收了一千余名天泉中学高三学生异地复课。全院师生用爱、用情、用心、用力，真情奉献，贴心服务，复课学生高考取得优异的成绩，受到高度肯定。

结合师德养成教育，学校把师范生的顶岗实习与“国培计划”的置换培训联系起来，近两年先后派遣了379名师范生到基层学校支教实习，践行师德，并确立了“师德引领，技能强化”的顶岗支教工作理念，促进了师范生师德培养。

近几年来，学校积极服务于西部大开发战略，响应“西部计划”，支持和鼓励师范生到基层和艰苦地区去，到祖国和人民需要的地方去，为地方经济社会服务，特别是为广大农村地区的基础教育服务。近三年，学院共有一千一百多名师范生报名参加“西部计划”，有两百多人被录用，受到团中央的好评。

成都师范学院的师德养成教育为广大的师范生成长为优秀的人民教师打下了坚实的基础。2008级数学专业的左维同学对师德的认识时谈道：“教师的工作不仅是传道、授业、解惑，还要发自内心地关心、爱护学生，帮助他们成长。教师在教授知识的同时，更要教学生如何做人，这才是教师工作最伟大的意义所在。”2010级生物专业的李兴翠同学谈道：“毕业后，我打算去农村或者边疆教书育人，为贫困落后地区的教育奉献自己的青春和智慧，无论条件多么艰辛，我都会坚持下去。”师德教育为我们广大师范生投身祖国的教育事业带来了无尽的动力。一届一届的学生扎根基层，甘为人梯，教书育人，为人师表，在实现个人价值的追求中成就了平凡却又伟大的教育事业。

结合面向农村基础教育的办学定位，学院需要培养大批“下得去，留得住，教得好”的人民教师。在广大贫困地区，边远地区和少数民族地区极其艰苦的条件下从事教育工作，需要对事业倾注更多的爱，这就是对教育、对学生的关爱。学院把师范生师德养成教育的工作与“爱、真、笃、为”的学校精神结合在一起，把“爱”作为教育的起点，由爱心培育爱心，由人格塑造人格，把培养一届又一届有大爱之心、有高尚人格的教师作为师范院校的重要使命。由学校中文系创建的“果筐学堂”的老师们率先垂范，践行师德，带领一批师范生和大学生志愿者，走进乡下，送教兴学，不计名利，乐于奉献，用辛勤的汗水浇灌着教育的一片热土，用无数鲜活的事例诠释了什么是爱的教育和教育之爱，用实际行动弘扬了学院“爱、真、笃、为”的学校精神。

随着成都师范学院师范生师德养成教育工程建设的推进，全校上下已形成了一种追求科学，崇尚进步，热爱教育的良好的校风、教风和学风。

三、凝练总结师德养成教育的成功经验，提升理论认识，进一步探索师范生师德养成教育的有效途径

成都师范学院师德养成教育方案针对师范生的特点和养成教育的规律，对师德养成教育的途径、方法和内容进行了积极的探索和创新。这是对师德养成教育经验的总结和提升，也是对师范院校师德养成教育工作的一种引领。成都师范学院把师范生的师德养成教育放到应有的高度，提出了“育人工程建设”的理念。“其宗旨是“立足基础、铸就品质、打造系统”，教书育才，立德树人，以养成教育为目标，通过“设置五个模块，建设五个载体，凸显五种功能”的新模式，达到“课堂教学的渗透，主题活动的强化，实践践行的体验，环境文化的熏陶，过程评价的检验”，实现全面的师德养成教育，促进师范生的师德养成和健康成长。

在教育改革不断推进的今天，师德建设是一个恒久而常新的话题。作为社会主义道德文化建设的一个重要内容，时代与教育的发展不断赋予师德以新的内涵，对师德养成教育提出了新的、更高的要求。为培养社会主义现代化建设需要的、以“德高为师，身正为范”为标准的高素质的师范生，当代师范生的师德养成教育需要我们不断探索教育教学规律，不断探索教师教育规律，不断探索师德养成规律，创新师范教育模式，创新养成教育途径。师德养成教育理应是师范院校的题中之义。具有职前职后一体化的、全过程、全方位的师范生师德养成教育已成为学院的一大办学特色。

在新的历史时期，成都师范学院将进一步推进教育教学的改革，拓展教师教育的思路，丰富师德教育的内容，凝练师德养成的内涵，总结师德规范的要义，提升师德培养的理论。要研究师德教育面临的新形势、新情况、新

特点、新理念、新思路，从当代师范生师德养成教育的实践出发，科学地抽象、凝练、概括、总结师德养成教育的规律性认识，把丰富的实践经验上升为科学理论成果；不断改进内容体系和方式方法，努力实现“全面育人，整体育德”；提高培养的合力，提高教育的实效，促进一届届师范生健康成长，体现师范院校独特的育人价值。

第三节　成都师范学院师德养成教育实践

一、师范生师德培育的具体方略与举措

如何培养高素质的师范生？这要求我们既要按照人才培养规格，又要按照学生成长规律来施行师范生培养的各项教育教学活动。一切服务于学生的成长，一切着眼于人的未来。作为师范生培养，重要的一点在于要让学生感受、理解教育的本质是确定人在教育工作中的崇高地位，树立教育理想，增强教书育人的荣誉感。

在师范生的培养中，学院以现代教师教育的前瞻视野，探索形成了“一个模式，两项举措”的培养方略。其中，“一个模式”是主体，“两项举措”是支撑。

“一个模式”即“‘三维一体’的教师教育专业培养模式”，即融“师德养成教育、学科专业教学和教师技能培训”为一体的教育教学体系。

“两项举措”即“卓越教师培养计划”和“教师成长助推计划”。其以“卓越教师培养计划”为引领，以“教师成长助推计划”相助力。

“一个模式，两项举措”有机构成了我校的师范生培养体系，彰显了我校师范生培养的特色。

（一）一个模式，即“三维一体”的教师教育专业培养模式

“三维一体”培养模式以师德养成教育为核心，以学科教学为基础，以职业技能培训为抓手。

以师德养成教育为核心，旨在培养学生的职业情感、职业理想和职业态度，使学生情系教育事业，热爱教育事业，形成对教师职业的认同感和责任感。

以学科教学为基础，旨在通过在合理设置教师教育课程和学科专业课程，

让师范生系统地掌握教师教育学科和专业学科的基本理论，构建学科知识体系。

以职业技能培训为抓手，旨在培养师范生从事教师职业的教育教学技能，具备良好的教学表达能力、组织管理能力和自我调控能力。

首先，师德养成教育着力构建全方位的师德养成教育新模式，把师德养成教育贯穿于师范生培养的各个方面。养成教育以教育部《规范》为指南，以全方位、全过程、重点突出、重在参与的养成目标为导向，针对师范生的特点和规律，对师范生师德教育的方法、途径和内容进行积极探索。全方位的师德养成教育通过制定《方案》，强化课堂教学渗透、实践践行体验和环境文化熏陶，达到师德养成教育的目的。

为进一步深化师德养成教育，学院首先在2014级师范班全面推行“师德养成教育”课程化管理措施，将“教师职业道德”课程纳入师范生的人才培养方案，设置3个学分。课程对应《规范》设置6个专题，通过3个模块（即理论教学、主题活动和实践践行）实施一系列教育教学活动。通过课程化管理，使师德养成教育走向规范化、常态化和精细化。

其次，学科教学着力于为师范生未来从事教师职业奠定扎实而宽泛的学科专业基础，培养学生广阔的专业学术视野。通过在人才培养方案中设置通识基础课程群、专业素质课程群、教师教育课程群，来突出教学的系统性和应用性，拓展学生知识视野，拔高学生的学术境界。

再次，职业技能培训着力于构造免费师范生的从教基础技能、教学技能、教育技能和教研技能。即夯实以“三字一画、讲演诵读和课件制作”为代表的从教基础技能；强化以“教学设计、说课、模拟上课”为代表的教学技能，提高以“班级形象策划、模拟主题班会、模拟家长座谈会”为代表的教育技能，形成以“教育研究、教学研究、调查报告”为代表的教研技能。

（二）两个支撑，即“卓越教师培养计划”和“教师成长助推计划”

1. 以“卓越教师培养计划”为引领

“卓越教师培养计划”的目标是造就一批热爱教育事业、具有追求卓越的信念、有献身教育事业的远大抱负、具备从事教师教育的职业基础和教师专业化发展潜力的卓越教师队伍。为此，学院在2013级免费师范生中遴选了50名学生作为培养对象，分别从教育动力、教育信息和教育实践三方面来塑造教师品格结构、丰富教师知识结构、提升教师能力结构，并将培养视为一个贯穿其发展全过程的系统工程。

在教育培训阶段，学院以卓越教师实验基地班为载体，为优秀师范生的成长搭建舞台，全力促成学生提高学科专业素质和教育综合素养，深植为师从教的信念，打下扎实的教学基本功，在“三字一画一话一件一写”上达到较高水准。

在就业准备阶段，学院以“2+1”校地合作为依托，通过实训、见习、实习等方式，全面展现准教师在教材钻研、教学设计、设计陈述、教学实施、教学观摩与观察、现代教育技术应用、教育教学研究、科学与艺术领域涉猎等方面高于一般师范毕业生的优势。从而让毕业生入职后能迅速进入教师角色且迅速站稳讲台，缩短专业化成长周期，加快迈向优秀教师的进程。

在从教就职阶段，通过终身学习意识的牵引，使教师们不断超越自我，以带动更多教师发展，服务更大教育区域。

2. 以“教师成长助推计划”相助力

长期以来，如何让师范生尽快成长为“合格”中小学教师和如何创新中小学“合格”教师的培养模式，一直是教师教育的中心和重心。我校“教师成长助推计划”即是在教师教育专业的培养模式上作出的有益探索和试验，也是学校根据办学定位培养应用型人才和培养面向农村基础教育师资的一项重要举措。

助推计划的总体理念把培养目标定位于“培养能够把学生教好的学科教师”。助推计划将教师素养分解为教育教学理论、教学技能、组织与管理教学的能力等方面，使其内化为师范生的职业内在潜力。将教师素养的培养贯穿于教师教育专业培养的全过程，把师范生应该具备的各种素质视作为人才培养体系中的重要子系统，明确目标，形成菜单式项目，确定时空运行模式、考核标准和考核方式，分类型、分阶段、分层次交叉实施。

该计划通过“师德养成教育工程”项目，实现对师范生职业认知和职业意识的培养；通过教师职业技能培训和人才培养方案的实施，提高学生的职业技能和职业素养；通过让学生参与中小学教师置换脱产研修项目、学校发展诊断与建设、顶岗跟岗实习项目等，实现对学生教学能力和教学管理能力的培养；通过师范生和中小学骨干教师共同参与教育教学项目的研究，提升其教研和科研能力。

综上所述，我校通过“一个主体、两个支撑”的师范生培养体系建设，形成了师范生培养的一系列有效措施，彰显了我校的教师教育特色，突出了师范生培养的有效性。

二、教师职业道德课程的改革与实践

师范生师德教育是成都师范学院一直以来研究和探索的教改重点问题。“教师职业道德”课程综合改革及其实施大致经历了这样一个过程：从简单的、传统的师德教育到实施师德主题教育活动的师德教育，再到全方位的师德养成教育，最后形成课程化管理的师德教育。

从传统教育到主题活动，从全方位到课程化，这个过程是一个从简单到丰富、从粗放到精细的过程。同时它也反映了我校在师德教育认知上，从简单到片面、从全面到深刻的认知规律，最终实现对师德养成教育的理论升华。

（一）传统师德教育

2008 年以前，和众多师范院校一样，我校的师德教育是根据国家和教育行政部门的要求按部就班地推进，完成“规定动作”。师德教育主要以课堂理论灌输为主，且这时的师德教育多表现为零散的、阶段性的、不规范的教育。因此，师德教育缺乏实效性，教育效果不佳。

随着我国改革开放的不断推进，受多元文化和价值取向的影响，在一些中小学校教师师德失范的现象时有发生，特别是在汶川大地震中出现的“范跑跑”事件令人深思。同是在汶川大地震中，却涌现出谭千秋、张米亚、向倩等一大批具有崇高师德的优秀教师。他们为保护学生献出了自己宝贵的生命，成为“5·12”汶川大地震优秀教师群体的典范。

2008 年 9 月，教育部颁布了新修订的《中小学教师职业道德规范》，对教师职业道德提出了新的要求。

面对新形势下教育出现的新情况、新问题，特别是“师德底线”和“崇高师德”的问题摆在了人们的面前。师范院校应该如何担负起自己的神圣职责，培养社会所需要的高素质师范生——未来的人民教师，这是教师教育工作者必须思考的一个重大问题。

恰值此时，我校正面临着办学定位的调整和转型。我校办学经历了由成招师范教育到成招非师范教育，再到普通专科教育，最后到普招师范本科教育的转变。新时期，学校面临着生存与发展的机遇与挑战。作为师范院校，教师教育始终是学校的根本，因此，我校师范教育目标转变为培养新时期高素质的师范生，把师德教育作为师范生培养的核心，把师德教育作为师范院校教书育人的一项重要工作。

（二）实施主题教育活动的师德教育

2009 年，我校实施了“师范生师德养成教育计划”，改变了传统说教式的师德教育，以师德主题教育活动的形式开展师德教育。其主要做法是：围绕教育部新颁布的《中小学教师职业道德规范》的六条要求，开展一系列主题教育活动，实现师德养成教育目标。

学校设计了一系列主题活动方案，师范专业各系（院）按照主题活动要求，结合学科特点和学生工作的安排，分别在专科 6 个学期（本科 8 个学期）以主题活动形式组织实施师德养成教育，并纳入第二课堂学分制进行考核。

（1）“为了祖国的教育事业” 教师节系列活动

（2）“爱岗敬业、存远志高”——师德经典电影巡展

（3）“人类灵魂工程师，任重道远”和“对我影响最大的教师”征文活动

（4）“师德，教师永恒的追求”——师德主题演讲

（5）“培养良好品行，促进师德养成”——教书育人校园情景剧

（6）“教师与师德修养”——小型校友会（教师类校友）

（7）“衣着得体，语言规范，举止文明”——教师礼仪活动月

（8）“师德修养与职业发展”——小型校友会（非教师类校友）

（9）“崇尚科学精神，树立终身学习理念”——终身学习体验月

（10）“学习优秀教师，弘扬伟大师德”——优秀教师交流报告会

（11）“走向农村教育”——农村教师与师范生双向交流活动

以主题活动形式开展的师德教育，生动活泼，形式多样，学生参与积极性高，师德教育取得了一定实效性。但是，由于缺乏系统的师德理论教育，学生对师德的理解只停留在感性阶段，不能深刻地感悟和认识师德的内涵。因此，我们在思考这样一个问题：怎样让学生既接收师德的理论教育，又积极参与到师德养成的教育教学活动之中，通过自身对师德的认知、体验与感悟，实现师德行为的内化。

（三）全方位的师德养成教育

2011年我校又推出了“师范生师德养成教育工程”，站在人才培养的高度，把师德教育作为“育人工程”来打造。为了实现养成教育目标，学院制定了《立德、融通、践行、内化——成都师范学院师德养成教育工程方案》（以下简称《方案》）。方案从“立德”树人的高度，将师德养成教育内容全面“融通”于师范生专业人才培养方案，通过师范生的主动“践行”体验，将师德“内化”，实现师德教育的目标。

《方案》改变了过去单一依靠主题活动实施教育的方式，力图构建一个全方位的师德养成教育体系。其做法是：将师德教育的形式优化、整合、设置为五个模块，即课堂教学、主题活动、实践践行、环境文化和过程评价。五个模块的教育平台构成了一个多维的、全方位的师德养成教育架构。

五个模块强化五种功能，即理论教学作为教导载体，突出渗透功能；主题活动作为参与载体，突出强化功能；实践教学作为践行载体突出体验功能；环境建设作为文化载体突出熏陶功能；过程评价作为测评载体突出检验功能。

五个模块通过“课堂教学渗透”“主题活动强化”“实践践行体验”“环境文化熏陶”“过程评价检验”，从而实现全方位的师范生师德养成教育目标。

理论教学即通过在学科理论教学中渗透教师职业道德规范要求及师德养成的相关内容，引导学生树立高尚的理想情操和养成良好的道德品质，提高对教师职业道德的认知。

主题活动即根据养成教育目标，设置师德活动主题，开展有关师德养成教育活动，搭建平台，营造环境，使师范生通过自己的参与体验，内化和提升道德品质。

实践教学即通过师范生专业见习、毕业实习及师范专业实践教学活动的实施，强化师范生对教师职业特点、行为要求的角色认知和师德规范的践行体验，从师德认知到外化行动，培养良好的师德修养。

环境建设即依托教师教育文化资源，加强校园文化建设，形成环境优美、学风浓郁、制度有力、精神昂扬的大学育人条件。通过育人环境，陶冶情操，净化品德，使师范生在潜移默化中接受师德的感染和熏陶。

过程评价即通过对师范生个体参与师德养成教育的过程和日常行为作出记录和评价，实现对师范生的师德养成教育的参与程度、认知水平、师德素养和师德行为能力的过程性考核。

五个模块在维度上形成了横向的单元目标；通过制定年度阶段性目标，分年度阶段性实施，在每个学期设置师德养成教育理论教学、实践教学、第二课堂等各个模块的相关内容，全面地、循序渐进地推进养成教育，将师德养成教育连续贯穿于师范生在校学习期间的整个过程，形成了不断深化的纵向目标。从而构架出一个全方位、全过程的师范生师德养成教育体系，形成有力的聚心指向，达到良好的教育效能。

全方位的师德养成教育虽然具有一定的科学性，既改变了简单的课堂说教，又改变了单一的主题活动做法，形成了一个“宽泛多维的师德教育”概念。通过各种教育教学活动的实施，达到师德教育的目的，师德教育取得一定成效。

但是，全方位的师德教育是一个宽阔的、开放式的师德教育平台。因此，我们将其称之为“师德教育工程”，既说明其重要，又说明其浩大，其特点是形式粗放、缺乏掌控性和常态性，特别是教育成效的评价不易操作。因此，如何实现规范化和精细化的管理，从宽泛多维的师德教育走向常态化的师德教育教学，是我们要思考的问题。

（四）课程化管理的师德教育

1.“教师职业道德”综合改革及实施

2013 年，我校推出了“教师职业道德课程”综合改革方案，即将师德养成教育纳入人才培养方案的教学计划中，实行课程化管理。该项改革主要是响应《教育部关于大力推进教师教育课程改革的意见》：“加强教师职业道德教育，将《中小学教师职业道德规范》列为教师教育必修课程。”同时，也是为了对接教师教育课程标准，将“教师职业道德”列为必修课的要求。

教师职业道德课程化管理改革，就是在人才培养方案中设置融理论教学、主题活动、实践践行为一体，贯穿于师范生培养全过程的新型意义上的“教师职业道德课程”。通过课程化管理，实现师范生师德教育的规范化、常态化，增强师德养成教育的有效性和可操作性，实现精细化管理目标。

课程化管理的做法是将“教师职业道德”作为教师教育类专业人才培养课程独立设置。新型的“教师职业道德”课程由三部分组成：理论教学、主题活动、实践践行，课程共计 3 个学分。其中理论教学 1 学分、主题活动 1

学分、实践践行 1 学分，该学分分别包含在课堂教学、第二课堂活动、教学见习实习中。

课程基本构架为“六个专题，突出重点”“三个模块，整体设计”。即“教师职业道德”课程以教育部中小学教师职业道德六条规范内容为依据，分六个专题，进行重点讲授和组织活动。该课程包括理论教学、主题活动、实践践行三个模块。通过课堂学习、学生活动和校外实践等途径，通过多维度的教育教学活动，构建师德教育新模式，最终实现师范生师德养成教育由灌输到养成的转变。

以《中小学教师职业道德》的六条内容为核心，将师德养成教育相对应的融入“思想道德修养与法律基础”“教育心理学”“教育学”“德育与班级管理”“学科教学论”“职业规划与就业指导”等 6 门课程的教学之中。6 门课程的课堂教学各增加 3 学时用于教师职业道德相关内容的学习，共计安排 18 学时。“教师职业道德”课程的理论教学内容采用主题渗透和融合教学的方法完成。同时，根据中小学教师职业道德六条规范及其内在要求编纂教学要点，由开课系及任课教师根据课程性质及其特点，结合学科教学拟定教学大纲、制定教学进度，并在教学过程中融合贯穿实施。

主题活动是师范生师德养成教育的重要载体。学校围绕理论教学的六个规范，结合学生特点和专业特色，设计相应的主题活动方案，在第二课堂开展形式新颖、生动活泼、学生喜爱、积极有效的师德养成教育主题活动，引导和鼓励师范生积极参与。通过情景设置、角色体验，激发学生热爱教育事业、热爱教师职业的情感，激励学生投身教育事业的崇高志向。

师范生的师德品质是将外在道德规范和个体道德认知，通过社会实践内化发展起来的。实践践行是“教师职业道德”课程的重要组成部分，是与师德养成理论教学、主题活动既相互呼应又相互区别的重要教学环节。它要求学生在教师指导下，依据师德理论教学内容和要求，通过师范生的社会实践和教学见习、顶岗实习、毕业实习等活动，从中获得教师职业道德方面的直接体验，加深对师德的理解与把握。

“教师职业道德课程”通过设置“六个主题、三个模块”的师德养成教育体例，并将其贯穿于师范生从入学到毕业的教育教学过程中，在教育内容和教育形式上构建出了一个新型意义上的师德教育课程体系。

2.“教师职业道德”课程化管理改革方案及其实施

2015 年 6 月，教改课题组修订完成了教改方案（二）——《“教师职业道德”课程化管理改革方案》。改革以后的师德养成教育由对师范生实施教师职业道德教育的一系列教育教学活动构成，通过教学计划的实施和课程化管理，把师德教育常态化。新型的“教师职业道德”课程由“理论教学”“主题活动”和“实践践行”三个模块的重要组成部分。

师德养成教育的实施由教务处、学生处、政教系（思政部）、师德中心、师范专业各系（院）协同组织。“理论教学”纳入人才培养方案，由政教系（思政部）、师德中心组织教学与管理。“主题活动”由师范专业各系（院）结合学生处学生活动的开展组织实施。“实践践行” 由师范专业各系（院）根据教务处师范生见习、实习的有关规定，在师范生的实践活动中提出师德目标要求。

根据我校“教师职业道德课程综合改革”的要求，师德养成教育实行课程化管理，其考核纳入相应的教育教学过程，考核结果记入学生学籍档案。“教师职业道德”课程最终考核成绩由平时成绩和期末成绩两部分构成，期末成绩即理论教学的考试成绩，平时成绩即参与主题活动的成绩。该门课程考核实行等级制，即优、良、中、及格、不及格。

（1）理论教学模块

理论教学是师德养成教育的核心内容，其目的在于增强学生对教师职业道德的理性认知，促进师范生对教师职业道德的认同，进而内化为自身的自觉行为。理论教学的主要教学形式采用课堂教学。课堂教学作为学校教育的重要组织形式，是教育教学的主阵地。课堂教育是学生理论认知的重要源头。通过课堂上师生双方教与学的共同活动，才能达到教师指导学生对教师职业道德规范及其要求的认知目的。

理论教学即开设讲授“教师职业道德”课程。根据教育部师范院校师德教育课程的设置要求，结合我校《教师职业道德课程综合改革方案》，在人才培养方案的教师教育课程中设置“教师职业道德”课程。

“教师职业道德”课程是师范类各专业（包括免费师范专业）的教师教育类必修课程。教学计划 2 学分，32 学时。开课时间：师范类文科本、专科各专业第 2 学年第 1 学期，师范类理科专业（包括艺、体类专业）本、专科各专业第 2 学年第 2 学期。

“教师职业道德”课程按照教务处要求，由政教系组织教学和课程管理。理论教学采用专题讲授的方法。其主要内容为：① 主要讲授教育部 2008 年颁布的《中小学教师职业道德规范》；② 结合教师资格证考试的《综合素质》课程，讲授教师职业道德及行为的相关内容。在理论教学中，要围绕教师职业道德规范，采用分专题讲授的方式，运用理论讲解、案例分析、情景演绎等手段进行教学，以提高教学的实效性。

该门课程在开课学期结束后进行考核，考核方式采用考查形式，成绩实行等级制，即优、良、中、及格、不及格。理论教学占最终成绩的 50%。

（2）主题活动模块

以社会主义核心价值观为引导，以教师职业道德教育为主线，以争做新时期的“四有教师”为目标，通过设置师德教育活动主题，搭建平台，营造富有师德情境的教育活动氛围，引导和鼓励师范生积极参与，通过师范生自身的体验和感悟，内化和提升道德品质。

师德教育主题活动的实施要和学校学生活动的开展相结合，分为“集中式”活动和“分散式”活动。

集中式主题活动要结合时事政治，以及我国经济社会和教育的新形势，主要围绕社会主义核心价值观教育，依法治国教育，以及习总书记关于教师队伍建设、争做“四有教师”的系列讲话精神，结合师范生职业理想信念教育、法律法规教育，由学校宣传部、学生处、政教系（思政部）、师德中心统一布置并组织实施相关活动。

分散式主题活动主要由师范专业各系（院）组织实施。活动要紧密围绕师德养成教育主线开展。按照师德养成教育的总体目标，结合第二课堂系列活动和各系（院）学生活动实际，由各系（院）负责具体组织落实实施。主题活动要依据教育部 2008 年颁布的《中小学教师职业道德规范》中“爱国守法、爱岗敬业、关爱学生、教书育人、为人师表、终身学习”六条规范的要求，根据政教系（思政部）、师德中心设计的主题活动大纲方案开展活动。各系（院）在师德养成教育过程中开展的主题活动次数应不少于 6 次。各院（系）也可根据专业特点和学生实际，自行设计组织相应活动，活动次数不少于 6 次。

主题活动由师范生所在系（院）组织实施考核，由各系（院）确定选聘的“师德教育指导教师”评定成绩。主题活动的考核由两部分组成，一是考核师范生参加主题活动的考勤情况；二是结合主题活动的具体要求，考核师范生在主题活动中的具体表现。

主题活动考核成绩由各系（院）根据政教系（思政部）、师德中心下发的《成都师范学院师范生师德养成教育（主题活动）考核表》进行考核，并在第二学年理论教学结束前交至政教系（思政部）、师德中心。主题活动作为“教师职业道德课程”的实践教学部分计入平时成绩。主题活动成绩占最终成绩的 50%。

（3）实践践行模块

实践践行是师德养成教育的重要组成部分，其目的是将师德教育融入师范生的实践教育教学之中，通过社会实践、教育实习实训观摩学习中小学教师的师德闪光点，感受教师的敬业精神，体验教师职业幸福，体味师德价值，并将其转化为教书育人的情感动力，坚定从教的职业选择和价值追求。

通过实践践行的感性认识，加深对师德理论的认知。通过实践践行，规范师范生师德行为，促进师德规范的融通、内化。通过实践践行，提高师范生履行职业道德要求，从事教育教学工作的能力。同时，通过实践践行，让师范生接触和了解中小学教育教学的情况和中小学教师的成长历程，进一步培养师范生的优良师德，进一步巩固师范生热爱和忠诚于社会主义教育事业的思想，增强对基础教育工作的适应性。

实践践行由师范专业各系（院）组织实施。在实践践行活动中各系（院）要根据教务处《成都师范学院教育实习工作细则》《成都师范学院教育实习学生记录册》和《成都师范学院教育见习学生记录册》，以及学生处有关学生社会实践的相关文件要求，结合教育见习、实习、技能实训、社会实践的安排，针对师范生的成长成才，突出师范教育特点，明确师德教育目标，围绕师德教育主线，提出师德行为的践行要求，将师德教育与教育实习、见习和社会实践相融合。

实践践行由师范生各系（院）组织考核，不另组织考核。师德作为师范生教育见习、实习成绩的一部分，在师范生的教育见习、实习、专业实训、社会实践中融入师德考核目标，与相应的实践教育教学活动一并考核。实践践行部分着重考核师范生在教育教学活动中的师德行为规范等和在师德教育过程中的表现，主要反映师范生体验教师角色、履行教师职责、爱岗敬业、为人师表的工作情况。其考核根据“成都师范学院教育实习为人师表行为表现评定标准”予以认定，并计入相应的教育见习、实习考核成绩中。

3. 新型“教师职业道德”课程特色

改革后的“教师职业道德”课程改变了传统师德教育的课程教学模式，避免了主题教育活动形式的单一化，改变了全方位师德养成教育的开放式教育形式，形成了一个融教育教学为一体，并通过人才培养方案、教学计划实施的新型“教师职业道德”课程。课程实现了师德教育从传统的教学模式向全新意义上的“知、情、意、行”相贯通的全方位的师德教育教学模式的转变，增强了师德教育的可操作性，并使师德教育常态化，从而提高了师德教育的实效性。

在实施的过程中，解决了如下几个关键问题：

（1）三维一体，有机结合。将师德教育的理论教学、主题活动、实践践行融为一体。

（2）过程评价，内化提升。建立客观的过程性评价体系，强化认知，促进内化。

（3）方案实施，机制保证。依靠师范院校的教育教学资源，多方推进，形成教育合力。

总之，成都师范学院通过对师范生师德养成教育的不断探索，特别是通过教师职业道德课程的综合改革，实现“教师职业道德”的课程化管理，从而构建全新意义上的师德教育体系，有力提升了师德教育的科学性和有效性，为高素质师范生的培养作出了有益的尝试。

第六章　强化应用，深化师范生专业能力培养与评价改革

教师是立教之本、兴教之源。成都师范学院以培养优秀人民教师为己任，为基础教育领域输送了数以万计的高素质教师。作为一所为地方教师教育发展服务的师范院校，我校注重培养和锻炼师范生的专业能力，提高师范生的实践能力。

第一节　师范生专业能力培养改革

2010 年以来，我校前瞻性地应对当前基础教育发展趋势，推进教师教育的重大转型，积极探索实践了“三维一体”的师范生培养模式。6 年多来的探索与实践，整体提高了师范生人才培养质量，破解了教师教育瓶颈难题，在全国同类院校内产生了极大的影响。

一、建构师范生素质结构模型

成都师范学院根据自身实践探索，深度挖掘教师职业素养内涵，充分把握教师职业素质结构，具体包括：作为教师职业素养的品质结构、知识结构和能力结构三者协调运行，构成教师发展动力维、信息维、操作维。

表 6-1

素质结构	作用	内容
品质结构	动力维	职业道德
		教育理念
		心理素养
		个性风格

续表

素质结构	作用	内容
知识结构	信息维	专业知识
		教育理论知识
		相关文化科学知识
		方法论知识
能力结构	操作维	教师基础能力
		教学能力
		教育能力
		教育教学研究能力

我们在不断完善职前职后一体化的教师培养培训课程体系过程中，形成了“三维互动”的教师专业化发展模式。

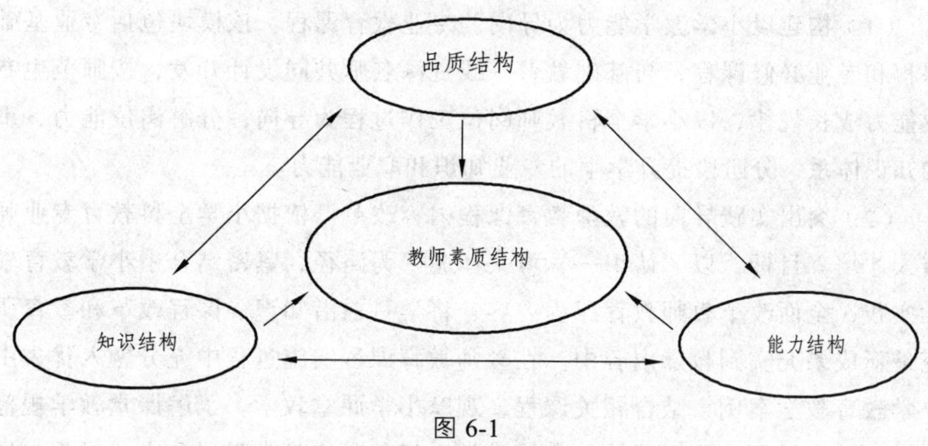

图 6-1

二、改革师范生专业能力训练体系

围绕着形成学术共同体、发展共同体、利益共同体、学习共同体、价值共同体、幸福共同体的建设目标，我校积极探索开发开放的课堂、终身学习的课堂、团队学习的课堂、信息共享的课堂、不断创新的课堂、提升自我价值的课堂的学习型组织的建立。

（一）修订和完善人才培养方案

学校全面修订《本专科专业人才培养方案》，一是认真分析师范生“品质结构+知识结构+教学能力结构”三个方面的培养规格要求，将师德养成教育、学科专业教学、教师技能培养内容在人才培养方案中一体设计、在教学过程中一体推进、在顶岗支教中一体实践，促使教师教育专业学生的品质、知识和能力的协调发展，优化培养结构。二是针对专业教学内容缺乏针对性的问题，将基础教育新课程标准与学科专业课程教学深度融合，形成新的课程内容体系，增设专门学分，开设教师职业技能课程；增设服务基础教育的选修课，解决基础教育，特别是农村地区优质师资培养的教学内容针对性问题。

（二）大力推进学科教学改革

我校系统设计学科知识体系，从学科专业知识、教育教学理论知识、相关文化科学知识到方法论知识进行整体设计。

1. 改革课程体系

（1）构建以小学教学能力为导向的专业教育课程。该模块包括专业基础课程和专业必修课程，与基础教育一线资深名师共同设计开发，按师范生专业能力成长规律，以小学全科教师岗位工作过程为导向，分解岗位能力，重构知识体系，分阶段提升学生的专业知识和职业能力。

（2）突出实践导向的教师教育课程内容改革。依据小学全科教育专业师资人才培养目标，以“认识—学习—体验”为路径，紧密结合中小学教育教学实践，全面改革教师教育课程内容，将学科前沿知识、课程改革和教育研究最新成果充实到教学内容中。在教师教育课程实施过程中充分融入优秀中小学教育教学案例，结合相关课程，观摩小学课堂教学，了解课堂教学规范与过程，在教师指导下设计并实施教学方案，并将日常学习和实践过程中形成的所思所想变成问题意识和一定的解决问题能力，从而具备观摩、参与、研究教育实践的经历和体验。

（3）构建综合宽泛的通识性教育课程。通识性课程模块包括通用知识课程和通用能力课程，建立通识教育核心课程，其他课程作为核心课程的补充或延伸，设置为限选或任选。开发跨学科选修课，将社会科学类与人文科学类课程进行合理重组，形成综合课程。课程设置上贴近基础教育教学实际，涵盖作为教师必须具备的科学技术、社会经验、职业规划等方面知识，将人际关系、心理健康教育、艺术欣赏等也纳入课程体系。

（4）把社会主义核心价值观纳入教师教育课程体系，融入师范生培养全过程。把德育渗透于教育教学的各环节，贯穿于学校教育、家庭教育、社会教育的各方面。构建大中小学有效衔接的德育体系，采取将教书育人楷模、一线优秀教师请进课堂等方式，创新和丰富师德教育的内涵与形式。不断提高德育工作的吸引力和感染力，增强德育工作的针对性和实效性。

（5）形成师范生专业技能课程群，包括师范生基本技能课程群、教学技能课程群、班主任工作技能课程群、教育教学研究技能课程群的课程结构体系，很好地解决师范生专业素养培养的内容与内容结构问题。（见图 6-2）

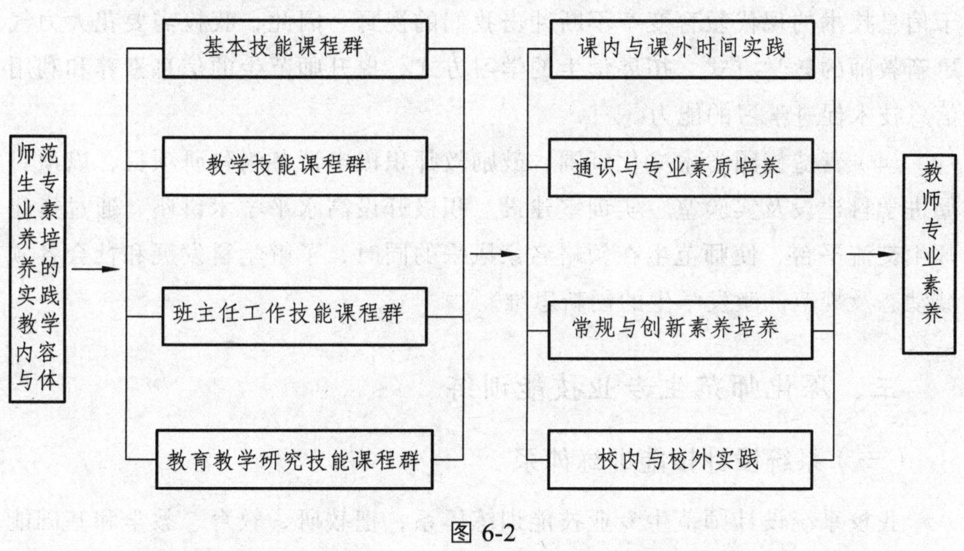

图 6-2

（三）改革课堂教学方式

针对在实际教育教学工作中对教学对象的认识和分析不够、对教学内容的认识和分析不够；对课程整体把握不够（目标定位不清晰、重难点把握不准、知识储备不够、知识的前后连贯性差、教学内容的前沿发展缺乏批判性认识）；教学过程把握能力和技巧欠缺（缺乏学生的主体意识、探究学习、合作学习；自主学习指导能力差、语言表达能力差、教学缺乏激情、教学方法单一、落后）；建立有效教学环境的营造意识淡薄、师生关系处理不恰当（缺乏理解、不够尊重、信任缺失、缺失关爱、尺度失衡、缺乏交流）；教学评价失当（缺乏相应的课堂评价技巧、考试考核科学性不强、评价过于随意、缺乏激励）等问题，学校积极开展了对课堂教学方式的改革。

（1）推进以“自主、合作、探究”为主要特征的研究型教学改革，积极开展师范生进实验室、实训室活动，着力提升师范生的学习能力、实践能力和创新能力。

（2）改革教师课堂教学方法，提倡多种多样的教学方式，如小组合作学习、独立自主学习、探究性学习，参与式教学、浸入式教学、情景式教学，叙事性研究、微课程研制等模式。

（3）充分利用信息技术变革教师教学方式和师范生学习方式。随着移动设备普及、无线网络覆盖，随时随地学习成为可能，“翻转教学与微课”等基于信息技术的现代教育变革不断冲击我们的视野。因此，我校需要花大力气更新教师的教学方式，拓展学生的学习方式，提升师范生的信息素养和利用信息技术促进学习的能力。

（4）营造校园学术文化氛围，鼓励教师积极申请各级科研项目，以项目促进学科建设及实验室、实训室建设。积极开设高水平学术讲座，通过搭建师生交流平台，使师范生在领略名家风采的同时，了解学科发展和社会各领域动态及规范，激发学生的创新思维。

三、深化师范生专业技能训练

（一）系统设计技能训练体系

我校系统设计师范生专业技能训练体系，把教研、教育、教学和基础能力的测评作为训练评估的重要内容和质量把关；在训练管理上，注重对训练流程的优化，实行学校、院系、班级三级管理联动机制；立足于教师基础能力、教学能力、教育能力和教育教学研究能力的培养，进行课程开发、教材编撰和系统训练。（见图 6-3）

（二）系统建设资源平台

学校立足四川，服务城乡统筹与教育均衡，整体建设基础教育师资培养培训一体化核心基地，着力创建和打造教师职业技能提升的专业平台，全方位搭建师范生技能提升的资源平台。

（1）系统化建设教师职业技能实训室。学校先后斥资千万元，成立了成都师范学院教师职业技能培训基地，基地总面积近 5 000 平方米，设备投入达

500 余万元，建成教师职业技能专业实训室 30 余间，形成了包括“三字一画”、教师语言、多媒体课件制作、课堂教学观察与评价、班主任工作技能情景模拟在内的八大实训室。基地对外承担在职教师技能培训、测评和研究任务，对内承担成都师范学院师范生职业技能训练、指导、检测和研究工作。

（2）系统加强师范生职业技能的课程开发与教材编写。除了开设“现代教育技术”“三字一画”“教师礼仪”和“教师口语”等常规教师技能课程外，学校还开设了“人文艺术素养”“心理教育技能”“运动组织技能”“教育教学技能”“班主任工作技能”“教师肢体语言技能”“职业道德教育技能”等教师技能训练类课程。尤其是依托“教师口语”“粉笔字”“班主任工作技能”“课程教学论”等教师职业技能训练课程，运用相关专业实训室，与各院系教学紧密结合，逐渐形成了一个主题突出、内容丰富、覆盖面广、效果明显的师范生技能培训体系；编写了《怎样写好粉笔字》《怎样画好简笔画》等系列教材。

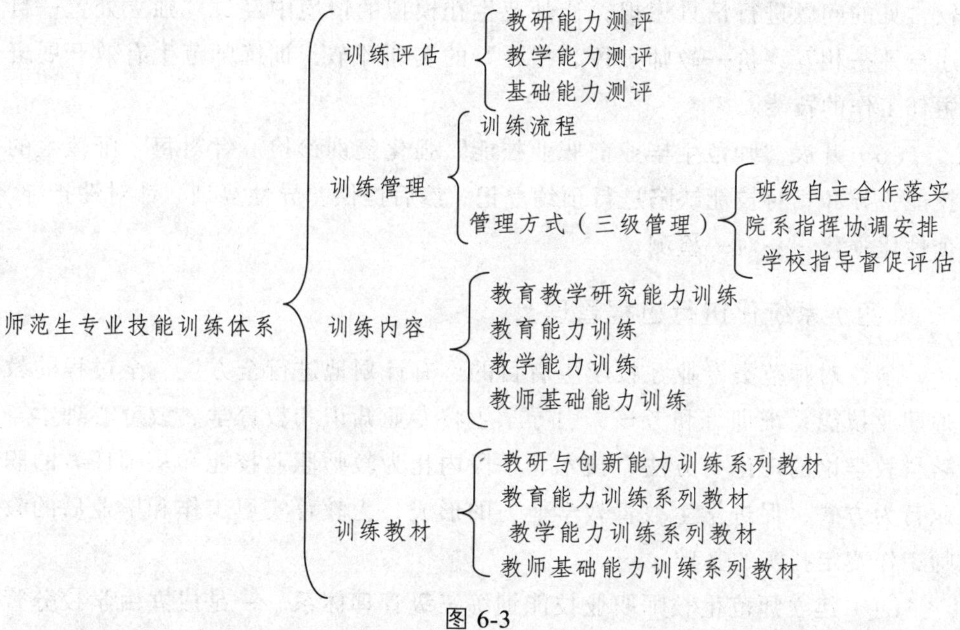

图 6-3

（三）板块化开展技能训练

学校坚持有的放矢、多样化地扎实开展师范生的教师职业技能过程性训练。

（1）突出师范生基本能力训练，包括“三字一画”、教师口语、简笔画和教师礼仪。

（2）强化“微格教学”训练。实训室配置了国内最先进的教育教学设备，它由一套互动录播系统、互动反馈教学系统、远程互动课堂教学系统构成，可以完成适时上网、自动录播等教学功能，分别进行小组和班级微格训练。

（3）有针对性地展开“教学设计技能”训练，掌握制定教学目标、分析和处理教材、学情分析、制定教学策略、制订教学计划和编写教案的技能；同时让师范生具有能结合学科特点设计、批改学生作业，实施教学评价的技能。

（4）深入开展“课堂教学观察与评价”训练。对师范生的课堂教学技能进行“临床指导”；引导和训练师范生钻研教材、处理教材、分析学生、选择教学策略、制定教学程序、处理课堂教学环节、反思研究教学等，判断其价值及其与成败的关系，对师范生的课堂教学训练起到奠基作用。

（5）创新开展“班主任工作技能情景模拟”训练。针对班主任工作中比较常见的问题进行情景模拟，让师范生在模拟的情境中经过“独立处置—自述自评—相互评价—教师点评、指导”的实训环节，训练师范生有效开展班主任工作的技能。

（6）开展“师范生毕业前职业技能”强化复训诊检。针对每个师范生的技能差异和相对技能缺陷进行预约登记，然后提供差异性复训、针对性指导、个性化强化、一对一检测。

（四）系统化进行过程管理

学校对师范类专业在校学生有目的、有计划地进行全方位、全过程的教师职业技能系统训练和考核，引导学生将专业知识和教育学、教育心理学、学科教学论的理论与方法、技术、手段内化为教师职业技能和从师任教的职业行为方式，促进学生教育教学能力的形成，为教育实习工作和毕业后的教师工作奠定扎实的基础。

（1）建立师范生教师职业技能训练三级管理体系。一是成立由学校分管教学领导任组长、教师职业技能培训基地和相关处室负责人为副组长、其他处室和各系负责人为成员的师范生教师职业技能训练校级领导小组；二是建立师范生教师职业技能训练管理的学校、院系、班级三级管理体系，分层履职，分工协作，全面推进。

（2）系统安排师范生职业技能训练项目。凡师范学生，自进校之日起，在学校、院系指导下开始系统的师范生职业技能训练。各院系师范生职业技能训练系列安排如下：入学专项教育、基础训练、校内观摩和校外观摩、试讲、实习、顶岗等。

（3）加强师范生职业技能考核与评价。与培训管理相匹配，成立专门考核组织——师范生教师职业技能考核委员会，明确师范生职业技能考核内容并纳入学分制管理，积极组织师范生职业技能竞赛。师范生职业技能训练的各项活动纳入学生第二课堂学分。以赛促训，以考核促发展，将考核结果与学生发展和各院系工作评定挂钩。

第二节　师范生专业能力评价创新

从 2012 年开始，成都师范学院依托“四川省教师职业技能培训基地”“成都师范学院教师教育研究所”“成都师范学院农村教育与教师发展研究所”“成都师范学院教师职业技能测评中心”等，研究构建了教师职业能力评价体系。通过几年的探索实践，已经建立了完整的中小学教师职业能力评价标准体系、内容体系、运用体系及服务平台，形成了师范生专业技能诊断、实训、评价、实践提升一体化的职业能力培养模式。同时，使研究成果服务于基础教育和中小学教师专业发展，形成了职前职后一体化的教师专业发展服务培养体系。

一、推行师范生能力评价的背景

（一）教师专业化发展需要

在众多因素中，教师是制约学校教育质量和影响学生学业成绩的最为重要的因素。因此，改革教师教育成为教育改革的核心。抓住了教师之本，就抓住了教育之本。教师专业能力评估是教师教育的出发点和手段，是促进学生发展的重要途径。教师专业能力达到要求，实现专业发展，才能推进教育综合改革，为教育提供人力和智力支持，实现学生全面发展。

20 世纪末，卡耐基教育促进会和霍姆斯协会在《国家为培养 21 世纪教师做准备》和《明天的教师》中提出了教师专业化的概念，将其视为学校提高教育质量的必由之路。教师专业化是当前全球教育关注的重大问题，是指教师通过多年的专门训练和实践，具有独立的专门知识和技能。教师专业化的重要组成部分是教师的专业成长，而教师专业能力评估标准是促进教师专业发展的重要引擎，测评过程本身就是专业提高的过程。

教师的专业成长需要相应的教育评价制度，教育评价制度必须依靠教师专业能力标准为评价提供参照，使得教师的专业认定过程有章可依，有法可循。教师专业能力提高可以通过评估来实现，教师专业能力评估不仅仅是对教师工作的鉴定，更重要的是让教师从评价反馈中获悉自己的不足，从而促进教师的专业发展，提高教学水平。

（二）国家政策调整的需要

提出教师专业化的理念之后，世界各国加快了教师专业标准的制定。法国先后两次对小学、中学教师的专业标准进行了规定，并于 2007 年出台了新的中小学教师专业能力标准。英国、德国、新西兰等都建立了中小学教师专业能力国家标准。美国教育部和美国高等教育评估委员会认可 NCATE 为第一个全国性教师教育评估机构，对全美教师教育机构的办学水平进行评估。与此同时，我国也不断加强教师专业化进程。2008 年，原教育部师范司管培俊司长在教师资格制度国际学术研讨会上呼吁研究制定科学规范的教育教学能力的标准与测试办法。2011 年，教育部发布了中小学《教师专业标准》（征求意见稿），掀起了我国教师专业发展的理论研究和实践探索的热潮。然而，通过梳理我国近年来教师专业能力及标准研究成果发现：关于教师职业能力标准的研究，无论从理论还是应用来说都不尽如人意。教师教育评估研究数量虽多，但专业能力结构单一，系统性、科学性、导向性、操作性严重缺失。

（三）实践操作层面的需要

从研究层面讲，国内外对教师专业能力的研究集中在三个方面：一是研究教师专业能力整体结构；二是研究教师专业能力的具体结构；三是探索教师专业能力发展规律。概括地说，研究成果丰富，论述很多，但缺乏对教师职业能力素质模型建构的研究和测评标准的研究。从操作层面讲，国内外高度重视教师职业能力测试，我国北京、上海、广东、湖南等地开始了先期探索。总体来讲，步伐很大，但操作标准不系统，操作实施困难很大。因此，全面、客观、公正测评师范学生和基础教育在职教师专业能力水平，对于提高教师专业化水平，进而建设一支高水平的教师队伍，具有重要意义。

二、开展教师职业能力评价的目标任务

（一）主要目的

开展教师职业能力评价的核心立足于教师职业能力模型的建构，是建立和完善基于能力评估的教师职业技能训练体系，细分教师职业能力的构成要素，并对各构成要素实施科学评估，以此为依据，建立师范生技能训练体系和职后教师培训体系，形成教师培养、培训、评估的一体化设计、一体化实施和一体化评价，从而形成包含训练项目、实践课程、能力要点的科学系统的教师培养培训模式。

（二）主要任务

以《中华人民共和国教师法》《教师资格条例》《中小学教师专业标准》《高等师范院校学生职业技能训练大纲》为依据，参照美国、德国、法国等国的教师专业评价标准，立足我国中小学教师专业能力现状，建立中小学教师专业能力评估体系，主要包括以下四个主要目标：

1. 系统挖掘教师专业能力核心要素，细化教师能力板块

教师职业能力测评体系将教师职业能力细分为教师基础能力、教学能力、教育能力和研究与自我发展能力四大部分。内容板块依据测评标准，通过分学科、分学段、分等级测试内容库建设，着力解决“评有所据”的问题。

2. 建立教师职业能力测评体系

通过标准板块、内容板块、操作板块和应用板块来完成对教师职业能力的科学评估，最终形成教师职业能力测试的信息化平台。立足于职前职后一体化，划分教师等级，拟订对应测评标准、测评大纲和测评细则，着力解决“评有所依”的问题。

3. 建立教师职业能力评价操作体系

操作板块通过建立测评的逻辑顺序，不断提升测评效度和信度，着力解决“评有所指”的问题。

4. 建立教师职业能力评估体系运用体系

应用板块通过不同群体、不同层次、不同地域、不同方向的测试应用，着力解决“评有所用”的问题。

通过理论分析和实践探索，研究出一套包括标准体系、内容体系、方法体系、运用体系在内的教师专业能力评估体系，为教师教育改革、教师队伍建设，以及师范生的专业发展提供理论基础、技术指导和专业引领。

三、建立和开展评估工作的方法路径

（一）建立教师专业发展评价的专家和工作团队

建立一支素质优良、结构合理的教师专业能力评价研究的专家队伍和工作队伍，主要包括几个方面：一是教师职业技能培训基地专职教师，二是各二级学院教学（法）教师和专业教师，三是中小学一线名师和名校长，四是国内其他知名教育专家。

（二）构建教师专业能力构成及评估标准、流程

细化教师专业能力的构成要素，将教师专业能力划分为教师基础能力、教学能力、教育能力和教育教学研究发展能力四大板块，再将这四大板块进一步细分。

根据现行的中小学教师评等评级框架划分等级模块；根据等级模块，多番论证，制定相应测试标准，包括教师基础能力测试等级标准、教学能力测试等级标准、教育能力测试等级标准和教育教学研究发展能力测试等级标准；根据相应标准，拟定对应测试大纲。大纲包括：测试要求与标准、测试内容、测试规则。

根据等级标准和测试大纲，拟定测试细则，包括：测试点、测试内容和要求、权重、给扣分办法；依据教师专业能力的测试标准，组建测试的内容板块，建设完备的内容体系，形成测试题库。建设思路是分学科建设、分学段建设和分等级建设；在标准板块和内容板块基础上，进行教师专业能力操作板块的建设；进行教师专业能力测试应用板块建设。

（三）研制教师职业技能训练评估大纲

合理设置实验（实训）课程学分和学时；通过大纲体现“五化”，即实现教师职业技能训练课程板块化，板块内容模块化，实训模块项目化，项目课

内集体实训与课外自主训练一体化，实训大纲与测评标准一致化。在此基础上，将大纲内容转化为教师实验（实训）指导书和学生自主训练指南。

（四）研发教师职业技能训练评估教材，改革教师职业技能训练的课程体系

根据评价的需要，成都师范学院组织编写了《怎样写好粉笔字》《粉笔字书写技能训练教程》《教师口语技能训练教程》《教师职业道德技能训练教程》等教材，并专门申请立项教师职业素养类系列教材的开发出版项目。

学校还对师范生训练课程体系和职后教师培训的课程体系进行了系统建构，形成了教师基本技能训练课程群、教学技能训练课程群、教育技能训练课程群以及教研和自我发展能力训练课程群四大课程群，共计三十多门课程。

（五）实施训测一体，规范教师职业技能训练及考核评价流程

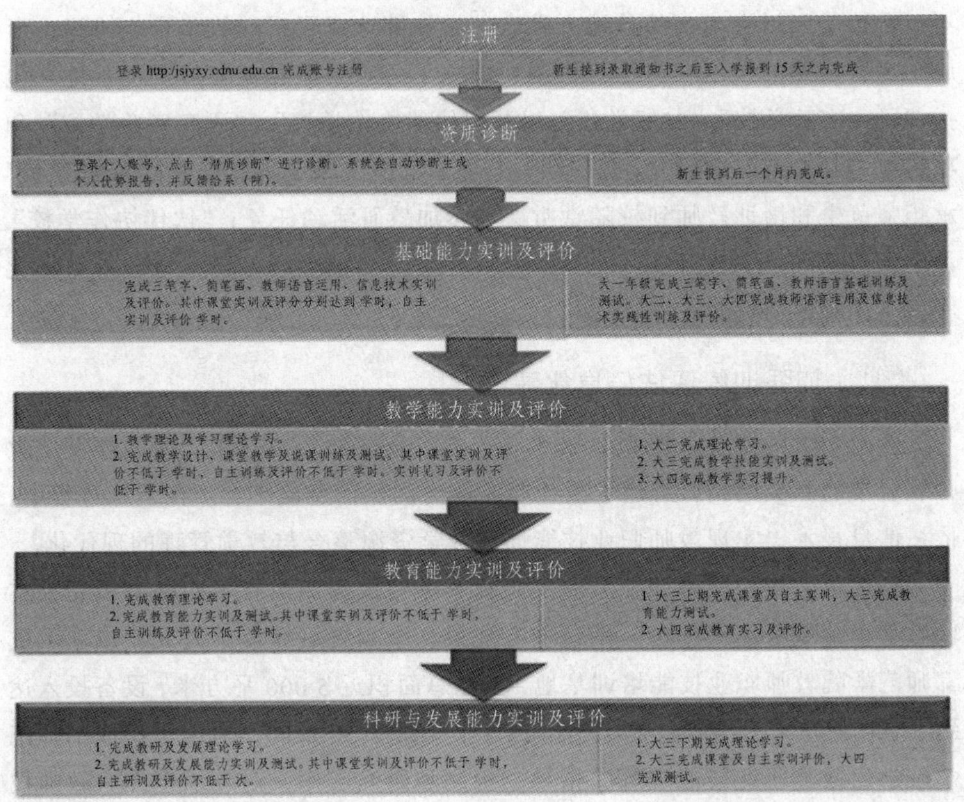

图 6-4

（六）强化师范生技能训练评估管理，加强教法学法研究

2013 年 9 月，学校成立教师职业能力评估中心，专门开展教师专业能力评价的研究、实践与管理，是全国第一个教师能力评价专业机构。与此同时，学校形成了师范生技能训练评估的校、院系、班三级管理与组织运行机制；第一课堂与第二课堂贯通、规定性与自主性结合，开展了目标明确、标准合理、阶段清晰、任务具体的教师技能训练活动。

以教法学法研究为抓手，学校还出台了《成都师范学院学科教学论教师深入中小学实践锻炼的实施意见》，积极组织全校学科教学论教师深入一线，开展教育教学调查研究和实践锻炼，提升了师范生课堂内外教学技能训练的针对性和有效性。

（七）开展“2+1”校地合作，为评价提供了有效阵地

学校与四川省内、外各地方政府、学校等达成了系列战略合作协议，形成了比较成熟的校地合作运行机制，建立了一系列差异化实习实训基地，包括“研究实验学校”“友好学校”以及“伙伴协作学校”。“研究实验学校”和项目组一起参与课题研究，提供研究样本，承担子课题研究任务；“友好学校”承担师范生和培训教师到校随堂听课和参加教研活动任务；“伙伴协作学校”承担师范生和培训教师实习见习、跟岗任务。目前，学校已建成校外差异化实习实训基地三百多个。

（八）加强训练评估信息化建设

着眼于教师职业技能大数据建立，学校和校外公司合作，探索开发了教师职业技能测试网站，搭建了教师职业能力测试信息化平台。在训练过程中，依托信息技术，实现教师职业技能训练教学资源整合与教学管理的现代化。

经评审，学校教师职业素养实验教学中心成为四川省第四批省级高校实验教学示范中心建设单位。围绕中心建设，学校先后斥资千万元，成立了成都师范学院教师职业技能培训基地，基地总面积近 5 000 平方米，设备投入达到 3 100 余万元，建成教师职业技能专业实训室 50 余间，对内承担成都师范学院学生教师职业技能训练、指导、检测和研究工作，对外承担在职教师技能培训、测评和研究任务，成为评价培养的主阵地。

（九）形成教师职业能力素质报告，支持教师专业发展

学校立足于教育诊断与教师能力提升，在每一项测试完毕后，都会对测试结构进行深入分析，对于个别群体形成教师职业能力素质报告，现在已经完成对 2012、2013 届本科学生的综合素质报告，并形成了一系列师范生教育能力、教学能力以及教研能力的诊断报告。

四、教师职业能力评价体系的特色

一是诊、训、测、实一体。围绕“教师基础能力、教学能力、教育能力、教育教学研究能力”建立系统的教师职业素养训练与测评体系。坚持训测一体，将师范生能力训练过程与学生自主评价、老师指导评价、学校诊断评价过程紧密结合。通过开展诊断测评，并自觉接受学校教学督导，严把师范生培养质量关，完善质量保障体系。

二是两个结合。在专业能力标准的引领下，实行专业集中训练和学生自主实训相结合，专业指导实行校内、校外专兼结合。

三是三全运行。信息技术中心面向学校全体师生提供全天、全面开放服务。对各教学单位和学生集体使用实行申请制，师生个人使用实行网上预约登记制。三年来，中心运行有序，服务全校师生 11.2 万人次。

四是引入“云服务”和“大数据”管理手段：① 创新“云服务”服务模式，实现内部与外部资源共享；② 开展“大数据”管理，建立教师专业发展档案，建立师范生职业能力实训数据库，把握教师发展和师范生能力训练动态。

五是将信息技术深度融入训练与测评：① 借助信息技术手段，提升师范生职业能力训练与测评自动化水平；② 借助信息技术手段，实现师范生职业能力训练与测评的流程再造；③ 借助信息技术手段，拓展师范生职业能力训练空间，解决时间矛盾。

六是打造开放、交互、智能、现代的系统平台：① 将名校、名师、名课程资源引入实训评估环节；② 实现与基础教育一线有效对接和互动；③ 实现实训课堂师生间有效评价交流、互动。

五、实践成果及社会效益

（一）实践成果

通过建立教师职业能力测试体系，学校规范、丰富了教师专业发展内涵，引领了行业发展，填补了行业空白。

（1）智能化的教育诊断，把握师范学生的个体差异、认知特征，设置系列全景化训练模块和活动，提高教师职前培养的针对性和适用性。

（2）通过资源平台建训前测试、训中调控和训后评估，推动培训内容、培训课程的精准投放，提高了教师培训的针对性和实效性，实现了培训的流程再造。

（3）建立教师、学校、区域教育发展档案，实现教师、学校、区域教育科学及时诊断与发展，实施教师、学校、区域教育发展的“影子帮扶”，促进了教育的可持续发展。

（4）科学准确评估结果，丰富教师人事制度体系，推动教育教学改革。通过评估体系，建立教育大数据，形成清晰的教育区域人才结构云图，实现教师的“教”和学生的“学”精准匹配，为政府教育产业配置和教育人才选择提供了科学的依据和参考，推动了在线教育的发展。

（二）社会效益

（1）助推师范生成长。开展师范生教师职业技能测试21次，测试近5万人次，对教师的师德素养、教育能力、教学能力、科研及创新学习能力，以及教师对学生学习兴趣和态度的培养、学生自主学习能力培养等进行了全面的评估，用评价来促进教师专业水平的整体提高和师范生的教师专业成长。在2016年对师范生教育实习专项督查中,各实习单位对我校学生的教师素养、职业技能及专业品质高度认可，很多学校主动提出为我校学生提供实习岗位。

（2）校地合作，推进教育发展。与德阳、资阳、成都、甘孜等20多个地、市、州建立了专业合作，为3 500多人开展在职教师测试，建立教师专业能力测评和数据采集分析平台，形成教师专业发展监控指导系统。

一是支持教师人事改革，用科学的技术方法让教师人事改革更加公平，公正。测评体系能为建立民主、科学的管理机制提供有效服务，为师资队伍建设的决策提供信息，并为教师职务聘任、职称评聘、工资晋升、表彰奖励、酬金登记等提供重要依据，以此促进教师团队的共同成长，为进一步完善骨干教师的评选机制，尤其是德育骨干教师的评选提供重要依据。

二是应用于区域教育诊断与发展。测试体系为学校或地区教师队伍建设提供整体发展方案，根据教师队伍水平测试情况，为地区教育部门及学校反馈教师队伍存在的问题、发展目标及方法途径等建议意见。

三是对教师教育质量监控与评估。帮助地方教育部门、师范院校、中小学校及时掌握教育教学质量的总体状况，加强对教授新课程、教师专业发展、教学研究的管理和指导力度，促进学校整体教育教学质量的提高。通过近年来的专业指导，成都师范学院附属实验学校和德阳东电中学两所学校的学校管理、队伍素质、教学质量大幅提高，前者成为成都市新优质学校，后者中、高考上线人数连年上升，得到主管部门和社会的高度评价。

（3）对测试教师和学生建立了个性化的“教师学习和发展档案”（即成长档案）。为教师提供信息反馈，准确分析教学中存在的问题，帮助教师制订发展计划，帮助其转变教学观念，改革教学方法，不断提升师德水平、专业素养和教学能力。

（4）服务于各级培训，提高了培训针对性和培训效果。通过训前智能诊断，把握学情，训后测试把握提升，做到训前摸底，增强培训的针对性；训中调控，强化了培训效果，实现了培训流程再造，增强了培训的实效性。

第七章　传承优势，服务基础教育

成都师范学院的前身成立于1955年，当时校名为四川省教育行政学校，是全省学校领导干部和行政干部的训练基地。1978年，四川省教育行政学院更名为四川省教育学院，除承担学校领导干部和教育行政干部训练外，还承担了大量中小学教师的培训工作。这一时期的教育学院坚持以师训为主、师训与干训相结合的方针。把教师学历达标培训与继续教育结合起来，把传统办学方式与函授、卫星电视教育、高教自考以及“三沟通”等培训方式结合起来，培训了大量的本专科教师以及学校管理人员、教育行政干部。作为四川省师资培训的主要机构，学院与基础教育有着深入的、紧密的联系，对中小学教师的培训工作有独特的见解，教师培训工作一直是学院的基础，也是学院办学的特色与优势所在。2005年以后，随着国家对教师培训的重视，四川教育学院承担了更多的教师培训工作，为四川省中小学教师培训作出了巨大的贡献。2012年，学校转制为普通本科后，随着学校研究队伍的加强，学校更加重视与中小学一线的合作，为中小学提供智力支持，促进四川省基础教育的健康发展。

第一节　教师继续教育探索与实践

成都师范学院在长期教师培养和培训过程中形成了自身的发展定位：立足四川，服务城乡统筹与教育均衡，整体建设基础教育师资培养培训一体化基地，培养培训区域经济社会发展所需的各类合格人才的新型普通本科院校。近年来，成都师范学院在发挥传统优势的基础上，职后培训在质和量上均取得长足发展，为地方教育发展作出了巨大贡献。

一、以学科为基础的新课程改革培训（2001—2005）

教育部于2001年颁布了《基础教育课程改革纲要》，决定用5年左右的时间实行基础教育新课程体系，其根本理念是为了所有学生的全面发展。新课程体系在课程的功能、结构、内容、方式、评价、管理等方面，都比原来的课程有了重大创新和突破。新课程改革不仅是课程结构的调整和内容的更新，更重要的是课程功能的重要变革，这场课程变革涉及课堂教学方式、学生学习方式以及日常学校管理等全方位的变革，这给广大中小学教师带来了严峻的挑战。新课程的实施对广大教师提出了新的、更高的要求。广大中小学教师是新课程实施的主力军，没有广大中小学教师对新课程的理解、支持和参与，新课程的实验推广就难以顺利进行。

（一）主要培训任务

2002 年，以基础教育新课程骨干教师培训为重点，学校承担了初中语文、英语、数学、美术新课程省级骨干教师培训任务，共培训了 350 人，为基层开展新课程改革提供了师资支持。2003 年，经教育部师范司批准，学校承担了基础教育新课程初中英语骨干培训者国家级培训任务，同年又承担了初中英语、物理、美术及小学美术新课程省级骨干教师培训任务，共培训 485 人。2004 年，学校承担了全省基础教育新课程初中语文、英语、物理、生物、中小学美术六门学科骨干教师省级上岗培训和后续研修任务。另外还承担了民族地区的初中语文、数学、英语学科带头人研修和中学教师《科学素养》专项培训，以及世界银行贷款/英国政府赠款“西部地区基础教育发展项目”中的初中语文、英语、物理、生物、中小学美术培训任务，共培训 1 186 人。中文、外语、物理、生物四个系又承担了送教下乡培训任务，分赴自贡、眉山、泸州等 11 个地、市、州，18 次送教下乡，帮助培训新课程骨干教师 2 000 多人。2005 年承担了全省基础教育新课程初中语文、英语、物理、美术及小学美术五门学科骨干教师省级研修、农村初中英语教师专题性培训和中学教师《科学素养》专项培训。还承担了初中语文、物理送教下乡任务，分赴德阳、遂宁、雅安、攀枝花、巴中、广安、甘孜、阿坝、凉山等 11 个地、市、州，13 次送教下乡，帮助培训新课程骨干教师 2 200 多人。

（二）主要思考与做法

成都师范学院在《基础教育课程改革纲要》颁布后积极行动起来，学习、领会新课改精神，派出多位教师参加课改培训，并探索用新课改精神去培训中小学校长教师。

1. 认知驱动，专业引领，提高教师的培训认识

首先，组织培训团队的教师学习《基础教育课程改革纲要》及18门课程的新标准，明确每一门学科核心素养，弄清中小学教师培养培训的重点。其次，按照新课改“以学生为主体，一切为了学生，为了学生的一切”的理念，明确搞好中小学教师继续教育工作是教育学院的重要职能，教育学院在新的教师教育体系中应发挥重要作用。

2. 加强培训的组织管理，建立新课程教师培训的组织机构

为推动基础教育新课程改革，学院高度重视，成立了以院党委书记为组长、其他院领导为副组长、有关部门负责人为成员的继续教育工作领导小组，并向四川省教育厅申请在学校建立“四川省教师继续教育四川教育学院培训中心”，院党委书记任中心主任，副院长为中心副主任，下设办公室，在院内定为正处级常设机构，专门负责以新课程培训为核心的中小学教师继续教育工作。在培训期间又专门成立了培训领导小组，有关各系也抽调参加过国家级培训的教师与系领导组成了强有力的工作班子，从组织上保证了新课程培训工作的顺利开展。

3. 提供“菜单式”内容和任务，满足学员个性化需求

根据省级培训的目标和教学要求，依据学员调研情况，制定新课程各学科教师培训的实施方案。培训内容以“新概念、新课程、新技术和师德教育”（简称“三新一德”）为重点，加强师德修养、教育理论素养、科学素养、信息素养等专项培训，全面提高教师综合素质；力求做到依照新课程的理念，创新培训模式，做出自己的特色。如“新课程骨干教师培训”坚持“开放、互动、实践与反思”的思路，采取讲座与研讨结合、观摩与讨论结合、理论与实践结合的培训模式。每个专题或研修目标先由专家从理论高度进行引领，学员参与讨论后，再通过说课、评课和反思总结来形成综合能力。“新课程骨干教师培训”的内容贴近新课程实际，重点集中在理论与实践的结合点上，突出了在实践中体现新课程理念的要求，为实施新课程教师搭建了从理念学习到教学实践转化的平台。培训方式灵活多样，培训步骤科学、严密。从总体上看，实施新课程的师资培训以通识性培训为主线，以课标解读为核心，

以观摩示范课例的体验为突破口，在合作交流与反思中形成实施新课程培训的能力和水平，整个培训的过程本身就体现了新课程的理念。

在四川省中学校长高级研修班中提供“课程改革实施的心理学研究”“发展性学校教育评价”“构建学习型学校，培训学习型教师”“中学教师队伍建设—研究型教师培训”“学校诊断与学校形象策划”等课题菜单让校长们自主选择。通过导师组一对一的指导以及学员相互之间的交流、研讨，经过一年的课题研修，厘清校长们实施新课程改革的思路，提升其管理水平和个人理论修养。

4. 明确职责、加强管理

在培训中，我们强调责任明确，细化管理，具体的做法为：① 根据省教育厅的培训要求，做好我院当年新课程骨干教师培训计划，包括培训对象与任务、培训内容与目标、培训时间与地点等，以便提前做好各项准备；② 明确院、系培训工作责任，实行“继教办统一组织、各系具体实施，上下结合、互相支持”的培训机制，使整个教师培训工作有条不紊地进行；③ 制定《基础教育新课程骨干教师及培训者培训学员管理暂行办法》，要求各班配班主任，在班主任指导下设班委会，实行学员自主管理。通过一系列有效的管理，积极推动新课程骨干教师培训工作的健康发展。

（三）培训成效

在推动基础教育新课程改革培训过程我们形成了“菜单式、导师制、双向选择”的新型校长培训模式，同时提出教师培训的核心观点：教师培训应建立教师专业发展社会支持服务体系，形成校本研修学习共同体的运行机制。此观点对我校教师培训实践和改革产生了较大效益和影响。具体的成果与成效如下：

（1）2000 年我院首次参加四川省高等教育教学成果评奖，《中学教育学》《概率与统计课程的教学改革》《文章写作与评改教学大纲》《英语专业 SAS 课堂模式的研究与实践》四项分别获四川省高等教育教学成果一等奖一项、二等奖两项、三等奖一项。

（2）我院开展的一系列教师培训相关研究，固化了职后教育的成果。2004 年，《“‘菜单式’、导师制、双向选择”的新型校长培训模式构建》《初中英语新课程培训者国家级研修模式的创新与实践》分获四川省高等教育教学成果一等奖和三等奖。

（3）我院自主开发完成新课程文本资源 10 辑，150 余万字；出版《新课程与学科前沿研究》，并有《在实践中探索英语教师新课程培训的新模式》《"'菜单式'、导师制、双向选择"的新型校长培训模式构建》等一系列论文发表。

二、以教师专业发展为目标的骨干教师培训（2006—2009）

20 世纪 80 年代以来，在世界范围的教育改革浪潮中，人们对于教师的专业发展给予了强烈的关注，其中最为突出的是 1986 年美国卡内基教育和经济论坛工作小组、霍姆斯协会相继发表的《以 21 世纪的教师装备起来的国家》《明天的教师》两个报告。它们同时提出以教师的专业发展作为师范教育改革的目标。这样，教师专业化进程从追求教师职业的专业地位和权利到转向以教师的专业发展为重心。

教师专业发展的内容是多方面的，其过程也是连续的，教师应该把专业发展作为一生的事业。随着基础教育发展和改革的不断深入，社会对中小学教师专业素质提出了更高的要求。从教师专业发展的阶段看，影响教师专业发展的因素很多，其中，教师培训对推动我国中小学教师队伍素质提升、教育均衡发展，促进基础教育改革，提高教育质量具有重要意义。

（一）主要培训任务

为进一步提高四川省中小学骨干教师队伍的专业素质和能力，为四川省全面实施素质教育努力建设一支数量充足、结构合理、素质优良的中小学骨干教师队伍，2006 年，四川省教育厅启动实施《四川省中小学骨干教师成长计划》和《四川省农村教师专业发展计划》。根据《四川省中小学省级骨干教师选拔培养办法》，培训以三年为一个周期。第一批省级骨干教师和省级农村骨干教师培训于 2006 年下半年开始，我院承担了高中语文、高中数学、高中英语、农村高中语文三科 567 人，初中语文、英语两科 188 人，共计 920 人的培训任务，于 2008 年完成。第二批省级骨干教师培训于 2008 年启动，我院承担了高中物理、高中政治、农村高中数学、初中物理、高初小美术、高初小思想品德、社会等学科共计 515 人的培训任务。各学科骨干教师完成培训后，在当地发挥着示范、辐射、引领作用。

在国家实施西部大开发的同时，四川省开始实施“两基攻坚”和“民族地区十年行动计划”。民族地区教师培训于 2006 年开始实施。四川教育学院作为四川省省级培训中心之一，通过方案竞标的方式，在 2007 年到 2009 年间承担了四川省民族地区中小学校长和骨干教师培训 2 819 人。其中，寄宿制中小学校长挂职培训和中小学校长集中培训 789 人；高中、初中、小学三个学段的语文、数学、英语、教育技术、音乐、美术学科培训 1 208 人；培训者培训 52 人；二类模式双语（汉语、藏语）教师培训 770 人。同时，学校还承担了民族地区 15 所学校的校本研训指导工作。

2008 年，四川省遭受特大地震灾害，教育部启动援助四川地震灾区教师培训。我院连续两年承担了共计 500 人的培训任务。2009 年，时任教育部副部长陈小娅专门前来我院看望慰问了参加培训的老师，高度肯定了四川教育学院对培训所作出的精心设计安排以及取得的成绩。

（二）主要思考与做法

1. 抓大做细，抓关键环节，注重需求分析，提出“按需施训”的核心概念

从根本上讲，教师培训的使命和任务在于满足在职教师的专业化发展需要。中小学教师专业化发展的需要主要由其教育教学所决定。创新教师培训模式，首先需要确认“按需施训”的基本原则。

培训既有理论上和实践上的引领作用，又有较强的可操作性。要从教师发展的需要出发，兼顾现实需要和长远利益，突出培训教师能力上的发展。既不搞急功近利的培训，也不能不顾教师的现实需要。要将教师的需求与国家的要求相结合，根据需求分析来制定培训方案，从而使培训达到预期的效果。对教师的培训不是单纯的知识与技术的培训，而是强调通过师生的教学互动、学员的体验交流，通过自主操作和协作探究等过程，使教师树立现代教育观念，并逐步提高全体教师的师德素养，把握学科前沿，实现理论提升，并能够在实践中创造性地运用于教学和科研。

做细就是要做好培训工作的细节，精微之处见功夫，细节之中显成败，主要体现在培训活动设计和培训管理上。在培训中营建和谐的培训文化，强调“管理即服务”的理念，将培训管理作为培训课程，力争实现“训之获、

训之乐、训之美”。

2. 以教师专业化为目标，内容创新、方式多元

围绕教师专业化发展需求确立培训目标：在观念上，通过培训帮助教师理解新课程所倡导的基本理念，帮助教师树立以促进人的发展为核心的现代教育观、现代课程观、现代教学观和现代评价观；在能力上，帮助教师理解、内化新课程理念，掌握新课程标准，把握新教材编排意图，促进教师创造性实施教学的专业能力的发展；在教学教研上，促进学研相长，鼓励教师积极参与新课程实验，坚持将自主学习、课程研究与课程开发结合起来，培养教师自主研究的意识，提高教师的教研能力。

培训内容设计强调针对性和实践性，关注参培教师的应然需求和实然需求，指向教师的专业成长。以研带训，研训结合。培训方式由传统的讲授式向案例教学、参与式教学、反思式教学、观摩学习等多元方式转变。培训方式坚持“五结合”，即多元化专题研究与教师需求相结合；理论探讨与教学实践、互动交流相结合；观摩学习与实际操作、课题研究相结合；培训与考核相结合；培训与训后跟踪调查研究相结合。“五结合”注重理论渗透，注重实践过程，注重针对性，注重应用，注重后续，开展了卓有成效的培训。

3. 重视专业境界下的精准实施，提出培训的“质量与品牌”战略

四川省教育发展水平相对落后，通过提升教师的专业发展水平实现教育的整体飞跃是一个重要手段。为适应继续教育持续化、多元化的要求，我校提出了培训的“质量与品牌”战略，倡导专业的人用专业的心做专业的事。我校组建了一支高素质的、与基础教育一线联系密切、了解一线教师教育教学现状、业务精良的专业化培训教师队伍。我校加强培训团队教学、科研、培训水平的提升；整合全省乃至全国的优质培训资源，建立培训专家动态资源库，密切关注先进的培训动态，开展多种形式的学习活动。我校把参训者看作最宝贵的资源，参训教师的意见和建议是改进培训的动力和源泉，优秀的参培教师也是我们的培训资源。

4. 树立培训的前瞻性，教、培、研相结合

“授人以鱼不如授人以渔。”在培训中，我们不仅考虑到参培教师现在的需要和实际工作中面临的问题，还从更高的角度立意，就教师专业成长、教

育理念提升、学科前沿、教研相长等角度设计培训，让培训不仅有针对性，能够立竿见影地应用到管理和教学实践中，同时也具备前瞻性，培养校长和教师具备面对和解决未来问题的能力。

研训结合，以研带训，教、培、研相结合。为进一步提高参培教师的素质，为参培教师的专业成长铺路，学院利用自身优势，组织一线教师根据教育教学实践进行总结、反思、交流、提高，组织一批专家对民族地区教育改革和发展的课题进行研究，如民族地区学校发展策略与方法、校本研修制度创新、民族地区学生的特点与教育对策、本土教育资源的利用、教师专业持续发展的对策等课题研究，促进民族地区教师自我研修能力的提升。争取基础教育、新课程改革等方面的专题研究，一方面，对教师进行教育科学研究方法的培训，使教师掌握正确的科研方法，使专题研究得以顺利进行；另一方面，对已经取得了初步成效的课题成果，及时推广，为我们所用。

（三）培训成效

在培训过程中，我院积极加强培训研究并取得了成效。

（1）我院承担了“教育部援助地震灾区中小学骨干教师培训”项目，2009年，时任教育部副部长陈小娅到我院看望慰问参加培训的老师时，高度肯定四川教育学院对培训所作出的精心设计和安排以及取得的成绩。2009 年 9 月 1 日《中国教育报》报道并肯定了我院的培训成效，《师资建设》全文刊发我院“教育部援助地震灾区中小学骨干教师国家级培训”培训总结和学员感言。

（2）2009 年《省级教育学院教师职前职后教育一体化改革的探索与实践》获得四川省人民政府第六届高校教学成果一等奖。

（3）我校教师相继出版了《中小学心理健康教育》《灾后心理援助的途径与方法》《现代幼儿教育观念与实践》等论著，发表了一系列论文。

（4）我校教师主编、出版了《中学英语骨干教师教学论集》《中学物理教学探索》《四川省民族地区寄宿制中小学校校长管理文集》等培训教材，学院组建团队研发了一系列文本和电子课程资源，组织培训学员申报各种课题。

三、以能力提升为核心的国家级培训计划（2010—2014）

新时期教育改革与发展对教师整体素质提出了新的要求。党的十七大提出“加强教师队伍建设，重点提高农村教师素质”，《国家中长期教育改革和发展规划纲要（2010—2020年）》要求构建灵活开放的终身教育体系、建立健全继续教育体制机制，把教育人才摆在优先发展的战略地位，要按照“统筹规划、改革创新、按需施训、注重实效”的原则，完善培训制度，统筹城乡教师培训，创新培训模式机制，增强培训针对性和实效性。为进一步加强教师培训，全面提高教师队伍素质，教育部、财政部决定从2010年起实施“中小学教师国家级培训计划”（以下简称“国培计划”）。“国培计划”是国家启动的第一个大规模、高层次、高水平的教师培训工程，具有示范引领和促进改革的重要作用。“国培计划”旨在培训一批“种子”教师，开发教师培训优质资源，创新教师培训模式和方法。同时，通过加大农村教师培训力度，显著提高农村教师队伍素质，促进教师教育改革，推动高等师范院校面向基础教育，服务基础教育。

（一）主要培训任务

2010年，为紧密配合深入推进基础教育课程改革的要求，教育部对2010年进入高中课改实验的西部五省普通高中起始年级学科教师开展全员培训，帮助教师准确理解和把握高中新课程的理念、目标、结构、内容和教学要求，了解高中新课程实施的情况，学习借鉴成功经验，促进教学观念和教学行为的转变，提高教师实施新课程的能力和水平，为深入推进高中新课程改革提供师资保障。我院承担教育部“国培计划——普通高中课改实验省教师远程培训项目”四川省高一年级教师全员培训组织管理和省级辅导工作，共培训高中教师36 700人，规模空前，效果空前。

自2010年教育部实施“国培计划”开始，我院即承担了四川省国培所有项目的培训任务。2010年至2014年5年期间，我院承担国培中西部项目幼师国培项目共13 626人集中培训的任务。2012年，我院取得教育部“国培计划”示范性项目的培训资质。2012年，我院开始培训优秀骨干小学语文骨干教师和教研员、小学英语骨干教师和教研员、小学美术骨干教师和教研员共635人。“国培计划”示范性项目定位高端，我们在与承担教学单位的衔接和后勤服务上努力把工作做细、做精，在培训中做到用心、尽心。

此外，我院还承担了四川省教学名师培养任务265人，接受重庆、西藏、新疆等省（直辖市、自治区）委托的校长与师培训项目，集中培训校长和教师千余人。

（二）主要思考与做法

1. 优化整合教师培训资源

一是承接原四川省小学教师培训中心、四川教育学院继续教育中心的功能，成立了成都师范学院教师专业发展研究培训中心，同时依托学院现有的15个教学系及其教师教育本专科专业，发挥学科专业优势，形成教师培训共同体；二是在四川省教师继续教育成都师范学院培训中心的基础上，成功申报了四川省高等学校人文社科重点研究基地-中小学教师专业发展研究中心，成为名副其实的研培一体机构；三是与西南大学联合建设研究生培养基地，开展在职教师攻读教育硕士培养工作；四是与国家教育行政学院合作，成立了中国教育干部网络学院四川分院，大力推进网络研修与远程培训混合式培训。

2. 构建了农村中小学骨干教师“问题解决式”培训模式

农村中小学骨干教师“问题解决式”培训模式的核心是“五环节四模块三策略”。“培训五环节”即需求分析—菜单确定—策略实施—成果评价—反馈跟踪；“四大培训内容模块”即策略知识模块、教学技能模块、情感态度模块、经验凝练模块；“三种问题解决策略”即专家引领指导策略、主体参与体验策略、主体反思升华策略。该模式不仅在学院承担的各级各类培训中得到广泛运用，还被推广应用到成都、广元、凉山等地（市、州）。

3. 打通职前职后的壁垒，将职前职后贯通

我校把职后培训成果运用于职前培养，在师范生专业能力发展方面提出了“强调理念，注重结构”的思路，在具体的学科教学上建立了“系统推进，板块强化”的师范生专业能力发展模式。特别是通过“国培计划”置换脱产研修项目的实施，通过组织高年级师范生到农村中小学顶岗实习支教，置换出农村骨干教师到学院和优质中小学进行3个月的脱产研修，师范生得到了全方位的锻炼，为他们日后成为“下得去，留得住，教得好”的优质教师打下坚实的基础。

4. 推进教师培训“一二三四”工程

“一”是践行促进教师专业发展的基本理念；“二”是要抓好培训、研究

两个着力点，以研促培、研培互动；“三”是围绕建设四川省教师专业发展研究高地、基础教育和中职师资培训基地、教师专业发展协同创新园地的三大目标；“四”是大力促进教师专业发展研究培训的“专业化、全员化、一体化、信息化”建设。

5. 走协同创新之路，创设教师专业发展共同体，构建教师教育开放体系

2010 年 4 月，学院与成都市温江区人民政府签订了战略合作协议，共同打造“教育名区”。依据合作协议，温江区海科学校挂牌为成都师范学院附属实验学校，学院选派干部担任副校长，为学校干部开设专题讲座；建立“名师工作室”，温江区的名师和学院的名师共同组成“名师工作团队”，借智专家团队，帮助温江区中小学青年教师实践能力快速提高；为温江区中小学教师进行教改课题立项，提高教师科研能力和研究的针对性。在学院专家的引领下，附属学校在 2012 年 12 月顺利通过了“成都市校舍规范管理示范校”的验收，从弱校迅速崛起成为“新优质示范校”。

为推进教育均衡，发挥引领优势，实现成都市圈层融合，2012 年，附属学校托管了崇州市桤泉学校和蜀南小学。在附属学校的支持帮助下，桤泉学校的教学、科研、管理水平提升已经初见成效。目前，学院与雅安市人民政府、宜宾市翠屏区人民政府、宜宾市兴文县人民政府等建立了教师教育创新实验区，校地合作模式被不断辐射推广。

6. 新机制不断完善，“三维一体”模式功能逐渐彰显

一是学校建立了教师专业发展基地。2013 年 3 月，学院与 90 余个中小学、幼儿园、研培机构签订协议兴建教师专业发展基地，在师范生实习、见习，培训学员跟岗，课题研究，教育硕士研究生实习等方面全面合作。二是建设教师专业发展研究培训专家库。学院首批遴选了 310 名教师专业发展研究培训专家，其中，中小学、幼儿园一线优秀教师、教研员 151 名，校外高校教师 61 名，校内教师 98 名。三是建设教师专业发展研究培训“首席专家工作坊”。学院首批遴选了教育干部培训、教师培训研究、学前教育、小学教育、语文教育、物理教育 6 个领域的“首席专家工作坊”，打造由本校教师、省外高校专家、中小学一线教师共同组成的研训团队。四是整合校内外力量共同开展教师培训研究。学院“四川中小学教师专业发展研究中心”面向校内外

发布课题指南，经过学术委员会评审，每年有40余项课题立项研究。学校有大量教师参与教师教育课题研究，指导四川省中小学教学名师工作室建设。

（三）培训成效

学院积极开展培训模式的创新、培训实践的探索等，坚持研训结合、以研促训，取得了显著的成效。

（1）《农村中小学骨干教师“问题解决式”培训模式的构建与实践》被评为四川省第七届高等教育教学成果一等奖。

（2）教师们在《教育研究》《中国教育报》《中小学教师培训》《四川教育》《中国高教研究》等刊物上公开发表了《创新教师培训模式 助推农村骨干教师专业发展》《关注应然，注重落实——“国培计划”小学数学教师培训反思与经验》《培养培训衔接，助推农村骨干教师和师范生成长》《在“国培计划”实践中探索中学英语教师培训新模式》《“国培计划”有效性的探究与实践》《浅谈“国培计划”实施中的学员管理》《“国培计划”对地方高师院校的影响》等系列论文。

（3）学院教师出版了《农村中小学教师继续教育改革研究》等专著，以及国培项目系列研究报告。

（4）学校与教育行政部门、基层学校共同立项建设四川省中小学教学名师工作室。

第二节　服务基础教育路径创新：以温江区“3+A”高素质教育人才培养项目为例

为大力实施“高素质教育人才培养工程”，培育一批具有学识魅力和人格魅力的“双魅力”名师、名班主任、名校长，根据成都市温江区委组织部《关于公布2015年度温江区人才项目的通知》（温组发〔2015〕30号）精神，温江区教育局与成都师范学院以“校地合作”为平台，并联合实施的“成都市温江区‘3+A’高素质教育人才培养项目”已于2016年3月正式启动实施。通过一年的扎实、有序、高效的实施，取得了丰硕成果与成效。具体做法如下：

一、加强基线调研，认真研制项目实施方案

为了更好地落实《通知》的精神，项目实施牵头单位成都师范学院基础教育研究中心会同温江区教育局、温江区教育研究与培训中心相关领导、专家进行了多次集中商议，围绕项目顶层设计、目标定位、运作机制、学员遴选办法、培养措施、保障措施等进行讨论，并组织温江“三名工程”的部分学员一起研讨座谈，让大家结合“三名工程”培训的经验和感受对这一项目的推进实施办法献计献策。经过多次讨论、实施方案几易其稿，最终于 2015 年 11 月由温江区教育局温教发〔2015〕170 号文件正式下发。

为响应温江区委区政府推进高素质人才建设的号召，成都师范学院和温江区教育局借助校地合作平台，通过反复协商论证，最后签订了《成都市温江区“‘3+A’高素质教育人才培养项目框架协议》。在该协议框架下，项目实施单位成都师范学院基础教育研究中心开展了为期两个月的项目启动准备工作，具体包括遴选“3+A”学员、调研研修需求、组建研修管理团队、选定研修指导专家和拟定研修管理制度等。

二、认真组织学员遴选工作

根据《成都市温江区“3+A”高素质教育人才培养实施办法》有关规定，上半年经过本人申请、学校推荐，区教育局审定、名单公示等程序，项目最终遴选出“3+A”学员 103 人，按教育管理类、学科教师类和班主任类，每组形成 3 人左右研修小组，共分为 26 个研修小组，其中包括赵扬眉等 77 名“三名”学员（“三名”指教育管理者、学科教师和班主任）、彭海霞等 26 名“A类”学员（“A 学员”指每个常规研修小组组长，一般具有本组最高学术头衔）。下半年根据教育局和研培中心的推荐，增加了 4 个研究小组，共 30 个，研修学员共计 116 人。

三、建立健全学习规章和学员档案

根据项目实施的要求，切实加强项目的过程管理和对学员的管理，我们最先出台了《成都市温江区“‘3+A’高素质教育人才培养项目”学员管理办法》。该办法从参与度、完成度和效果度三个维度整体考核学员的研修学习过程，并制定了相应的淘汰机制和奖励机制，同时还要求学员专门提交了《温

江区“3+A”高素质教育人才培养项目跟岗指导目标意向书》和《学员学习责任书》，以研修小组为单位，梳理三年培养和发展目标，为后期的学员专业发展确立明确的方向，同时也明晰了在学习过程中应遵循的纪律要求。学校制定了《成都市温江区“3+A”高素质教育人才培养项目学员个人专业发展意向申请表》，将学员专业发展的路径分成了学校教育管理、学科教学和班级管理三个方向，为后期提供专业支持奠定了基础。

四、建立“3+A”学习小组，配备专业导师

本项目共有 30 名 A 类学员，因此共组建了 30 个“3+A”研修小组，其余 86 名学员根据其意向和所在单位分别被编入 30 个 A 类学员小组中，并以小组的形式开展全部活动。同时，我们按照资格（教授、博士或特级教师）、资历（有较深的教育教学理论与实践研究经历）和资源（有一定的社会影响，能整合较好的教育资源）三个基本标准，遴选了 27 位涉及高校、教科所、教研室、名优学校的优秀教师成为“3+A”研修小组的指导教师，而且和学员一样也签订了《专家指导责任书》和《学员研修责任书》，以确保指导过程的有效性和针对性。

五、集中研修学习、分组跟岗指导和校园巡诊结构化研修

集中研修学习、分组跟岗指导和校园巡诊结构化研修是项目推进的主要形式，全年共安排了 6 次集中研修学习。2016 年 3 月，学校邀请了四川省教科所所长刘涛为大家作了题为《基础教育改革纲要解读》的主旨报告。4 月组织全体学员参加了“四川省中小学校特色课程文化建设研讨会”，成都师范学院基础教育研究中心主任、项目首席专家邓达教授出席并作了《课程文化建设与学校专业发展》的主旨报告。6 月邀请了成都市教科院基础教育研究副所长杨霖为大家作了《历练品格教育，方能宁静致远》的专题讲座。9 月特邀四川省教育科学研究所副所长、研究员曾宁波教授为大家作了《中国学生发展核心素养解读》的专题讲座，成都市第三幼儿园园长曾琴为大家作了《幼儿园自主游戏课程改革》的精彩讲座，还有成都师范学院基础教育研究中心主任、项目首席专家邓达教授出席并作了《生长课堂的原理与方法》的专题讲座。10 月邀请了四川省教科所研究员周林教授为幼儿园园长及教师作了《如何观察解读儿童》的专题讲座，成都师范学院基础教育研究中心主任、项目

首席专家邓达教授出席并作了《学校课程开发与教师专业技能提升》的专题讲座，温江区教育科研带头人、温江二中教科室主任唐应树带来了关于《课程开发促进教师专业发展》的精彩讲座。12 月，西南大学少年儿童组织与思想意识发展研究中心主任、博士生导师易连云教授，成都师范学院基础教育研究中心主任、课程与教学论博士后、研究生导师、首席专家邓达教授，成都师范学院基础教育研究中心杨其勇博士分别作了《哲学与教育：教师的科研意识培养》《科研选题与研究》《科学研究与学校发展（SCPMA）》专题讲座。

从 3 月起，小组跟岗指导也拉开了序幕。各学习小组在 A 学员的组织安排下，积极与指导专家沟通，基于三年研修目标细化任务，以实际问题为导向，进行过程性任务驱动，落实了每月 1～2 次的跟岗指导活动，全年研修小组活动多达 300 余次，形成研修简报 300 余份。

2016 年下半年开展校园巡诊结构化研修 3 次，9 月深入温江区和盛中学开展“和新”文化交流校园巡诊结构化研修，围绕“学校文化到底由哪些系统来构建”提出两种观点：一种观点认为主要由理念、标识、文化、行为、课程五种系统构成，另外一种观点认为由精神文化、环境文化、课程文化三个系统构成。在如何做才能使家长最满意这个问题上，讨论认为可以从德育、教学、活动上着手，看校园文化有无生命力、凝聚力、亲和力、创造力，并建议文化体系要有生命性、雨露性、弥散性。10 月，学校深入成都师范学院附属实验学校开展“聚焦智慧校园建设理念、完善智慧教育课程体系”校园巡诊结构化研修。参会人员分小组围绕“如何健全完善智慧教育课程体系”“如何进一步提升教育管理信息化应用水平”“如何有效破解教师队伍老龄化与信息化的矛盾点”三个问题进行了深入交流与沟通。参会代表还就各自学校信息化建设、如何更好地推进智慧教育等工作进行了交流，有效地达成了“分享、交流、提高”的会议目标。12 月，学校深入成都市温江区永宁中学校开展“聚焦学生核心素养 提高学校办学品质”校园巡诊结构化研修。温江区教育局局长周世刚亲临现场指导，还传达区委区政府对温江教育的要求和期望，即打造成都教育副中心，实现宜业、宜居、宜游的都市新区。周世刚局长肯定了本次研修活动，希望接下来各校聚焦学生核心素养和课程领导力深入研究，不负区委区政府对温江教育的期望和重托。

学习小组跟岗实践指导活动开展得既充实，又有针对性，深得学员的好评。

六、坚持公平、公正、公开的原则开展年度评优表彰

根据《成都市温江区“3+A”高素质教育人才培养项目研修实施方案 》和《关于组织温江区“3+A”高素质教育人才培养项目参培学员进行 2016 年度研修活动总结及表彰大会的通知》的文件精神，主要依据“参与度”“完成度”和“加分项目”三项合计，总分由高到低排序，总分相同的按照“参与度”和“完成度”进行依次评比，共评选出 2016 年度“优秀研修小组”5 个、2016 年度“优秀学员”15 名。

七、收集学员的意见和建议，努力提升研修质量

项目推进一年来，我校也特别留意学员在培训过程中的感受和建议，从 A 类学员处收集了意见和建议。有的提出：项目方可以通过分层的方式，从“3+A”学校问题聚焦和“A+A”问题探讨相结合，更加全面和务实地推进工作，满足不同教师的需求。还有的认为：区域间协同研修较少，各个小组孤立作战，难以形成合力。建议将“3+A”研修与学区相结合，学区内形成合力和集体研究意识。同时也是将僵化学区进一步激活。有的小组提到：学员基础不同，特长不同，年龄差异和性格特点不一样，具体的需求也就不一样。因此更需要不同层次、不同类别的平台对他们进行磨砺和展示，改变和提升其各自的实力，更好地为教学服务。比如，围绕一个共同的课题进行课例研究；参加一些高级别的赛课或名师课例研修、现代媒体使用研修等。我们将充分研究这些有代表性的意见和建议，有针对性地对活动进行调整，力求获得更大的成效。针对上述的情况，我们将进一步明确学习任务，开展多渠道、多层次、多角度的校本培训，通过专家引领、观摩学习、教学研讨等形式丰富研修活动。制订研修培训的规划，完善管理、奖励和监督机制，提高研修培训工作有效性，避免搞形式、走过场；严格执行培训研修考勤、考核制度，定期检查培训记录，将考核结果与评优、奖惩、继续教育课时认定等挂钩。

总之，在温江区教育局、教培中心的大力支持下，在成都师范学院有关领导和部门有力配合下，通过近一年的扎实、有序、高效的实施，取得了显著成效。我们坚信高素质教育人才是温江区基础教育的“脊梁”，他们必将推动温江基础教育的高品质发展。成都市温江区“‘3+A’高素质教育人才培养项目必将成为高素质教育人才培养的“温床”。

第八章　凝练特色，推动学校信息化建设模式创新

《中国教育发展与改革纲要》指出，高等教育的发展要区别不同的地区、科类和学校，确定发展目标和重点，使各种类型的学校合理分工，在各自的层次上办出特色。强化特色意识，重视特色建设，培育办学特色，已成为高等教育大众化阶段各高校的战略抉择。这是我国政府为迎接 21 世纪的挑战，提出的一个重要办学思想。作为新型本科师范院校，如何从实际出发发展自己，如何优化学科专业，总结、凝练、培育、创建办学特色，如何更好地培养人才，为地方经济建设与社会发展服务，这是我们应当研究的问题。办学特色是新型本科师范院校发展的关键，有特色才有生命力，有特色才有竞争力。成都师范学院根据自身特点，结合学校未来设计，把推动信息化作为主要特色。

第一节　信息化在高等教育发展中的战略地位

随着信息技术的日益成熟及信息技术产品在教育领域中的不断应用，目前我国各高校正如火如荼地打造自己的校园信息化环境。校园信息化硬件建设包括如校园网建设、网络中心建设、多功能教室建设、计算机网络教室建设、虚拟图书馆（电子图书馆）建设、办公信息网建设以及基于网络信息技术的校园智能卡建设（IC 卡）等；提倡数字化教学和多媒体教学方法的应用，各高校都在积极鼓励教师制作多媒体教学课件、创办学科教学网站，使用多功能教室和网络上课，有些学校还成立了基于 INTERNET 网、视频会议系统、LAN 系统、卫星通信系统的网络教育学院，提高了教学效率、扩大了教育规模。

一、高教信息化是互联网时代的必然要求

随着云计算、互联网、大数据等一系列技术的飞速发展和突破，数字化与网络化已成为当今社会的时代特征，全球已进入一个崭新的互联网时代，

信息产业正以爆炸性的速度、前所未有的深度和广度改变着全球的工业结构、经济结构和社会结构。社会正走进以信息技术为核心的知识经济时代，信息资源已成为与材料和能源同等重要的战略资源；信息技术正以其广泛的渗透性和无与伦比的先进性与传统产业结合；信息化已成为推进国民经济和社会发展的助力器。面对世界各国都把加快信息化建设作为国家的发展战略、依托信息的建设促进教育国际化的现状，我国的高等教育面向世界，参与全球竞争，必须搭乘时代的快车，突出与时共进、共生共赢的动态发展战略的指导思想，充分利用互联网这一理想载体，主动迎接信息化发展带来的新机遇，力争跟上时代潮流，加快高等教育信息化建设步伐，不断整合信息资源。

二、高教信息化是培养创新人才的发展方向

习近平总书记在给青岛举行的国际教育信息化大会的贺信中指出："当今世界，科技进步日新月异，互联网、云计算、大数据等现代信息技术深刻改变着人类的思维、生产、生活、学习方式，深刻展示了世界发展的前景。信息技术的发展，推动教育变革和创新，构建网络化、数字化、个性化、终身化的教育体系，建设"人人皆学、处处能学、时时可学"的学习型社会，培养大批创新人才，是人类共同面临的重大课题。"在知识经济时代，自然科学与管理科学、人文社会科学等相互间发生着广泛而错综复杂的交叉综合。知识作为当今时代的一种新的资本，源于人的发明创造、知识的传播推广和应用开发。没有掌握高新技术的人才，知识资本就不存在。这种时代环境对人才的培养目标提出了更高的要求，表现在社会进步与发展对人才的需求已由单纯的专业技能型向整体素质型转变，特别是要求人才培养具有较强的创造力和综合判断能力，这是传统教育模式无法提供的。全球经济一体化、知识就是生产力的大背景赋予高等教育国际化更加深刻的丰富的内涵，同时也对高等教育的发展产生了深远的影响，高校之间的激烈竞争已打破了民族和国家的局限，向综合化方向迈进。打破以学科为中心的课程和内容结构，实行学科综合、知识能力的综合，提升教育教学质量，突显办学特色，争创一流学校已成为发展趋势。在智力成为最宝贵的财富的时代环境下，高等教育为地方经济建设服务、培养并输送具有较高信息素养的人才的过程中，教育全方位开放和全球性教育资源共享推进信息化成为高校发展的必要途径。

三、高教信息化是革新传统教育模式的核心任务

21 世纪是一个科学技术飞跃发展的新时代，信息产业成为核心产业，知识经济将逐步取代工业经济，社会对人才的需求更趋全面，这对教育无疑是一个严峻的挑战，科技发展、信息骤增，使我们犹如置身于信息的海洋之中；现代信息技术日益多媒体化、网络化，又使整个地球成为一个信息资源共享的网络村；信息化程度的高低，已成为当今世界衡量国家综合实力的一个重要标志。在这样的国际环境下，如果我们仍然依赖传统的教育思想、教育内容、教学手段、教学方法、教学模式或延缓教育信息化的进程，势必严重影响人才的培养，从而在经济、科技、军事、综合国力等各方面竞争中失去优势。应该看到，20 世纪前 20 年是高等教育发展大有作为的重要战略机遇期，进入大众化阶段后，高等教育将完成理性的转型。只有满足不同群体以谋生为目的的需求，学校才能有所发展。高等学校要找准定位：以就业为导向，以服务求支持，以贡献求生存，以特色求发展。建立终身教育体系已成为必然趋势，为解决教育滞后的问题，高等教育只有充分利用信息化技术，以学生为教学主体，教师为指导，数字资源为认识工具，才能在学习型社会体系中为终身教育方面担负义不容辞的责任。

四、信息化是实现教育现代化的重要步骤

中共中央政治局委员、国务院副总理刘延东出席第二次全国教育信息化工作电视电话会议时强调“以教育信息化全面推动教育现代化”。教育信息化是推动教育走向现代化的基础和条件，是教育现代化的重要内容和主要标志。以教育信息化带动教育现代化是当今世界教育改革与发展的共同趋势。教育现代化必须在教育质量、人员素质、学校管理、办学条件四个方面体现先进性和特色性。信息化建设是奠定教育现代化的基础，有助于树立符合时代潮流的现代教育价值观、质量观、人才观、学生观、教学观，提高教育的对象乃至整个社会成员的素质。教育信息化还有利于充分发挥现代教育的社会功能，建立多类型、多层次、多规格的教育结构，满足社会各方面对教育的要求。教学内容要反映现代科学技术和各门学科发展的最新成果，丰富与改进教材体系；改善教学手段和方法，扩大教学范围，提高教学效率，推进教育和教学实践；通过科学研究与实验，现代教育、教学规律等诸多方面都将带

动整个国家或地区教育与科技的发展。

第二节　信息化在新型本科院校建设和发展中的作用

一、推动提高教学和科研水平，建立新型人才培养模式

随着校园网和信息化建设的不断完善，为高校教师了解学科前沿、查阅业务相关资料、准备教学实验提供了极大便利。作为传递高级文化、探究高深学问、培养高级人才的高等院校，在新的数字学习革命下，教师的知识结构必须是动态更新的。各学科之间、课堂教学与学生自学之间、知识教育与素质教育之间逐渐由分离状态向公开化、协同化、综合化发展。教师的工作职能有所转变，需要根据学生的特点和兴趣进行专门化的、个性化的组织教学准备。他们将成为帮助学生掌握学习方法和信息技术的领路人，而不再是仅仅把知识传授给学生。这种变化趋势将间接引导广大教师通过科研带动教学，实现社会服务。在高等院校的教学、科研、服务三大职能关系中，这也强化了科研的中心地位。随着数字化教学资源的丰富，新型教学组织形式必将不断产生。根据教学需要，师生可以进行多种形式的有利于教学双方创造性思维发展的开放空间教学组合，使传统封闭的教学模式从以教师为中心、以课本为中心向以学生为中心、以内容为中心的教育模式转化。信息技术的不断运用，将使网络教育真正实现泛在式学习。学生真正成为学习的主导，于课堂以外，根据自己的学习能力和创新意识的培养，自主确定学习内容、学习时间、学习渠道，远离教室的网络课堂讨论也将会成为现实，学习成效的考核可以逐步实现机考。智能化与虚拟现实技术的应用，使智能化、沉浸式的网络教育与面对面的现场教育缩短了距离。信息化的迅速发展，辩证地推动着“以人为本”的高等教育管理理念贯彻落实，双重激励着教育活动中“两个主体”不断提高科研水平和教与学的能力，对高等院校培养适合社会发展需要的新型人才，势必发挥强劲的促进作用。

二、网络资源共享，促进高等教育均衡发展

教育也面临着严峻的挑战。人民群众不断增长的教育需求同教育供给特别是优质教育资源供给不足的矛盾，是现阶段的主要矛盾，而且是一个长期

存在的矛盾。与发达国家相比，应该说我们高等教育是相对落后的。在不同的办学体制之下，教育投入严重不足，基础设施和教师队伍水平远远不能适应现代化要求，教育观念、培养模式、管理体制和运行机制存在许多问题，这都需要坚持办让人民满意的教育的宗旨，按照“八字方针”来推动教育事业持续健康协调快速发展。如何整合资源、降低办学成本、缩小与世界名校的发展差距，是我国高等教育的管理者无法回避的问题。高校信息化提供的另一个重要机遇是数字教育资源的共享与利用，特别是在互联网出现以后，资源共享已经国际化，资源来源多样化。通过教学资源的共享，在较短的时间里，既可缩短我国与先进国家的差距，又可缩短我国东西部地区间的差距。在沿海地区和较发达的城市，高校信息化的建设近年来有了十分迅猛的发展，信息技术已广泛地应用于高校的教学、科研以及管理等各个领域，取得了降低办学成本的功效。从教学的角度看，通过网络的资源共享，使我们有可能学习并享用最先进的教学内容和教学方法，真正实现国际化的“名校名师”的教学模式。从高校的科学研究、博士生及硕士生等高层次人才培养的角度看，网上资源的开发与利用也可以较快地缩短我们与发达国家的差距。仅从高等教育的根本任务——培养高素质毕业生方面分析，在信息环境下，教材已经不是唯一的学习内容，不是学生知识的唯一来源，数字化教学资源成为学校信息生态系统中非常重要的元素，丰富的、高质量的教学资源是教学实践活动成功的重要保证。开展信息化建设，大学和科研机构可以发挥自身优势，与一线教学单位合作，开发出有特色的示范性教学资源；实现区域内教学资源的充分利用和共享；学校则可以采取设计开发校本资源和购买合适的商业教学资源并重的形式，形成具有学校特色的教学资源库，满足教学的特定需求。据清华大学计算机与信息管理中心提供的材料，清华大学目前每学期已有 700 多门课程采用网络辅助教学，校内有两万多名学生通过网络学习课程。而利用计算机网络，进行模拟实验，一方面可以实现资源共享，另一方面可以为学生提供直观的学习机会，同时还能降低广大师生学习和研究的成本与风险。

三、建立网络服务体系，提高管理水平

信息化不仅影响到高校的教学与科研活动，带动传统教学、科研发生变

化，同时也会对高等教育现行的运行体系与管理机制提出挑战，推动运行体系与管理机制的变革。这种变革的动力来自两个方面，一是信息化带来传统教学、科研模式的变化，需要新的管理机制；另一个是以信息技术为手段的校务管理，把信息资源整合的过程作为管理创新的过程，带动工作过程的集成化、数字化、智能化、电子化和网络化，实现互动发展，促进管理方式、工作方式、表现方式的变革，提高工作效率。工作产生信息，信息促进工作，通过网络共享手段，所有信息可复制、可再生，各部门之间通过信息交流也能够固强补弱，把信息产生的过程变成策划工作的过程，用高质量的信息要求推动管理工作的规范，打破和解除时空的约束，实现不同时间和空间上工作信息的交流。通过信息资源的集约化整合，实现管理流程的集约化、综合化、高效化，使管理层与分管部门之间依托局域网能进行直接的沟通和协调。要让信息化成为一种管理手段，成为了解、掌握、操控全局的平台，使管理者通过内部网络了解决策所需的各种信息，并在此前提下进行正确决策，避免依靠经验决策和由于决策信息不完备导致的盲目决策现象，从而提高决策的科学水平。通过信息化管理平台，对各类管理工作的信息采集、统计分析和管理监控，实现信息网上发布共享、文件网上办理流转、工作网上安排部署、考核网上通报公布等，功能涵盖学校工作的各个方面，丰富网上信息资源，提高工作的透明度，降低信息传输的时间和人力成本，节约原来靠人脑处理文件信息所消耗的大量时间和精力，使管理和服务更加精干高效，全面提高学校管理的质量和效率，促进管理水平的提高。

第三节　新型地方师范院校推进教育信息化现状

以信息技术为代表的现代科技正在影响和改变着我们的生活、学习和工作方式。随着我国教育信息化推进工作在各级各类学校中的逐步深入，教育信息化条件建设有了很大的飞跃，信息技术与教育教学融合应用水平也初步提高。教育信息化大大加快了教育现代化的进程，对我国的教学理念、内容、教育方式等产生了重要影响，同时也对学校和教师提出了越来越高的要求。作为服务基础教育和培养培养高水平的师资为使命的高等师范院校，在教育信息化的时代浪潮中，如何在教育信息化推进基础教育均衡发展的过程中有效发挥纽带和引领作用，如何满足信息时代对教师越来越高的专业素养要求，培养出具有较高信息素养、符合时代要求的合格教师，已经成为一个亟须解决的问题。

我国高等师范院校可分为三类，第一类是6所部属师范大学和“211”省属重点师范大学，这类学校办学历史悠久、学科综合性强；第二类是各省属师范大学，这类学校办学水平较高、学科布局相对合理；第三类是各地的师范学院、具有教师教育的新型地方本科综合性院校，这类院校多数由原来的师范专科或教育学院转制升格而成，据不完全统计，我国目前有42所师范大学、70所师范学院、48所师范高专、110所中师，而70所师范学院被定义为地方师范院校。此类学校在校师范生规模为49.80万人，2014年毕业生规模为13.40万人。目前，传统的师范教育正面临着前所未有的改革，地方师范院校面临着发展转型定位、教师发展、学生生源与就业和社会认可等许多困惑和挑战。如何把握信息化时代脉搏，打造办学特色，服务地方基础教育信息化高速发展，既是一次千载难逢的历史机遇，也是一次空前的挑战，必须分析现状，找准问题，有针对性地探索地方师范院校服务基础教育信息化的有效途径。目前，新型地方师范院校的信息化建设取得了一定成绩。首先，功能相对齐备的校园网络均已建成，开发并使用了一定数量的多媒体教学资源，逐步形成了网络环境下的教学和管理方式。其次，各师范院校都在逐步普及信息技术教育，在全校开设教育技术课程。广大师生对信息化教学发展和研究方向的关注程度提高，有意识地利用多样的网络资源丰富课堂内容，逐步向信息技术与教育教学的深度融合迈进。

但是，在取得成绩的同时也存在较多问题。

一、新型地方师范院校教育信息化资源匮乏、基础薄弱

随着教育信息化进程的推进，各院校都相继开展了信息化基础设施建设和网络教学，但是，信息技术在师范院校的教育教学中的融合应用尚未普及，信息化教学设施和资源远不能满足教学需求。由于相当比例的地方师范院校是由师范专科等学校发展建成的新型本科院校，所以基础设施和信息资源的建设投入不足，严重滞后。各师范院校中专业布局以文科为主，不同学科专

业的信息化建设存在不平衡现象。三类师范院校之间信息资源的差距悬殊，资源共享不畅通。在部分地方甚至出现了新型地方师范院校与地方基础教育信息化建设和应用水平倒挂的现象。在这种情况下，地方师范院校对内难以实现信息技术与教育教学的深度融合，对外难以做到以信息化服务基础教育均衡发展。

二、教育信息化观念落后，制度不健全

一些新型地方师范院校网络意识不足，信息观念淡薄，对信息化缺乏深入认识甚至怀有误解，对教育信息化的核心作用和“革命性影响”认识不足，尚未从根本上重视。这些学校认为教育信息化就是IT硬件设备的简单拼凑和技术的简单堆砌，普遍存在重硬件、轻软件，重建设、轻应用，重技术、轻管理的现象，不利于应用系统及平台的建设、应用及推广。信息化建设缺乏全面统筹和科学规划，在信息化管理方面也缺乏统一的管理机制。信息化管理部门尚不能对信息化工作完全行使管理职能的权限，各相关部门也未能对信息化工作进行有效管理，具体表现在多头管理、“九龙治水”现象普遍存在，权责划分不够明晰，多方参与机制尚未形成。

三、技术力量薄弱，人才严重缺乏

一些院校信息化技术支撑队伍十分薄弱，应用系统开发、信息资源建设队伍和教育信息化人才严重缺乏，技术人员培养、信息化师资培训与服务体系尚未形成。硬件建设明显落后，经费投入不足；网络硬件设施建设水平较其他高校明显偏低，遗留问题较多，难以有效支撑今后教育信息化应用的快速发展。还有信息化建设资金、必备条件及支撑保障建设等方面的投入明显不足，缺乏基本的用房、设备、人员等条件，经费投入缺乏持续性、长效性投入机制，“脉冲式”投入较多，且经费使用也不尽合理，重硬轻软，重近轻远。

四、教师教育信息化能力明显不足，信息化与教育深度融合不够

部门应用系统仅基本实现了部门内综合业务处理和信息共享问题，大多

数尚未开展跨部门、跨业务、跨应用之间的信息共享和集成；信息孤岛现象没有解决，教育信息化资源的开发和深度利用十分薄弱。特别是面向学生的信息化教学应用较少，水平较低；尚未实现信息技术与教育的深度融合，实现教学模式以教为中心向以学为中心转变，教育观念、教学模式和教学方式亟待全面变革。

五、信息化的教育价值取向不明显，服务基础教育不够

师范生人才培养方案设计不合理，缺少专门为师范生开发的课程体系和实践教学体系，师范生信息技术能力和信息化环境的教学能力、素养有待提高。师范生是未来的教师，是将来各中小学教师队伍的生力军，他们所具有的教育技术能力的水平决定着我国未来的教育质量，决定着未来人才质量的水平，对我国教育信息化进程起着重要的影响。目前，师范院校尚未在教育信息技术理论研究、教育信息资源均衡配置等方面发挥师范院校应有的作用，为基础教育均衡发展服务不够。

第四节　国外师范院校推进教育信息化现状及启示

在教育信息化全球性的时代背景下，世界发达国家和部分发展中国家都十分重视推进教育信息化，将教育信息化作为提高全民素质、增强创新能力和国家竞争力的重要战略。高等师范院校在教育信息化科研引领、服务推进和人才培养方面的作用越来越受到世界上各国政府的重视，均出台了众多政策予以支持，特别是投入大量的人力和物力来支持师范生教育信息化应用能力的培养。

通过对世界各主要国家教育信息化推进相关举措的文献进行研究，我们可以找到一些共同点。

一、政府支持，立法保障

在信息化背景下，教师教育受到各国的普遍重视，世界各国政府从立法角度，将教育信息化写入国家政策，这是对教师教育技术能力培养的极大支

持。这些政策的制定，为教师与职前教师的教育技术能力培养铺平了道路。以美国为例，2015 年 10 月，美国国家经济委员会（National Economic Council，简称 NEC）与白宫科技政策办公室（Office of Science and Technology Policy，简称 OSTP）联合发布了 2015 版《美国国家创新战略》，教育技术是重点关注的九大领域之一。在美国，教育技术不仅限于教育领域，还被提升到国家战略层面。2015 年 12 月，美国教育部发布了 2016 国家教育技术计划（National Education Technology Plan，简称 NETP）——《为未来而准备的学习——重塑技术在教育中的角色》，其宗旨是推进教育技术的公平均衡分配。该计划共包括五部分内容，强调了有效引领和教师专业培训在推进教育技术计划过程中的作用，共提出了 21 条建议，用以指导美国教育技术应用，确保所有学生享有个性化学习和成功的平等机会，从而保持美国在全球的竞争优势[1]。该计划通过调整教育方针与培养目标，针对教师的教育技术能力提出新的要求和标准，从政策上支持教师的教育技术能力培养。该计划对世界各国的教育信息化都将产生重大影响。

二、政企学研联动推进教育信息化

如果跟踪近几年国际教育信息发展动态就能发现，越来越多的国际知名企业强化了对教育信息化的支持。如：2016 年 1 月微软与惠普合作开展“重塑课堂”活动，2015 年 7 月惠普推出了全新的教育桌面云解决方案，2015 年 5 月微软在印度发布了教育云服务，亚马逊发布了面向全球的在线教育服务计划 AWS（Amazon Web Services）。从这些计划可以看到，国际组织和高校在推动教育信息化进程中发挥着不可替代的平台作用，有力地促进了教育信息化研究成果和实践经验的分享。高校对教育信息化的关注及参与，在助力教育信息化发展方面所发挥的作用是多元的，也是举足轻重的。一方面，越来越多的高校为政策决策支持发挥着智囊作用，企业与高校的合作推动教育信息化项目，合作也更为紧密。高校正在深度参与教育信息化领域的各项事务。另一方面，高校在教育信息化领域的技术创新和有效应用模式也在第一时间与企业和市场深度融合，得到市场认可和资本青睐，快速转化为教育生产力。这对于积极探索新型教育服务供给方式、调动社会力量参与教育信息化建设的积极性、鼓励高校和互联网企业根据市场需求和学校实际设计开发优质教育技术和资源、建设网络学习平台有着积极意义，还能将学校教学优势和互联网企业的技术优势结合，有效实现线上、线下资源对接，推动教育信息化基础设施与资源建设。目前，我国师范院校推进教育信息化工作尚属起步阶段，且往往从校内信息化建设和人才培养入手，尚未对政企校联动给予足够重视。因此，充分把握互联网思维，搭建政产学研用一体的平台机制是当务之急。

三、变革教师信息技术能力培养课程体系

美国教育部启动了针对职前教师教育技术能力培训的大型资助项目 PT3（Preparing Tomorrow’s Teachers to Use Technology），即“培训未来教师使用技术项目”，其目的在于鼓励和支持职前教师进行有关教育技术的创新与实践，加快培养满足当今时代需要的教师。英国也对国家课程标准进行了修改，将“信息技术”课程更名为“信息与传播技术”（ICT）。英国政府将 ICT 的发展作为国家教育课程改革的一个重要模块，其中的 ICT 教师培训计划的目的在于培养职前教师的教育技术能力。ICT 教师培养计划的课程目标为：使教师掌握知识和技能，在学科教学中知道何时使用并明白如何有效使用 ICT。

该计划将课程内容分为两部分，第一部分为有效的教学与评价方法，包括在学科教学中与 ICT 应用有关的教学与评价方法；第二部分为有关 ICT 知识、技能和理解的培训，列出了支持有意义教学所必须掌握的 ICT 知识、理解和技能，未来的学校教师应该有能力将这些知识应用在将来的学科教学中。国外师范生教育技术能力培养研究现状表明，世界各国非常重视教师的专业化培养，并时刻留意现代信息技术发展的变化。各国从政策制定方面支持职前教师的教育技术能力培训，并投入大量人力、物力，建设有关教育技术能力培养的项目，从而促进职前教师的教育技术能力的培养。加强教师教育信息化工作已经成为世界各国进行教育改革、实现科教兴国的最实际和最迫切的行动之一。教师教育信息化既是教育信息化的重要组成部分，又是推动教育信息化建设的重要力量。高等师范院校是培养未来教师的主要阵地，其培养能力的高低，将关系到我国未来教育的质量和水平。因此，构建一个成熟的师范生教育技术能力培养模式刻不容缓。

第五节　地方师范院校推进教育信息化模式创新

一、UGSE 协同创新模式内涵

UGSE（University-Government-School-Enterprises）协同创新模式即以教育信息化技术为手段，以师范院校的研究与培训为引领，以政府的政策与管理为推手，以中小学校的资源共建共享与应用为抓手，以教育信息技术企业的技术研发与服务为支撑，“研、政、学、产”广泛参与的协同创新模式。

UGSE 协同创新模式坚持“校企共建、校校合作、校企协同”，沿着“分层推进，横向联盟”思路逐步推进，实现软硬件建设、数字化资源开发与应用、师资培养、教学改革、信息化成果共享等方面的协同创新。UGSE 协同创新模式旨在通过智库的推动，进一步加强与地方政府、中小学校、和教育信息化企事业单位的合作，充分利用企业、中小学校和政府所拥有的社会性教育资源，推动协同创新，促进教学改革，推进教育信息化方面发挥重要作用。

以 UGSE 协同创新模式推进基础教育均衡发展就是要在政府的政策引导下，以高校为枢纽，凝聚行政管理部门、中小学校、教育信息技术企业的力量，充分发挥高校的引领和示范作用，实现从信息化教育教学环境到智慧教育全面实现的跨越。通过信息化资源建设、教师信息化教学能力提升、智慧课堂凝练、智慧校园、智慧学区的建设，充分发挥信息化的优势，全面推进基础教育均衡发展。

二、主要做法，以成都师范学院为例

（一）将教育信息化作为学校跨越式发展的重要战略举措

我校要坚持创新、协调、绿色、开放、共享的发展理念，把教育信息化顶层设计作为重要的工作抓手，统筹规划教育信息化工作。进一步明确教育信息化对于学校发展的地位和作用，科学定位我校教育信息化发展规划，一要从学校发展的战略高度重新定位教育信息化；二要把信息化作为实现学校跨越式发展的难得契机；三要让教育信息化成为学校办学优势和特色。学校教育信息化要以优质教育资源和信息化学习环境建设为基础，以学习方式和

教育模式创新为核心，以体制机制和队伍建设为保障，实现信息技术与教育教学的深度融合，全面提高人才培养质量。我校全面深化应用、融合创新，形成了“产学研一体，教学做合一”的良好格局，全面开启了以教育信息化推动教育现代化的步伐。

（二）完善教育信息化管理体制

我校大力加强和完善教育信息化工作的体制机制建设，健全了学校教育信息化建设与应用管理机构，有序推进了学校教育信息化发展。我校在全省高校中率先成立了“教育信息化推进办公室”，负责对全校教育信息化统筹规划、项目评审、实施指导等；各系和各部门建立由主要领导负责的教育信息化工作小组，全面落实教育信息化具体工作；构建了统一领导、归口管理、分级负责的管理机制；造就管理部门强力推，教学部门主动用，技术部门支撑服务的“三维一体”协同工作机制。

（三）健全教育信息化政策文件

为保证教育信息化工作的规范推进，我校近三年来陆续出台了10余项政策文件，从政策上倡导和激励全校教职员工将管理和教学工作与教育信息化深度融合，从制度上对基础设施建设、课程资源开发、教育教学改革、创新应用等方面进行引导、规范和督导。学校近 3 年制定了《成都师范学院关于推进教育信息化工作的实施意见》《关于成立成都师范学院教育信息化工作领导小组的通知》《成都师范学院关于推进教育信息化工作的实施意见》《关于组建教育信息化技术支持与服务团队的通知》《成都师范学院教育信息化经费使用办法》等文件。学校现已基本形成了教育信息化整体推进的各项管理制度，确保了教育信息化各方面工作高效有序开展。

（四）强化教育信息化条件保障

学校从体制机制、技术支持和经费保障三个层面为教育信息化各项工作有序开展提供了条件。一是建立了较为完善的体制机制，为教育信息化工作的开展提供了人员和制度保障；二是学校建立了基于校内（组建成都师范学院教育信息化技术支持与服务团队）和校外（聘请教育信息化领域知名专家学者，全球知名企业的技术服务团队）的两支技术支持队伍，为学校教育信息化建设与应用提供了全天候无缝保障；三是确保教育信息化资金投入，学校年度预算中向教育信息化建设经费倾斜，保障教育信息化工作的开展；四是设立教育信息化专项经费，专款专用，全力推进教育信息化。

（五）建构 UGSE 模式，协同推进教育信息化

学校深刻认识信息化对于学校发展的革命性影响，对接基础教育信息化发展和数字时代师范生信息化能力教学改革需求，建构了 UGSE（University Government School Enterprises）协同创新模式，遵循“政府支持、校企合作、权责共担、互惠互利、资源共享”的发展原则，形成“研、政、学、产”四方协同推进信息化的合作机制。

UGSE 突出了师范院校（U）在信息化研究、融合创新、深化应用等方面的主导和引领作用；体现了政府（G）在信息化推进中的规划发展、政策支持、标准制定、资金投入、监管评价功能；强调了中小学（S）在提供教育实习平台、教育实验场域，提出教师专业发展需求，并积极参与在职培训，分享科研成果的积极作用；明确了企业（G）平台建设、技术研发、产品服务方面的地位和作用。

学校引进了联通、台湾网奕、新华文轩、交大电子等信息技术企业共同参与学校的信息化建设与应用：一是创新协同机制，以师范院校为枢纽，联动政府、企业和中小学，致力于解决信息化教学过程中的痛点和难点问题；二是主动加强与政府相关部门协调争取政府管理部门的政策支持，校企各方也通过科学研究、技术革新和实践应用积极为管理部门的政策制定、规划管理等工作出谋划策；三是创新信息化建设模式，充分应用 UGSE 协同推进机制，缓解学校建设资金困境；四是共建共享优质教育资源，充分发挥政府公益资性教育资源、企业商品化教育资源、个性化校本资源的优势，协同建立资源服务体系；五是共同开展应用研究，创新科研、技术相互转化机制，推动基于实践应用的技术革新和服务升级；六是共建智慧教育联盟，为学校师生深入了解基础教育、开展因材施教、促进师范生信息化实践能力等方奠定基础。

（六）加快数字化校园建设，夯实教育信息化基础条件

学校按照“科学规划、分期投入、依据标准、严格论证、强化建设，重

在应用”24 字方针，坚持“硬件集群、数据集中、应用集成、总体规划、分步实施”的原则，围绕“硬件基本够用、功能逐步完善、应用涵盖教学及管理常规业务”的目标，稳步推进数字化校园建设，在 IT 基础设施建设、数字校园软件支撑平台建设、校园应用系统和支持保障体系、公共计算机实验室升级、多媒体教室改造等方面均实现了飞跃式发展，进一步夯实了学校教育信息化基础条件，为我校全面推进教育信息化提供了坚实的基础。

学校围绕行政管理、数字资源、协作服务三大中心，建设了 20 多个应用系统。基本实现了协同办公的数字化；实现了学校大部分网站的统一管理和信息共享，使其成为学校信息公开和交流的网络主阵地；各类应用系统和数字资源建设有力推进了学校管理信息化的发展，提升了学校教育信息化管理水平和能力，全面服务了学校信息化教育教学的发展。

（七）建成智慧教学示范区，提高师范生教育信息化水平

2015 年，学校主动适应基础教育信息化发展需要，破解传统高校课堂危机，率先在我省建成具有智慧技术、智慧应用的“智慧教育示范区”。示范区由“教育大数据中心”“沉浸式远程互动教室”“视频拍摄基地”“高清录播教室”“智能互动教室”等功能室组成，汇聚了大数据、云计算、物联网、移动互联网等信息技术在教育教学领域的最新应用成果，能承载慕课、微课、TBL、PBL、翻转课堂等教学形态和模式，并可智能化采集、分析、存储、共享各种教学资源及实现管理、服务的智慧化运行。

目前，示范区可容纳 400 多名学生同时学习，已用于日常教学。学校在全校推行“智慧课常态化，常态课智慧化”。截止 2016 年 7 月，智慧教学示范区共开展了近 15 万学时的智慧教学应用与实践。

（八）创建图书馆学生自主学习中心，打造大学生泛在学习环境

为全面推进学校教育信息化发展，建构“四化三学”的学习型社会，建设我校学生泛在学习、自主学习环境。学校在图书馆创建了自主学习中心，该中心已经完成了移动网络全覆盖，方便学生网上资料查阅、电子期刊阅读、在线学习、远程交流与讨论，将资料查询、网络研讨、网上探究等自主学习融为一体，营造了大学生泛在学习氛围，有效提升了学生学习，彰显了学校信息化发展特色。

（九）建成教育大数据中心，提升校园信息化治理水平

2016 年，我校建设的教育大数据中心进行了第一阶段数据统计分析工作。大数据分析优势突出，成效显著。随着教育大数据中心的进一步建设，其功能将进一步拓展，可以有效分析学习活动数据、健康数据等。教育大数据中心将成为学校信息技术与教育教学深度融合的有效支撑，更好地帮助学生个性化学习，并提高教师教学效率。同时，教育大数据中心还将为基础教育提供数据分析服务。

（十）组建网络阅卷中心，开展教育大数据诊断与应用

学校还在投资建设网络阅卷中心，为教育大数据中心提供更多可分析数据。这些数据分析结果可以使老师和学生掌握学习稳定度，学生对自己知识缺陷可以通过后台推送的微课、补救题进行查漏补缺。大数据中心将在有效辅助学生开展自主学习的同时，为教师教学方法上提供有益的帮助。成都市高新区已在大数据中心开展课外阅读能力测评。此外，有多个中小学、教育行政主管部门与我校积极沟通建立大数据分析联系，希望借助我校教育大数据中心，推进基础教育信息化应用的发展。

（十一）加强培训，转变理念，提升教师信息技术应用能力

结合学科专业特征，积极开展各类培训，全面提升教师信息化应用能力，一要加强教师信息化能力培训的管理力度：制定学校和院系教师信息技术应用能力培训规划，确立教师信息化能力提升实施方案，加强教师培训考核。二要开展混合式教师培训：通过“成都师范学院教师培训网校”网站，通过微课、慕课、二维码课程等开展基于“翻转”的混合式培训。三要优化培训内容体系：将信息化理念引领和观念更新放在突出的位置，形成教育信息化理念引领、技术素养、网络教学平台应用、信息化教学设计、微课及翻转课堂应用系列培训、慕课建设与混合式教学系列培训、智慧课堂教学系列培训等“智慧教师”培训。截至 2017 年 1 月，已由信推办、教务处协同组织、开展了 15 期校级培训，参训教师共 926 人。

（十二）以东西部课程联盟为抓手，促进高校优质资源和先进模式共享

以东西部课程联盟为抓手，大力引进名校名师名课，通过同步上课、校

际互动等形式，我校先后引入北京大学《创新工程实践》、复旦大学《思想道德与法律基础》等优质课程70余门次，课程从公共选修课到专业核心课程，涉及文、理、工多个学科。学生通过网络自主学习、小组讨论、在线答疑、小组线下活动等方式全程参与课程学习，通过远程互动教室与名校名师进行“面对面”互动，足不出户地学习了名校名课。截至2016年12月，学校有15 439人次获得相应学分，选修慕课成绩在联盟统计数据中名列前茅。

联盟课程一是促进了高校优质资源的共享，推进了高等学校高位均衡，提高了育人质量；二是引领学校课程与教学改革，学校教师通过参与联盟课程指导与教学，逐步提升学习和创新课程与教学模式；三是加强课程管理，建构了“认真选、精细管、强化用、遴优建、科学评”的管理模式，严格过程管理和质量监控，联盟课程选用与管理赢得了同行的高度评价。2015年12月在北大举办的东西部高校共享联盟理事会上，我校副校长任迎虹代表西部普通本科高校作了《抓住机遇，以教育信息化助推新建本科院校跨越式发展》的专题报告，全面介绍了以信息化推动教学改革和人才培养的情况。在2016年的东西部高校课程共享联盟理事会议上，任迎虹副校长作为特邀嘉宾，接受了《教学运行服务》专题访谈，向参会嘉宾介绍了我校联盟课程运行、管理与建设情况。

（十三）积极开展教育信息化课程建设，积累丰富教学资源

学校创新信息化课程建设机制和模式，将政府公益资源引进、企业（行业）优质资源和校本资源建设有机结合，积极开展教育信息化课程资源建设。丰富教育教学资源，为开展信息化教学改革奠定坚实基础。一是要求每门课程有40%以上内容采用微课资源教学，条件成熟的课程鼓励100%录制微课；二是由信息化推进办公室组织立项建设校园慕课课程41门，由教务处牵头建设学校网络精品资源共享课程70门，省级精品资源共享课20门，省级创新创业课程2门，国家级精品课程1门；三是依托网络教学平台，建成了305门混合式网络教学课程。

（十四）强化课堂应用，推进信息技术与教育教学深度融合

学校积极推进信息课堂常态化，常态课堂智慧化。我校数字校园建设和智慧教育示范区的启用，为师生体会现代信息技术带来的课堂深度变化、感

受教学与技术融合带来的魅力提供了有效保障。目前，我校基本实现教育信息化“普遍用、课堂用、经常用”的新常态。电子书包模式、TBL 小组学习模式、翻转课堂等形式已经深度融入教师的日常教学，实现了信息技术与教育教学的深度融合，实现了信息化教学与实践研究的有机结合，深化了信息化教育教学改革，推进了教育信息化融合创新能力，提高了人才培养质量。

教学与研结相结合，推进“融合创新”。学校鼓励教师开展教育信息化教育教学改革研究，依托高校教师发展研究中心、四川省教育信息化应用与发展研究中心、四川省中小学教师发展研究中心等研究机构开展教育信息化教学改革研究，在学校科研处研究项目、教务处教学改革项目中优先支持教育信息化教育教学改革实践与研究，以全面推进教育信息化融合创新能力。目前我校已有教育信息化专项课题近 30 项，其中教育部专项课题 2 项，四川省教学改革项目 2 项，厅级重点项目 6 项，一般项目 7 项。

（十五）以四川智慧教育联盟推进基础教育均衡发展

2014 年 12 月 26 日，在我省率先成立了以高等师范院校为引领、广大中小学为主体、企业等部门广泛参与的“智慧教育联盟”。2015 年 12 月 30 日，成都市教育局、成都师范学院、双流建设职业技术学校发起并联合成都市教育信息化管理和业务支撑部门及成都市广大中职学校成立了“成都市智慧职教联盟”。这也是我省首个智慧职教联盟。

四川智慧教育联盟依托 UGSE 协同创新平台，旨在充分发挥师范院校服务基础教育能力，通过决策咨询、教师培养、课题研究、项目合作等方式，指导和服务广大中小学校，联合培养智慧教师、共同研究智慧课堂、一起建设智慧校园，为联盟学校搭建各类交流学习平台，实现先进教学模式和研究成果的广泛共享，助力“智慧教育”教师的专业成长，加快“智慧教育”特色学校建设，以信息化推进基础教育高位均衡发展。

四川智慧教育联盟先后举办了教育信息化专题讲座、“智慧教育校长论坛”等大型活动，并在各类联盟学校开展“智慧课堂”示范课活动 120 余场次，通过“智慧教师训练营”和“智慧名师培养计划”培训“智慧教师”1 200 余人次，在 2016 年全国（四川赛区）信息化优质课大赛以及第一届两岸智慧好课堂比赛中获团体亚军。2016 年 6 月 24 日，四川省教育厅发布简报（2016 年第 32 期）以《第一届“两岸”智慧好课堂竞赛四川智慧教育联盟组队参赛获得亚军》为题，对联盟教师参加教学比赛情况进行了专题介绍。

联盟以活动促交流、促应用、促推动、促均衡，这是四川省在推进教育信息化、促进信息技术推动教育变革与创新、推进基础教育均衡等方面的一种有益探索，取得了良好成效。

UGSE 协同创新模式强调高等师范院校在教育信息化推进基础教育均衡发展过程中不可或缺的纽带和引领作用，将政府政策与管理的推手、中小学校教育教学资源共建共享与应用的抓手、教育信息技术企业的技术研发与服务的支撑等力量协同起来，共同开展教育信息资源区域内共建共享、区域间共享互换、网络教研、网络支教、充分利用现有信息化教学环境开展信息化教学活动等实践与研究，形成教育信息资源和教师资源广泛共享的机制与服务平台。

三、主要成效

（一）形成了师范院校推进教育信息化的 UGSE 模式

学校 UGSE 协同创新的信息化推进模式基本形成，四川省教育厅教育信息化推进办公室李兆鸿主任高度赞许这一模式，并建议省内高校认真学习我校信息化整体推进模式。国家“互联网+”行动专家咨询委员会委员、教育部教育信息化专家组成员、教育部数字化学习支撑技术工程研究中心主任、东北师范大学博士生导师钟绍春教授认为：成都师范学院注重高层领导理念引领，强化信息化顶层设计，创新 UGSE 协同推进机制，以信息化提升学校育人质量，推动基础教育师资均衡化和推进学校跨越式发展的成效显著，值得学习和借鉴。

（二）实现了信息技术与教育教学的深度融合

学校教育信息化一系列举措的实施引发了我校教学理念、教学方法，特别是学生学习方法的深刻变革，在全校形成了信息化应用、研究的良好氛围，实现了信息技术与教育教学的有效融合。广大教师基于网络教学平台、慕课平台、实时交互平台、APP 应用和智慧教室，开展了形式多样的教学活动，“融合创新”理念逐步融合教育教学全过程。

一是学校教师充分应用网络教学平台开展教学活动，网教平台与课堂教学结合使用率达到98.77%，通过网络教学平台开展信息化教学已经成为常态；二是建成157门信息化教学改革典型案例，建成34 521节次微课，建设校园慕课65门，省级精品资源共享课23门，国家级精品资源共享课2门；三是立项37项校级信息教学改革项目，4项省级教学改革项目。在校级规划教材建设过程中，先后有8部针对教育信息化的重点教材；四是教师在各类竞赛中获得优异成绩。

（三）提升了师范生教育信息化应用的能力

学校通过优化完善师范生人才培养方案，将师范生的教师基础能力、教学能力、教育能力、教研和自我发展能力四大能力与信息技术深度融合，在课程实施、学生指导、技能考核中全程融入信息技术元素，设计和构建了师范生信息化能力模块，开展师范生信息化能力实践训练和竞赛等活动，提升了师范生教育信息化应用的能力。

一是师范生对于自身信息化能力提升有了更多自信，诸多任课教师对于学生信息化能力提升有非常深刻的感触；二是师范生教育实习过程中，教育信息化能力特别突出，赢得众多中小学校老师和领导的高度好评；三是在历届的师范生毕业论文中，近40%左右的学生关注教育信息化课程教学与改革；四是据学校师范生毕业统计报告显示，我校师范生就业相比同类师范院校学生在信息化教学能力方面更具竞争力，95%受访校长称我校师范生信息化水平过硬，能够快速适应当前的信息化教育教学要求；五是我校有近800人在教育信息化企业从事相关研发、推广与应用工作，其扎实的信息化应用功底得到了用人单位的首肯。

（四）教育信息化应用水平明显提升

学校鼓励教师开展教育信息化教育教学改革研究，依托四川教育信息化应用与发展研究中心、高校教师发展研究中心、四川省中小学教师发展研究中心等研究机构，开展教育信息化教学改革研究，在学校科研处研究项目、教务处教学改革项目中优先支持教育信息化教育教学改革实践与研究，以全面提升教育信息化融合创新能力。

目前，我校有教育信息化专项课题近70项，其中教育部专项课题2项，四川省教学改革项目2项，省教厅教育信息化重点课题2项，厅级重点项目6

项，一般项目 7 项。

我校教师依托信息化教育教学改革，公开发表相关研究论文 140 余篇。各类信息化研究为数字时代的教师教育改革、师范生信息化能力培养的具体工作的开展提供了必要的理论和实践研究，有效指导和改革了师范生人才培养。

（五）更好地服务和推进基础教育信息化

学校依托 UGSE 协同创新平台，通过建设基地学校、帮扶基础教育发展等方式联合培养智慧教师、共同研究智慧课堂、共同建设智慧校园，共享先进教学模式和研究成果等指导和服务广大中小学校，充分发挥了师范院校对智慧教育的引领作用，形成了推进基础教育信息化的基本路径，促进了基础教育信息化。目前已建设信息化基地学校 125 所，重点帮扶基础教学校 27 所。学校围绕教育信息化开展的各项活动得到了广大中小学校和教育界人士的广泛关注，中国教育信息化网、四川省人民政府网站、四川教育电视台、四川省教育厅网站等多家主流媒体都进行了跟踪报道。

学校依托 UGSE 平台，逐步建立针对性强、可操作性强、可持续发展的教育信息化投入、建设、管理、评价和服务的协同推进机制，调动各方面力量参与基础教育均衡发展的积极性，多方协同推进教育信息化，促进教育信息化建设与应用的持续健康发展，形成全面深入推进教育信息化的强大合力，为创新教育信息化推进基础教育均衡发展体制机制建设提供了实践借鉴。

参考文献

[1] 丁么明. 中国新建本科院校：办学特色及其培育策略研究[M]. 北京：中国社会科学出版社，2012.

[2] 王前新，刘欣. 新建本科院校运行机制研究[M]. 北京：科学出版社，2007.

[3] 埃里希·诺依曼. 深度心理学与新道德[M]. 高宪田，等，译. 北京：生活·读书·新知三联书店，1998.

[4] 让·皮亚杰. 生物学与认识[M]. 尚新建，等，译. 北京：生活·读书·新知三联书店，1989.

[5] 中共中央马克思恩格斯列宁斯大林著作编译局. 马克思恩格斯选集：第一卷[M]. 北京：人民出版社，1995.

[6] A. 弗莱克斯纳. 现代大学论——美英德大学研究[M]. 徐辉，等，译. 杭州：浙江教育出版社，2001.

[7] 王洪才. 大众高等教育论：高等教育大众化的文化——个性向度研究[M]. 广州：广东教育出版社，2004.

[8] 夏建国. 理想与现实：技术本科教育发展[M]. 上海：上海教育出版社，2008.

[9] 郭石明. 社会变革中的大学管理[M]. 杭州：浙江大学出版社，2004.

[10] 王斌华. 澳大利亚教育[M]. 上海：华东师范大学出版社，1996.

[11] 全国新建本科院校联盟. 创新型国家建设中新建本科院校的机遇与使命——全国新建本科院校联席会议暨第十六次工作研讨会学术论文集[M] 成都：西南财经大学出版社，2016.

[12] 潘懋元. 应用型人才培养的理论与实践[M]. 厦门：厦门大学出版社，2011.

[13] 顾永安. 新建本科院校转型发展论[M]. 北京：中国社会科学出版社，2012.

[14] 谢维和，文雯，李乐夫. 中国高等教育大众化进程中的结构分析[M]. 北

京：教育科学出版社，2007.

[15] 李克军. 在服务地方中凸显特色——新型本科院校发展战略研究[M]. 北京：清华大学出版社，2015.

[16] 丁么明. 关于新建本科院校向成熟本科院校转型的若干思考[J]. 教育研究，2011（6）.

[17] 陈小虎，雍海龙，黄洋. 新兴大学与转型发展[J]. 高等工程教育研究，2016（2）.

[18] 蒋承勇. 地级城市新型本科院校教育改革浅谈[J]. 教育发展研究，2004（1）.

[19] 陈小虎，杨祥. 新型应用型本科院校发展的 14 个基本问题[J]. 中国大学教学，2013（1）.

[20] 董泽芳. 关于新型本科院校转型分流现状的调查与分析[J]. 高等教育研究，2016（4）.

[21] 何万国. 对新建地方本科院校办学定位的再认识[J]. 中国高教研究，2008（7）.

[22] 武书连. 再探大学分类[J]. 科学学与科学技术管理，2002（10）.

[23] 聂伟. 关于将新建本科院校纳入现代职业教育体系构建的探讨[J]. 中国高教研究，2012（11）.

[24] 何万国，孙泽平. 对新建地方性本科院校办学定位的再认识[J]. 中国高教研究，2008（7）.

[25] 张应强. 地方本科高校转型发展：可能效应与主要问题[J]. 大学教育科学，2014（6）.

[26] 刘振天. 新建本科院校人才培养面临的主要矛盾及解决之策[J]. 学术交流，2012（8）.

[27] 张应强，蒋华林. 关于地方本科高校转型发展若干问题的思考[J]. 现代大学教育，2014（6）.

[28] 李海鹏. 地方政府对新建本科院校的影响机制初探[J]. 国家教育行政学院学报，2016（9）.

[29] 潘懋元. 我看应用型本科院校的定位问题[J]. 教育发展研究，2007（21）.

[30] 潘懋元，车如山. 做强地方本科院校——地方本科院校的定位与特征研究[J]. 中国高教研究，2009（12）.

[31] 潘懋元，周群英. 从高校分类的视角看应用型本科课程建设[J]. 中国大学教学，2009（3）.

[32] 张有龙，赵爱荣. 德国应用科技大学办学特色分析[J]. 中国职业技术教育，2007（5）.

[33] 董大奎，刘钢. 德国应用科技大学办学模式及其启示[J]. 教育发展研究，2007（21）.

[34] 张庆久. 德国应用科技大学与我国应用型本科的比较[J]. 黑龙江高教研究，2004（8）.

[35] 马陆亭. 瑞士高等教育的体系架构与特色分析[J]. 比较教育研究，2009（7）.

[36] 马凤岐. 高等教育概念：昨天的认识与今天的发展[J]. 教育研究，2012.

[37] 许霆. 新建本科院校转型与创业文化建设[J]. 高等教育研究，2012（4）.

[38] 赵国刚. 教学服务型大学转型发展初探[J]. 中国高等教育，2010（24）.

[39] 陈超. 产业结构现代化与高教结构改革[J]. 比较教育研究，2001（9）.

[40] 肖昊，张云霞. 产业结构优化升级与高等教育的互动[J]. 江苏高教，2005（5）.

[41] 温晓慧，丁三青. 论我国高校学科结构调整和优化[J]. 湖北社会科学，2012（11）.

[42] 王建华. 高等教育的应用性[J]. 教育研究，2013（4）.

[43] 胡天佑. 建设“应用型大学”的逻辑与问题[J]. 中国高教研究，2013（5）.

[44] 许天雷. 对地方高校区域创新型人才培养的思考[J]. 教育与职业，2012（35）.

[45] 杨荣翰，潘立文，林明. “质量+ 特色”：建本科院校实施和推进品牌战略的路径选择[J]. 中国高教研究，2010（3）.

[46] 霍影，张凤武. 嵌入省域产业特色的优势学科群集群发展模式研究[J]. 中国高教研究，2012（10）.

[47] 宁滨. 行业特色型高校产学联合人才培养模式和机制的思考[J]. 高等工程教育研究，2011（1）.

[48] 王义全，赵金洲. 以“产学研”战略实现地方行业特色高校可持续发展[J]. 中国高等教育，2010（1）.

[49] 柳友荣，黄国萍. “新大学”去同质化发展的策略[J]. 中国高教研究，

2011（11）.

[50] 韩宝平. 服务区域经济发展，探索地方高校特色发展之路[J]. 国家教育行政学院，2010（11）.

[51] 李焰. 地方院校实践教学质量监控体系的构建[J]. 高等工程教育研究，2009（7）.

[52] 范健文，吴彤峰. 应用型本科人才培养策略研究[J]. 高教论坛，2004（5）.

[53] 钱国英，王刚，徐立清. 本科应用型人才的特点及其培养体系的构建[J]. 中国大学教学，2005（9）.

[54] 易连云，黄东升. 内涵发展：地方新建本科院校特色战略的路向选择[J]. 国家教育行政学院学报，2012（4）.

[55] 李培根. 主动实践：培养大学生创新能力的关键[J]. 中国高等教育，2006（11）.

[56] 侯长林，罗静，叶丹. 应用型大学视域下新建本科院校办学定位选择[J]. 教育研究，2015（4）.

[57] 崔慧丽，潘黎. 澳大利亚高等教育机构分层与分类的概况、特点及启示[J]. 现代教育科学，2016（5）.

[58] 訾燕，徐震. 澳大利亚高等职业教育的特色与启示[J]. 中国成人教育，2015（19）.

[59] 钱建平，肖毅，徐明. 德国高职商专教育发展的特点及启示[J]. 高等职业教育，2001（2）.

[60] 孟兵丽，等. 当前英国高等教育收费改革之研究[J]. 比较教育研究，2007（4）.

[61] 钟秉林，王新凤. 我国地方普通本科院校转型发展实践路径探析[J]. 高等教育研究，2016（10）.

[62] 刘献君. 建设教学服务型大学——兼论高等学校分类[J]. 教育研究，2007（7）.

[63] 王者鹤. 新建地方本科院校转型发展的困境与对策研究——基于高等教育治理现代化的视角[J]. 中国高教研究，2015（4）.

[64] 李化树，黄媛媛. 地方新建本科院校发展战略转型的路径选择[J]. 高校教育管理，2011（1）.

[65] 黄双华. 彰显特色，提升地方高校服务社会能力[J]. 中国高等教育，2011

（21）.

[66] 夏明忠．立足民族地方应用型人才培养全面推进学校转型发展[J]．西昌学院学报：社会科学版，2016（2）.

[67] 黄孙庆．地方新建本科院校应用型人才培养之路——以钦州学院涉海学科专业群构建为例[J]．煤炭高等教育，2014，32（2）

[68] 陆正林．校地互动模式探索[J]．教育评论，2015（6）.

[69] 张庆奎．建设应用技术大学的战略思考——基于常熟理工学院的办学探索[J]．常熟理工学院学报：哲学社会科学，2014（3）.

[70] 朱蕴兰，侯进慧，陈宏伟，等．应用型本科院校协同创新人才培养途径的研究——以徐州工程学院为例[J]．高教学刊，2016（5）.

[71] 刘宁宁，简晓彬．地方高校产学研合作教育模式研究——以徐州工程学院为例[J]．教育教学论坛，2014（2）.

[72] 吕宁，陈翼然，金鑫，等．加拿大滑铁卢大学产学合作教育及启示——与上海工程技术大学育人模式之比较[J]．大学教育，2014（1）.

[73] 陈韬．转型发展，没有围墙——对话上海工程技术大学副校长姚秀平[J]．上海教育，2016（7）.

[74] 邱梦华．高校完全学分制改革的探索与思考——以上海工程技术大学为例[J]．上海工程技术大学教育研究，2016（2）.

[75] 赵晶、石向实．社会认知具身化：解释、研究领域与问题[J]．心理研究，2011（4）.

[76] 刘丽红．皮亚杰发生认识论中的具身认知思想[J]．科学技术哲学研究，2014（1）.

[77] 马进．论道德行为形成的四要素、四阶段模式[J]．道德与文明，2009（2）.

[78] 唐汉卫．生活道德教育的理论论证[J]．山东师范大学学报：人文社会科学版，2007（4）.

[79] 顾海良．完善大学治理结构的四个着力点[N]．中国教育报，2010-09-20.

[80] 新建本科院校“转型”，这是中国经济新常态下产业转型升级的紧迫要求，中国教育报[N]．2014-11-03.

[81] 黄达人．部分地方本科高校向应用型转变的思考[N]．中国青年报，2015-12-14.

[82] 张大良：关于办好新型本科院校[EB/OL]．https：//sanwen8.cn/p/541ZO4e.

html.

[83] Turney, Sources in the History of Australian Education: 1788-1970[M]. Sydney: Angus and Robertson publishers, 1975.

[84] Alan Barcan.A History of Australian Education[M].London: Oxford University Press, 1980.

[85] Acotafe.Tafe in Australia: Report on needs in technical and further education[M]. Canberra: Australian Government Publishing Service, 1974.

[86] Empfehlungen zur Entwicklung der Fachhochshulen in den 90er Jahren[M]. Berlin: Wissensehaftsrat, 1991.